utb 4866

D1922120

Eine Arbeitsgemeinschaft der Verlage

Böhlau Verlag · Wien · Köln · Weimar
Verlag Barbara Budrich · Opladen · Toronto
facultas · Wien
Wilhelm Fink · Paderborn
A. Francke Verlag · Tübingen
Haupt Verlag · Bern
Verlag Julius Klinkhardt · Bad Heilbrunn
Mohr Siebeck · Tübingen
Ernst Reinhardt Verlag · München · Basel
Ferdinand Schöningh · Paderborn
Eugen Ulmer Verlag · Stuttgart
UVK Verlagsgesellschaft · Konstanz, mit UVK/Lucius · München
Vandenhoeck & Ruprecht · Göttingen · Bristol
Waxmann · Münster · New York

Prof. Dr. Christoph Weischer lehrt Soziologie an der Universität Münster.

Prof. Dr. Volker Gehrau lehrt Kommunikationswissenschaft an der Universität Münster.

Christoph Weischer, Volker Gehrau

Die Beobachtung als Methode in der Soziologie

UVK Verlagsgesellschaft mbH · Konstanz
mit UVK Lucius · München

Online-Angebote oder elektronische Ausgaben sind erhältlich unter
www.utb-shop.de.

Bibliografische Information der Deutschen Bibliothek
Die Deutsche Bibliothek verzeichnet diese Publikation in der Deutschen Nationalbibliografie; detaillierte bibliografische Daten sind im Internet über <http://dnb.ddb.de> abrufbar.

Das Werk einschließlich aller seiner Teile ist urheberrechtlich geschützt. Jede Verwertung außerhalb der engen Grenzen des Urheberrechtsgesetzes ist ohne Zustimmung des Verlages unzulässig und strafbar. Das gilt insbesondere für Vervielfältigungen, Übersetzungen, Mikroverfilmungen und die Einspeicherung und Verarbeitung in elektronischen Systemen.

UVK Verlagsgesellschaft mbH, Konstanz und München 2017

Einbandgestaltung: Atelier Reichert, Stuttgart
Einbandillustration: Anna_leni/shutterstock.com
Druck: Printed in Germany

UVK Verlagsgesellschaft mbH
Schützenstr. 24 · D-78462 Konstanz
Tel.: 07531-9053-0 · Fax: 07531-9053-98
www.uvk.de

UTB-Band Nr. 4866
ISBN (Print) 978-3-8252-4866-6
ISBN (EPUB) 978-3-8463-4866-6

Inhaltsverzeichnis

Vorwort

Wenn Menschen Informationen brauchen, beobachten sie ihre Umwelt, das heißt sie nehmen ihre Umwelt bewusst mit ihren Sinnen – insbesondere visuell und auditiv - wahr. Auch im Kontext erfahrungsbasierter Wissenschaften ist die Beobachtung seit jeher zentrale Methode der Informationsbeschaffung, so auch in den Sozial- und Verhaltenswissenschaften. Wissenschaftliche Beobachtungsverfahren haben in jüngster Zeit durch technische Entwicklungen an Bedeutung gewonnen. Zum einen ermöglichen Geräte die automatisierte Aufzeichnung von Verhalten, Bewegungen oder (Körper-) Reaktionen auch über längere Zeiträume. Zum anderen hinterlassen Menschen bei der Mobilkommunikation und bei der Nutzung des Internets Spuren, die sich auslesen und in Bezug auf das zugrunde liegende Verhalten analysieren lassen. Beides führt bereits jetzt zu einem gewissen Boom von Beobachtungsverfahren in speziellen Fächern, welche Anregungen für andere Disziplinen bieten können. Auch der Bedeutungsgewinn qualitativer und ethnographischer Forschungen geht mit einem wachsenden Interesse an Beobachtungsverfahren einher. Vor dieser Entwicklung hatte die Beobachtung in den Sozial- und Verhaltenswissenschaften eher an Bedeutung verloren, insbesondere zugunsten der wissenschaftlichen Befragung, weil es einfacher und deutlich kostengünstiger ist, Personen zu ihrem Verhalten zu befragen als sie dabei zu beobachten. Oft ist aber erinnertes und berichtetes Verhalten kein guter Indikator für tatsächliches Verhalten. Deshalb war und ist die Beobachtung gerade in Bereichen, in denen komplexe individuelle und soziale Verhaltensweisen im Mittelpunkt stehen, die geeignetere Methode.

Recherchen vor der Konzeption dieses Buches ergaben, dass im Gegensatz zur Befragung, Inhaltsanalyse oder anderer spezieller Erhebungsverfahren zur Beobachtung kein aktuelles Einführungsbuch existiert. Und vorhandene ältere Darstellungen zur Beobachtung berücksichtigen die Anforderungen und Chancen nicht, die die Beobachtung durch die technische und methodologische Entwicklung erfährt. So reifte der Entschluss, eine aktuelle und übergreifende Darstellung der wissenschaftlichen Beobachtung zu verfassen. Die Darstellung ist unabhängig von Disziplinen sowie Forschungstraditionen konzipiert und kann damit nicht allen spezifischen Ansprüchen gerecht werden zumal der übergreifende Charakter bestimmte eher unübliche Entscheidungen nötig machte:

Entscheidung 1: *Disziplinäre Verortung*. Das vorliegende Buch ist ein Band einer Reihe einführender Methodenbücher zur Beobachtung, die jeweils unterschiedliche Sozial- und Verhaltenswissenschaften fokussieren. Die Grundidee und Grundlage zu dieser Reihe lieferte das Buch *Die Beobachtung in der Kommunikationswissenschaft* (Gehrau 2002). Die methodischen Teile dieses Buches wurden im Wesentlichen von Volker Gehrau aktualisiert und so verfasst, dass sie ohne Bezüge und Beispiele zu einem bestimmten Fach auskommen und verständlich sein sollten. Die speziellen Abschnitte zur qualitativen Beobachtung wurden von Christoph Weischer und Volker Gehrau neu hinzugefügt. Diese allgemeinen methodischen Teile werden durch die fachwissenschaftlichen Vertreterinnen und Vertreter jeweils um Beispiele aus den einzelnen Disziplinen ergänzt. In einer ersten Runde werden so gleichzeitig drei Bände publiziert: *Die Beobachtung in der Erziehungswissenschaft* (van Ophuysen, Bloh & Gehrau 2017), *Die Beobachtung in der Kommunikations- und Medienwissenschaft* (Gehrau 2017) sowie *Die Beobachtung in der Soziologie* (Weischer & Gehrau 2017). Die gemeinsame Arbeit an den Büchern führte uns einerseits immer wieder vor Augen, wie stark die theoretische und methodische Einbettung der Beobachtung in und zwischen den jeweiligen Disziplinen variiert. Andererseits wurde deutlich, wie inspirierend der Blick über den Tellerrand des eigenen Faches sein kann. Um dieser Vielfalt gerecht zu werden, haben wir uns dafür entschieden, alle Variationen gleichberechtigt zu diskutieren. Dies impliziert, dass durchaus Aspekte vorgestellt werden, die in der jeweiligen Disziplin von eher untergeordneter Bedeutung sind, wohingegen andere Aspekte, die sonst klar im Zentrum stehen, hier vergleichsweise kurz angerissen werden. Das mag zu Unzufriedenheit in einzelnen Bereichen führen, soll aber anregen, auch über alternative Beobachtungsvarianten nachzudenken, auch wenn sie in der jeweiligen Disziplin bislang (noch) nicht realisiert wurden.

Entscheidung 2: *Quantitatives versus Qualitatives Paradigma.* Mit dem vorliegenden Buch wird der Versuch unternommen, qualitative und quantitative Beobachtungsansätze gleichberechtigt darzustellen. Bislang haben alle uns bekannten Darstellungen einen klaren Fokus, oft wird sogar ausschließlich eine Variante diskutiert. Das ist insofern verständlich, als sich beide Varianten grundlegend unterscheiden und viele (Teil-) Disziplinen nahezu ausschließlich nach einer Variante vorgehen. Der interdisziplinäre Ansatz der vorliegenden Buchreihe sowie der Anspruch der beteiligten Autorinnen und Autoren machen es aber erforderlich, beide Varianten möglichst angemessen zu präsentieren. Die vorliegende Fassung ist der erste Versuch, diesem hohen Anspruch gerecht zu werden. Ob dies gelungen ist, mögen die Leserinnen und Leser entscheiden. So werden in dem Buch fast durchgängig Beispiele und Besonderheiten sowohl qualitativer als auch quantitativer Zugänge nebeneinander vorgestellt. Lediglich im dritten Kapitel werden zunächst die typischen Schritte und Entscheidungen qualitativer Beobachtungsstudien beschrieben und anschließend die typischen Schritte und Entscheidungen quantitativer Beobachtungsstudien. So können Leserinnen und Leser, die sich nur für eine der beiden Varianten interessieren, deren Durchführung in unterschiedlichen Spielarten kennenlernen, ohne die jeweils andere zur Kenntnis nehmen zu müssen. Nichtsdestotrotz ist es unseres Erachtens für alle anregend, sich auch mit der jeweils anderen Variante vertraut zu machen.

Entscheidung 3: *Wege der Vermittlung.* Wissen über Beobachtung als Methode der Datenerhebung kann über drei verschiedene Wege vermittelt werden: (1) über die Darstellung der methodischen Besonderheiten wissenschaftlicher Beobachtungen, (2) über die Darstellung der Anforderungen bei der praktischen Durchführung von Beobachtungsprojekten oder (3) über die Darstellung exemplarischer Beobachtungsstudien in einem Fach. Die Kapitel zwei bis vier des vorliegenden Buches sollen alle drei Zugänge ermöglichen, und zwar in einer Darstellungsweise, die auch in anderer als der hier vorgeschlagenen Reihenfolge verständlich sein sollte. Insofern ist es den Leserinnen und Lesern überlassen, wie sie in das Thema einsteigen möchten. Die drei Kapitel unterscheiden sich auch deutlich in ihrem Rückgriff auf einschlägige Literatur. So wird in Kapitel zwei (Methode) auf die für die Beobachtung relevante Methodenliteratur verwiesen und zwar insbesondere auf solche, die disziplinübergreifend wichtig erscheint. Da bestimmte Disziplinen besondere methodische Anforderungen an die Beobachtung stellen, wird an entsprechenden Stellen aber auch mit fachspezifischen Methodenbüchern gearbeitet. Hingegen folgt das Kapitel drei (Praktische Durchführung) eher der Logik eines Tutorials, in dem unterschiedliche Varianten, Wege und dazugehörige Entscheidungen aufgezeigt werden. Dieses Kapitel verbleibt ohne zusätzliche Literaturhinweise, da es weitgehend auf Ideen aus der Literatur des vorherigen Kapitels zurückgreift. Um die Lesbarkeit zu fördern und um den Fokus nicht auf einzelne Positionen und Vorlieben bei der Beobachtung zu verengen, wurde bewusst ohne Einzelverweise gearbeitet. Im abschließenden vierten Kapitel (Exemplarische Studien) liegt der Fokus auf der fachspezifischen Anwendung wissenschaftlicher Beobachtungen. Dies erfolgt weitgehend anhand der Darstellung publizierter empirischer Studien aus der jeweiligen Disziplin, in der jeweils fachtypische Fragestellungen untersucht werden.

Wir hoffen, uns mit den skizzierten Entscheidungen nicht gänzlich zwischen die Stühle gesetzt zu haben und bei den Leserinnen und Lesern Interesse an der Beobachtung zu wecken und relevantes, anwendbares Wissen über diese zu vermitteln.

Münster, Sommer 2017
Bea Bloh, Volker Gehrau, Stefanie van Ophuysen und Christoph Weischer.

1 Einleitung

„Wie geht's?“ Diese Frage stand hinter einem Beobachtungsverfahren, das Bestandteil der Studie „Die Arbeitslosen von Marienthal“ von Jahoda, Lazarsfeld und Zeisel (1933/1975) war. Die Forschergruppe hatte das Ziel, die Auswirkung der hohen Arbeitslosigkeit auf die Befindlichkeit der Bewohnerinnen und Bewohner Marienthals Anfang des 20. Jahrhunderts zu untersuchen. Dabei verwendeten sie ganz unterschiedliche Datenerhebungsverfahren. Sie beobachteten z.B., wie die Bewohner von Marienthal einen öffentlichen Platz überquerten. Die so erhobenen Daten förderten ein Bild einer müden Gesellschaft zutage, in der es kaum Antrieb und Hoffnung gab, und die gleichzeitig durch einen doppelten Zeitverlauf gekennzeichnet war. Als Maß dafür diente einerseits die Gehgeschwindigkeit – Frauen gingen deutlich schneller als Männer – und andererseits die Häufigkeit des Stehenbleibens. Männer blieben öfter stehen als Frauen. Die Männer hatten durch die Arbeitslosigkeit die Zeitstruktur verloren – die Zeit verging für sie, ohne dass Wichtiges geschah. Bei den Frauen strukturierte demgegenüber die Arbeit für Haus und Familie noch einen Großteil des Lebens – ihre Zeit war verarbeitete Zeit (Jahoda, Lazarsfeld & Zeisel 1933/1975 sowie Diekmann 1995: 459–466). Mit einer klassischen Befragung hätte man wahrscheinlich eher geschönte Auskünfte über die Befindlichkeit der Menschen in Marienthal erhalten; so wie bei den typischen Antworten auf die Frage: „Wie geht's?“

Ähnlich wie die Forscherinnen und Forscher in der Marienthal-Studie beobachten auch Menschen im Alltag ihr Umfeld und insbesondere die darin agierenden Personen, um alltagsrelevante Informationen zu erhalten. Die zur Informationsgewinnung im Alltag genutzten Vorgehensweisen gehen jedoch über das Beobachten hinaus. Sie lassen sich grob in drei Bereiche einteilen, wobei die Grenzen unschärfer sind als hier idealtypisch dargestellt. Ausgangspunkt des Illustrationsbeispiels sei eine Person, die auf einen Platz in einer größeren Stadt kommt, dort eine Gruppe von Menschen vorfindet, die auf ungewöhnliche Art miteinander interagieren. Sie möchte verstehen, was die Gruppe macht. Dazu wird sie vermutlich zunächst stehenbleiben und zuschauen, was die Menschen in der Gruppe tun. Wenn das zu keinem befriedigenden Resultat führt, wird die Person wahrscheinlich jemanden fragen, was die Gruppe macht. Wenn auch das nicht die gewünschte Erkenntnis bringt, wird sie eventuell noch versuchen, Informationen über aktuelle Veranstaltungen oder über den Ort zu recherchieren, um herauszufinden, was dort gerade passiert. In diesem Beispiel werden drei Arten der alltäglichen Informationsbeschaffung genannt, die sich in ähnlicher Weise als Methoden der wissenschaftlichen Datenerhebung wiederfinden lassen. Dem Geschehen zuzusehen ähnelt der wissenschaftlichen Beobachtung, mit Menschen zu reden, um von diesen bestimmte Informationen zu erhalten, entspricht der Grundidee wissenschaftlicher Befragungen, und die Suche von Informationen in Texten zum interessierenden Phänomen weist Parallelen zur wissenschaftlichen Inhaltsanalyse auf.

Wenngleich sich die wissenschaftlichen Datenerhebungen mittels Beobachtung, Befragung und Inhaltsanalyse durchaus deutlich von den angesprochenen Alltagspraktiken unterscheidet (die wissenschaftliche Beobachtung ist insbesondere systematisch angelegt und dokumentiert ihr Vorgehen ebenso wie ihre Ergebnisse) sind die Grundlogik des jeweiligen Vorgehens und die dabei auftretenden Probleme dennoch ähnlich gelagert. Diese entstehen bei der Gewinnung der nötigen Angaben (Können diese überhaupt erlangt werden?) und deren Interpretation (Können aus diesen die nötigen Informationen gezogen werden?). Aus der Analogie zwischen wissenschaftlicher Datenerhebung und alltäglichem Problemlösen lassen sich also nicht nur die grundlegenden Verfahren Beobachtung, Befragung und Inhaltsanalyse ableiten, sondern auch ihre Besonderheiten.

Eine Einschränkung der Beobachtung ist weitreichend: Es können nur Sachverhalte beobachtet werden, die sich beobachten lassen, also sinnlich oder apparativ von außen feststellen lassen. Dinge, die im Privaten, Geheimen oder im Inneren einer Person stattfinden, können nicht beobachtet werden. Bei zu untersuchenden Dingen, die beobachtet werden können und dürfen, treten typischerweise zwei weitere Fragen auf. Zunächst muss reflektiert werden, ob das Beobachtete natürlich war und nicht durch die Beobachtung selbst bzw. die Beobachter erst veranlasst oder in relevanter Weise beeinflusst wurde. Vor allem ist zu erwarten, dass Personen, die wissen, dass sie beobachtet werden, eher akzeptierte und sozial erwünschte Verhaltensweisen ausführen und unerwünschte vermeiden werden. In diesem Punkt weist die Beobachtung Parallelen zur *Befragung* auf, weil auch bei dieser typischerweise eher gewünschte Angaben gemacht und unerwünschte vermieden werden. Beide Verfahren sind also von möglicher *Reaktivität* betroffen. Das zweite Problem der Beobachtung liegt in der Identifikation und Interpretation beobachteter Aspekte. Beides ist stark abhängig von denjenigen, die die Beobachtung durchführen. Hier ergeben sich Parallelen der Beobachtung zur *Inhaltsanalyse*, da es bei beiden nötig ist, denjenigen, die die Datenerhebung ausführen, klar zu machen, wann Aspekte auf welche Art festzuhalten sind und wann nicht. Dadurch ergeben sich bei beiden Verfahren Probleme der

Reliabilität bzw. der Objektivität. Beim Verständnis der wissenschaftlichen Beobachtung ist es deshalb nötig, an bestimmten Stellen auch die wissenschaftliche Befragung und die wissenschaftliche Inhaltsanalyse zu betrachten.

Basisverfahren der Datenerhebung

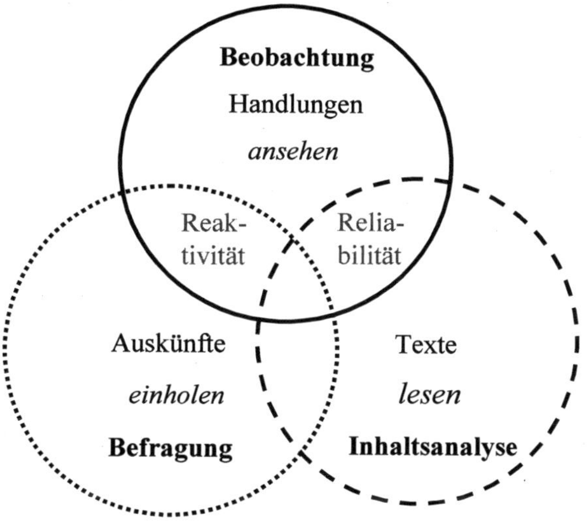

Die „*wissenschaftliche Beobachtung*" ist der Gegenstand der weiteren Darstellung und wird ab jetzt zur Vereinfachung als „*Beobachtung*" bezeichnet. Sie ist das klassische Verfahren, um Verhalten und Reaktionen von Personen zu erfassen. Hierin ist sie beiden anderen Datenerhebungsverfahren deutlich überlegen. In Inhaltsanalysen lassen sich nur Handlungsergebnisse der Autoren bzw. Produzenten der Text erfassen. Zwar umfassen die Texte selbst auch Handlungen der dargestellten Akteure. Diese sind aber nur sehr eingeschränkt als Indikatoren für Alltagshandlungen brauchbar, da ihre Darstellung stark von den Aufbereitungsregeln der jeweiligen Textsorte geprägt ist. Deshalb sagt der Umgang von Ärzten mit Patienten in Krankenhausserien wahrscheinlich mehr über die Produktionslogik von Serien aus als über den Krankenhausalltag. Solange es sich bei zu untersuchenden Verhaltensweisen um außergewöhnliche und bewusst ausgeführte Handlungen handelt, lassen sich diese auch in Befragungen ermitteln, z.B. dem Vorgehen beim Kauf eines teuren Fahrrades. Wird das interessierende Verhalten aber im Alltag oft und unbewusst ausgeführt, wie z.B. das Grüßen anderer Personen, lassen sich diesbezüglich kaum brauchbare Informationen erfragen. Beobachtungen sind auch dann als Mittel der Datenerhebung angezeigt, wenn mit dem Untersuchungsobjekt nicht angemessen kommuniziert werden kann, z.B. weil es noch nicht reden kann (wie Kleinkinder) oder Forschende und Untersuchte keine gemeinsame Sprache sprechen. Beobachtungsstudien sind zwar aufwändig, liefern aber, wenn es um Verhalten und Reaktionen von Menschen geht, alltagsnahe und aussagekräftige Ergebnisse. Phänomene, die quasi im Inneren einer Person stattfinden, die sein Wissen, seine Gefühle, Vorstellungen und Gedanken betreffen, lassen sich hingegen in der Regel nicht direkt beobachten. Eine Ausnahme stellen z.B. starke Emotionen wie Ekel dar, die sich über die Mimik einer Person erfassen lassen.

Wegen ihrer Stärken im Bereich der Erfassung von Verhalten und Reaktionen von Personen wird die Beobachtung in den unterschiedlichen sozial- und verhaltenswissenschaftlichen Disziplinen bei Fragestellungen zum Alltagverhalten eingesetzt. Das betrifft in unterschiedlichen Fachdisziplinen unterschiedliche typische Anwendungsfelder der Beobachtung. Hier einige nicht systematisch ausgewählte Beispiele: In *ethnologischen Studien* wird beobachtet, wie sich das Alltagsleben in einfachen Gemeinschaften gestaltet oder wie sich Alltagspraxen in Subkulturen entwickeln und vollziehen. In der *Soziologie* wird beobachtet, wie der Alltag in Familien abläuft oder wie Alltagsgespräche stattfinden. Forschende in den *Wirtschaftswissenschaften* beobachten die Arbeitsweisen von Mitarbeiterinnen und Mitarbeitern ebenso wie das Kaufverhalten von Konsumentinnen und Konsumenten. In der *Kommunikations- und Medienwissenschaft* wird beobachtet, wie Kommunikatoren Medienangebote erstellen und das Publikum diese Medienangebote im Alltag nutzt. Aggressionsverhalten junger Erwachsener ist ebenso Gegenstand *psychologischer Studien* wie die Exploration eines Spielzimmers von Kleinkindern. In der *Sportwissenschaft* werden Sportlerinnen und Sportler beim Training und bei Wettkämpfen beobachtet. In Rahmen *erziehungswissenschaftlicher Studien* wird beobachtet, wie sich Schülerinnen, Schüler und Lehrkräfte im Unterricht verhalten oder Kleinkinder in Kitas untereinander interagieren. In der Politikwissenschaft wird das Verhalten von Politikern und Politikerinnen im Wahlkampf beobachtet oder diejenigen, die gesellschaftspolitische Entscheidungen treffen, werden bei den dazu durchgeführten Handlungen beobachtend begleitet. In den *Verkehrs- oder Geowissenschaften* wird beobachtet, wie Personen Distanzen überbrücken und wie sie sich in bestimmten Verkehrssituationen verhalten. Selbst in *medizinischen Studien* wird beobachtet, wie die Kommunikation zwischen medizinischem Personal und Patientinnen und Patienten erfolgt oder welche gesundheitsrelevanten Verhaltensweisen Menschen mit bestimmten Krankheitsrisiken zeigen. Die Liste der Disziplinen ließe sich problemlos erweitern. So unterschiedlich die aufgeführten Beispiele auch sein mögen, ein Merkmal haben sie alle gemeinsam: Es handelt sich um relativ eindeutige Verhaltensweisen, die sich gut extern beobachten lassen, aber kaum über Befragungen zu erheben wären, weil die Befragten die zu untersuchenden Verhaltensweisen eher unbewusst und beiläufig ausführen und deshalb über diese in Befragungen nur ungenau Auskunft geben können. Man könnte diese Beispiele als das klassische Terrain der Beobachtung bezeichnen.

Mit der Verbreitung von Computern und dem Siegeszug von Internet, sozialen Netzwerken und mobiler Kommunikation hat sich schließlich ein neuer Typ von Beobachtungsstudien entwickelt: die Beobachtung von Verhaltensspuren, die bei der Nutzung von digitalen Endgeräten und Angeboten anfallen. Durch Erfassung und Aufbereitung solcher Verhaltensspuren lassen sich große Teile des heutigen Arbeits- und Alltagsverhaltens nachvollziehen und analysieren. Je nachdem, welche technischen und inhaltlichen Bereiche der Kommunikation und welche Akteure man dabei betrachtet, lassen sich relevante Informationen für unterschiedliche wissenschaftliche Disziplinen und Fragestellungen generieren. Die Daten müssen dafür nicht mehr extra erhoben werden, da sie technisch sowieso anfallen. Sie müssen jedoch aufbereitet und analysiert werden, was gegebenenfalls auch einen erheblichen Aufwand mit sich bringen kann. Vordergründig mag diese Entwicklung in Richtung von Big-Data-Studien gehen. Das ist aber nicht zwangsläufig, da sich so auch typische qualitative und quantitative sozial- und verhaltenswissenschaftliche Studien mit Verhaltensspuren im Netz durchführen lassen.

Die umfassende Darstellung dieser Vielfalt an möglichen wissenschaftlichen Beobachtungsverfahren, ihrer methodischen Voraussetzungen und Implikationen ist Thema der folgenden Kapitel.

Literatur

Diekmann, Andreas (2010). *Empirische Sozialforschung*. Reinbek: Rowohlt.

Jahoda, Marie, Lazarsfeld, Paul F. & Zeisel, Hans (1933/1975). *Die Arbeitslosen von Marienthal. Ein soziologischer Versuch über die Wirkung langandauernder Arbeitslosigkeit*. Leipzig: Hirzel / Frankfurt a.M.: Suhrkamp.

2 Methode der Beobachtung

2.1 Gegenstand

Die sozial- und verhaltenswissenschaftliche Beobachtung ist ein empirisches Verfahren zur Untersuchung menschlicher Verhaltensweisen und Reaktionen im weitesten Sinne. Sie grenzt sich damit von naturwissenschaftlichen Beobachtungsverfahren ab, mit denen z.B. physikalische Zustände wie die Temperatur eines Gases gemessen oder das Verhalten von Tieren in ihrem natürlichen Umfeld erfasst wird. Es ist aber auch von einer Verwendung des Begriffs Beobachtung als Synonym für alle Arten von empirischen Untersuchungen zu unterscheiden. Entsprechende Studien analysieren z.B. Phänomene anhand von hoch aggregierten Daten im Zeitverlauf und werden oft als Beobachtungen der Kriminalitätsentwicklung, Beobachtung von Marktbewegungen oder Beobachtung von Gesellschaftstrends bezeichnet.

2.1.1 Definition

Die sozial- und verhaltenswissenschaftliche Beobachtung ist die systematische Erfassung und Protokollierung von sinnlich oder apparativ wahrnehmbaren Aspekten menschlicher Handlungen und Reaktionen, solange diese nicht rein auf durch Forschende initiierte Kommunikation basieren oder in Form editierter Dokumente vorliegen. Sie dient einem wissenschaftlichen Ziel, ist prinzipiell wiederholbar und legt alle relevanten Aspekte offen.

Diese Definition basiert auf einer systematischen Zusammenstellung wissenschaftlicher Definitionen und der daraus resultierenden Arbeitsdefinition von Gehrau (2002: 25-27) sowie der berechtigten Kritik daran von Brosius, Haas und Koschel (2016: 183-185). Zum besseren Verständnis lohnt es, die wesentlichen Komponenten einzeln zu betrachten:

- Bei der Beobachtung handelt sich um ein *systematisches Vorgehen*, d.h., es gibt Regeln des wissenschaftlichen Arbeitens und Reflektierens, denen die wissenschaftliche Beobachtung folgt. Das bedeutet allerdings nicht notwendigerweise, dass das Vorgehen standardisiert stattfindet.

Auch nicht-standardisierte Beobachtungen folgen bestimmten Regeln und sind nicht der Willkür der Forschenden überlassen.

- Das Interessierende wird *protokolliert bzw. erfasst*, d.h., es wird in ein Symbolsystem für die weitere Bearbeitung überführt, wobei nicht festgelegt ist, ob es sich dabei um Texte oder Zahlen handelt.
- Gegenstand der Beobachtung sind theoretisch alle Aspekte *menschlichen Handelns bzw. menschlicher Reaktionen*. Das schließt sowohl alle Verhaltensweisen ein als auch körperliche Reaktionen wie z.B. Herzklopfen oder Schwitzen.
- Die beobachteten Aspekte müssen *sinnlich oder apparativ wahrnehmbar* sein. Sie müssen also entweder von einem Menschen gesehen, gehört oder auch gerochen werden oder durch entsprechende Apparate erfasst werden können.
- Beobachtungen dienen einem *wissenschaftlichen Ziel* und damit zumindest einem avisierten Erkenntnisgewinn. Ob sie aber z.B. Theorien entwickeln helfen oder diese testen sollen, ist nicht entscheidend.
- Ihr Vorgehen ist so angelegt, dass es zumindest in ähnlicher Form von anderen Wissenschaftlerinnen oder Wissenschaftlern *wiederholt* werden kann, um zu überprüfen, ob die Resultate replizierbar und die daraus gezogenen Schlüsse angemessen sind.
- Dazu ist es nötig, dass alle für das Vorgehen *relevanten Entscheidungen expliziert und offengelegt werden*, so dass sie kritisiert und nötigenfalls in Folgestudien verbessert werden können.
- Die Aspekte der *von Forschenden initiierten Kommunikation* und der *editierten Dokumente* grenzt die Beobachtung von der Befragung sowie der Inhaltsanalyse ab.

In einigen Forschungskontexten ist es kaum möglich, Beobachtungen, Befragungen und Inhaltsanalysen voneinander zu trennen, da sie parallel durchgeführt werden und das durch sie entstandene Material gemeinsam ausgewertet wird. Entsprechende Settings waren insbesondere zu Beginn der wissenschaftlichen Beobachtung häufig vorzufinden.

2.1.2 Abgrenzung

Zunächst einmal lässt sich die sozial- und verhaltenswissenschaftliche Beobachtung von der Alltagsbeobachtung durch ihre Systematik und ihr wissenschaftliches Ziel abgrenzen. Alltagsbeobachtungen dienen zwar auch der Orientierung und dem Informationsgewinn; sie dienen aber keinem primär wissenschaftlichen Zweck. Wissenschaftliche Beobachtungen sollen demgegenüber Alltagsphänomene explorieren und beschreiben, um daraus wissenschaftliche, insbesondere theoretische Aussagen entwickeln oder die Gültigkeit entsprechender wissenschaftlicher Aussagen anhand von Alltagsphänomenen überprüfen zu können. Darüber hinaus geht die wissenschaftliche Beobachtung systematisch vor. Sie folgt also nicht allein dem Gutdünken der Forschenden, sondern Regeln, welche die Erreichung des wissenschaftlichen Ziels sicherstellen und von unterschiedlichen Forschenden auf ähnliche Weise befolgt werden.

Die Einschränkung, dass Beobachtungen nicht auf primär von Forschenden initiierter Kommunikation beruhen, soll die Beobachtung von der Befragung abgrenzen. Streng genommen könnte man bei der Befragung behaupten, es handele sich um eine Beobachtung der Antworten der Untersuchten. Zwar kann man die Antworten der Untersuchten mit Recht als Handlungen verstehen, die sich beobachten lassen. Solche Handlungen sind aber insoweit unnatürlich, als sie nur wegen der Untersuchung stattfinden. Es handelt sich nicht um eigenständige Handlung, weil diese von den Untersuchenden durch deren Fragen initiiert wurden. Wichtiger ist aber die Tatsache, dass allein die Untersuchung selbst Anlass für die Handlungen ist, die so in keinem natürlichen Kontext stattfinden würden. Insofern handelt es sich bei der Befragung um eine Untersuchungssituation und Konstellation, die gänzlich anders gelagert ist als bei der Beobachtung. In Befragungen und zwar selbst in nichtstandardisierten Interviews werden alle interessierenden (Antwort-) Handlungen von den Forschenden initiiert und ihr Ablauf bestimmt. Die eigentlichen Handlungen der Untersuchten interessieren den Forschenden dabei in der Regel gar nicht, sondern allein die darüber transportierten Inhalte. In Beobachtungsstudien wäre von Interesse, wie geantwortet wird: schnell oder langsam, hektisch oder überlegt etc. In Befragungsstudien interessiert demgegenüber, was geantwortet wird. Parallelen zwischen der Beobachtung und der Befragung ergeben sich z.B. Beispiel dann, wenn der verbale Informationsaustausch oder von den Forschenden initiiertes Verhalten beobachtet wird, wobei die Beobachteten angehalten sind, ihr Verhalten zu kommentieren, dem parallelen sogenannten Lauten Denken. Auch wenn Beobachtungen von Personen durchgeführt werden und die Beobachteten wissen, dass sie beobachtet werden, weist die Beobachtung deutliche Parallelen zur Befragung auf. In beiden Verfahren treten ähnliche Probleme in Bezug auf die Rekrutierung der Untersuchten sowie von Einflüssen der Untersuchenden auf die Untersuchten auf.

Mit editierten Dokumenten soll eine Grenze zwischen Beobachtung und Inhaltsanalyse gezogen werden: Beobachtungen sind auch anhand von aufgezeichneten Handlungen oder Handlungsspuren möglich. Damit können auch Videoaufnahmen oder z.B. Briefe Gegenstand von Beobachtungsstudien sein. Die Beobachtung interessiert sich dann für die dort festgehaltenen, natürlichen Alltagshandlungen. Anders sind Medieninhalte oder z.B. offizielle Dokumente anzusehen. In diesen mögen zwar Alltagshandlungen nachgespielt oder erwähnt werden, diese sind aber nicht selbst festgehalten. Das Festgehaltene folgt einer bestimmten Aufbereitungs- oder Editierlogik und nicht der Logik von Handlungen im natürlichen Kontext. Medieninhalte und Dokumente lassen sich inhaltsanalytisch untersuchen und zwar sowohl in Bezug auf die Art ihrer Aufbereitung als auch in Bezug auf die mit ihnen vermittelten Inhalte. Dabei können zwar auch Handlungen und Reaktionen von Menschen Gegenstand der Analyse sein; diese können aber nicht als Alltagshandlungen angesehen werden. Vom Vorgehen sind beide allerdings oft sehr ähnlich, z.B. die Inhaltsanalyse einer Sportübertragung und die Beobachtung von Sportausübung anhand von Videos. Dementsprechend ergeben sich Ähnlichkeiten bei beiden Verfahren in Bezug auf die Art der Codierung des Materials und der dabei auftretenden Fehler durch die Codierer.

2.1.3 Entwicklung

Eine einheitliche Darstellung der Entwicklung der Beobachtung liegt nicht vor. Stattdessen verweisen Autoren unterschiedlicher Wissenschaftsdisziplinen auf verschiedene Ursprünge, aus denen sich die (teilnehmende) Beobachtung entwickelt hat. Kalthoff (2006: 146; vgl. auch Breidenstein, Hirschauer, Kalthoff & Nieswand 2015: 13) geht dabei am weitesten zurück und verweist auf die Entdecker als Ursprung der ethnologischen Forschungstradition. Gemeint sind hiermit ebenso Abenteurer oder Missionare wie Kartographen oder Handelsreisende, die im 18. und frühen 19. Jahrhundert in die neuen Kolonien gereist sind, dort einige Zeit gelebt haben, um die Kultur kennen zu lernen und dann Reiseberichte oder Dokumentationen in Europa publiziert haben. Zunächst sollten diese helfen, die Kolonien von Europa aus sinnvoll zu administrieren. Darüber hinaus wurden mit ihnen Techniken entwickelt, unterschiedliche Kulturen und deren gesellschaftlichen Praktiken zu dokumentieren und zu analysieren. In dieser Tradition ist z.B. die Publikation *Die Argonauten des westlichen Pazifiks* von Malinowski (1922) über die Lebensweise der Landbevölkerung in Neuguinea und Malinesien zu erwähnen (Schönhagen 2011: 305). Diese frühen ethnographischen Praktiken werden inzwischen sehr kritisch betrachtet (vgl. Breidenstein, Hirschauer, Kalthoff & Nieswand 2015: 19-20). Atteslander (2010: 74) verweist bei seinen Angaben zur Geschichte der Beobachtung auf die Publikation *Zur Lage der arbeitenden Klasse in England* von Engels aus dem Jahr 1845. Dieser hatte einige Jahre in Manchester verbracht, um die englische Industrialisierung, insbesondere im Bereich der Weberei kennen zu lernen. Dazu trug er sowohl umfassendes statistisches Material zusammen als auch Erfahrungen aus vielfältigen Beobachtungen und Befragungen vor Ort. Vor allem in Bezug auf die zum Teil unmenschlichen Arbeitsbedingungen. Entsprechende Berichte wurden im England der damaligen Zeit unter dem Stichwort *Social Survey* erstellt (Atteslander 2010: 74). In den Ausführungen von Diekmann (2010: 548-549) wird daneben auf literarische und journalistische Formen als Vorgänger der Beobachtung hingewiesen. Namentlich erwähnt werden Sincalaires Roman über die Zustände in Chicagoer Schlachthöfen zu Beginn des 20. Jahrhunderts sowie die Publikationen von Kisch zur Lebenssituation von Obdachlosen in London, Hopfenpflückern in Böhmen oder Fischern auf Rügen. Einig sind sich alle Autoren darin, dass der Grundstein zur Etablierung der (teilnehmenden) Beobachtung als Verfahren der wissenschaftlichen Datenerhebung durch die Studien der sogenannten Chicagoer Schule in den 1920er-Jahren gelegt wurde (Breidenstein, Hirschauer, Kalthoff & Nieswand 2015: 20-25). Unterschiedliche Wissenschaftler begleiteten Personen oder Gruppen, die am Rande der Chicagoer Gesellschaft lebten, über einen längeren Zeitraum, beobachteten und befragten sie, um darüber dichte und authentische Beschreibungen des jeweiligen sozialen Lebens zu erhalten. Als Beispiele werden oft die Studien „Street Corner Society" von Whyte (1943) oder „The Gang" von Trasher (1927) genannt (z.B. Dieckmann 2010: 549-550).

Den wohl wichtigsten europäischen Beitrag lieferten Jahoda, Lazarsfeld und Zeisel (1933) mit ihrer Studie *Die Arbeitslosen von Marienthal*. In dieser dokumentieren sie das Leben in einem kleinen von Massenarbeitslosigkeit betroffenen Ort nahe Wien. Sie erhoben sozialstrukturelle Angaben, befragten Betroffene und beobachteten sie; so diente z.B. das eingangs des Buches erwähnte Gehen über einen öffentlichen Platz als Indikator für die individuelle Motivation und Zielstrebigkeit. Mit dieser Studie sind die ersten, ernsthaften Bestrebungen verbunden, die beobachteten Angaben zu standardisieren, indem jene gezählt und gemessen wurde (siehe auch Dieckmann 2010: 552-560). Als Paradebeispiel für ein voll standardisiertes Beobachtungsverfahren wird von vielen Autoren (z.B. Friedrichs 1980: 276-278) die Interaktionsprozessanalyse von Bales (1956) herangezogen. Mit dieser lässt sich die verbale Interaktion innerhalb kleiner Gruppen anhand von zwölf Kategorien in sechs Dimensionen beschreiben. Die Kategorien waren das Ergebnis theoretischer Vorüberlegungen sowie empirischer Vortests, die auf das Minimum der notwendigen Kategorien reduziert wurden. In den verschiedenen Fachkontexten werden unterschiedliche Standardisierungsbestrebungen verfolgt. In der psychologischen sowie der erziehungswissenschaftlichen Literatur werden z.B. gern die Aufgaben genannt, die Piaget kleinen Kindern aufgegeben hat, um anhand der Lösungsstrategien ihren kognitiven Entwicklungsstand festzustellen (z.B. Sedlmeier & Renkewitz 2013: 104-105). Im Kontext der Wirtschaftswissenschaft nennen z.B. Hague, Hague und Morgan (2013: 81) die systematische Analyse von Verkäufen in Läden sowie die vor Ort durchgeführten Beobachtungen des Käuferverhaltens in den 1930er-Jahren in den USA sowie GB als Initialzündung der heute üblichen systematischen Beobachtungen im Bereich Marketing und Marktforschung.

Seit Mitte des letzten Jahrhunderts findet eine deutliche Differenzierung wissenschaftlicher Beobachtungstechniken statt. Diese wird insbesondere durch die technische Entwicklung und methodische sowie methodologische Diskussionen in den einzelnen Fächern vorangetrieben. Automaten und Sensoren machten Beobachtungsverfahren möglich, die nicht mehr von menschlichen Beobachtern durchgeführt werden mussten. So ließ sich z.B. mittels Lichtschranken oder Drehsperren feststellen, wie viele Personen pro Zeiteinheit einen bestimmten Punkt passieren. Sensoren hielten Trainings- oder Arbeitsleistungen fest. Geräte zur Erfassung von aktuellen Körpermerkmalen wie der Herzfrequenz oder der Hautleitfähigkeit ließen Rückschlüsse auf Erregungszustände von Personen zu und führten zur Etablierung sogenannter physiologischer Messungen. Nicht zuletzt wurden so auch sehr spezielle apparative Messverfahren entwickelt wie z.B. die Telemetrie zur genauen Erhebung der Reichweite bestimmter Fernsehsender und Fernsehsendungen, die sogenannte Einschaltquote. Für jedes einzelne Fach ließen sich hier wahrscheinlich mehrere solcher Spezialverfahren anführen. Der letzte große Schub für die Differenzierung und Verbreitung wissenschaftlicher Beobachtungsverfahren ergab sich durch das Internet und die mobile Kommunikation. Bei dieser lässt sich quasi jede ausgeführte Handlung bei deren Durchführung technisch beobachten oder nach deren Ausführung anhand von Spuren technisch auslesen und analysieren.

Die kurze Skizze von Vorläufern und Entwicklungen der wissenschaftlichen Beobachtung macht sichtbar, dass eine Vielzahl von Studien und Verfahren als wissenschaftliche Beobachtung anzusehen sind, die sich in Bezug auf ihre Varianten und Merkmale aber deutlich voneinander unterscheiden.

2.2 Varianten und Merkmale

Gehrau stellte 2002 eine Metaanalyse von wichtigen Methodenbüchern vor, in denen die Beobachtung als Verfahren wissenschaftlicher Datenerhebung eingehend behandelt wurde. Die dabei diskutierten Varianten und Merkmale der Beobachtung wurden systematisiert und in drei grobe Bereiche eingeteilt: (1) den *Beobachter* betreffend, (2) die *Beobachtungssituation* betreffend sowie (3) das *Erhebungsverfahren* betreffend. Aus den untersuchten Publikationen wurden dann einzelne Merkmale extrahiert und den drei Bereichen zugeordnet.

Systematik von Beobachtungsvarianten

Beob-achter	Interne Beobachter versus extern beauftragte Beobachter
	Selbst- versus Fremdbeobachtung
	Teilnehmende versus nicht-teilnehmende Beobachtung
Beobachtungs-situation	Offene versus verdeckte Beobachtung (Wissentliche versus unwissentliche Beobachtung)
	Feld- versus Laborbeobachtung
	Beobachtungen mit versus ohne Stimulus
Erhebungs-verfahren	Standardisierte versus nicht-standardisierte Protokollierung
	Direkte Beobachtung versus indirekt über Verhaltensresultate
	Unvermittelte Beobachtung versus vermittelt über Aufzeichnung
	Manuelle versus apparativ-automatisierte Protokollierung

Drei Merkmale betreffen den Beobachter: intern versus extern, selbst versus fremd und teilnehmend versus nicht-teilnehmend; vier charakterisieren die Situation: offen versus verdeckt, wissentlich versus unwissentlich, Feld versus Labor, mit Stimulus versus ohne Stimulus; und vier spezifizieren die Datenerhebung: strukturiert versus nicht strukturiert, direkt versus indirekt, vermittelt versus unvermittelt sowie manuell versus automatisch[1] (siehe Ab-

[1] Im Gegensatz zur Darstellung von 2002 wird statt *strukturiert* nachfolgend *standardisiert* und anstelle von *automatisch* im vorliegenden Band *apparativ* verwendet.

bildung). Die Metaanalyse zeigte, dass auf drei Merkmale von Beobachtungen in allen Publikationen ausführlich eingegangen wurde: Teilnehmend versus nicht-teilnehmend, offen versus verdeckt sowie standardisiert versus nicht-standardisiert. In knapp der Hälfte der Publikationen wurden zudem Unterschiede zwischen Selbst- versus Fremdbeobachtung bzw. Feld- versus Laborbeobachtungen erörtert. Die anderen Aspekte wurden jeweils nur in einer oder zwei Publikationen berücksichtigt, meist jeweils aufgrund einer speziellen Fachperspektive. Offenbar sind die Fragen, ob internes oder externes Beobachtungspersonal sowie ob dabei Stimuli zum Einsatz kommen oder nicht, für viele Autoren und Autorinnen keine Frage der Konzeption von Beobachtungen, sondern von deren Durchführung. Auch die Aspekte direkt versus indirekt, vermittelt versus unvermittelt sowie manuell versus apparativ scheinen dann an die Frage nach dem Einsatz von Technik geknüpft zu sein. Da all diese Punkte aber grundlegende Auswirkungen auf die Art der Beobachtung und die damit verbundenen methodischen Probleme haben, werden sie im Weiteren als eigenständige Varianten bzw. Grundmerkmale von Beobachtungen behandelt.

Gehrau und Hamachers (2017) haben die vorliegende Systematik als Basis einer Inhaltsanalyse aktueller internationaler Fachzeitschriftenpublikationen im Bereich der Kommunikationswissenschaft genutzt. Die Frage, ob Interne oder Externe beobachtet haben, ließ sich anhand der Publikationen nicht klären. Ansonsten erwies sich die vorliegende Systematik als geeignet, um die entsprechenden Publikationen zu den jeweiligen Beobachtungsstudien zu klassifizieren. Probleme ergaben sich lediglich in Bezug auf die Frage, ob wissentlich oder unwissentlich beobachtet wurde. Dies lag aber nicht an Problemen bei der Anwendung des entsprechenden Kriteriums, sondern in dessen Erfassung, da in den analysierten Beiträgen oft nicht das entsprechende Vorgehen deutlich gemacht wurde.

Für das vorliegende Buch wurde 2017 eine erneute Sichtung aktueller Fachbücher durchgeführt. Dabei zeigten sich unterschiedliche Aspekte. Neuauflagen derjenigen Bücher, die bereits 2002 von Gehrau berücksichtigt wurden, haben ihre Beobachtungskapitel wenn überhaupt nur wenig geändert. Neuere technische Entwicklungen werden in diesen meist nicht berücksichtigt. Das ist bei den neu hinzugezogenen Büchern durchaus anders. In der Regel diskutieren diese deutlich mehr unterschiedliche Merkmale und Varianten von Beobachtungen. Infolgedessen ist die Matrix aus Publikationen versus Varianten deutlich besser ausgefüllt. Es finden sich keine Merkmale mehr, die nur in einem oder in zwei Methodenbüchern diskutiert werden. Vor allem diejenigen Merkmale und Varianten, die mit Beobachtungstechnik verbunden sind, werden deutlich häufiger in Betracht gezogen. Insofern scheint sich die Beobachtung in der aktuellen Methodenliteratur gegenüber früheren Publikationen als modernes und technikaffines Erhebungsverfahren etabliert zu haben.

Bei den nachfolgend aufgezeigten Varianten der Beobachtung handelt es sich um idealtypische Beschreibungen, die anhand von Gegensätzen dargestellt werden. Im Forschungsalltag handelt es sich aber nicht um Entscheidungen zwischen den Gegensätzen, sondern um Abstufungen zwischen den jeweiligen Extrempolen, die aber aus Gründen der Textlänge und Lesbarkeit nicht in ihren möglichen Zwischenvarianten dargestellt werden.

2.2.1 Interne versus externe Beobachtung

Die Unterscheidung interne versus externe Beobachtung gibt an, wer die eigentliche Beobachtung durchführt, also das Beobachtete protokolliert. Bei der internen Beobachtung protokollieren die Forscher und Forscherinnen, die die Beobachtungsstudie konzipiert haben. In externen Beobachtungen erstellen demgegenüber Personen die Beobachtungsprotokolle, die nicht dem Forscherteam angehören, das die Studie konzeptioniert hat. Um eindeutig externe Beobachtungen handelt es sich, wenn externe Dienstleister mit der Durchführung der Feldarbeit beauftragt werden. Der zentrale Unterschied zwischen internem und externem Beobachtungspersonal liegt in dessen Vorwissen bzw. der Vertrautheit mit der Untersuchungsanlage. Internes Beobachtungspersonal kennt die Fragestellung der Untersuchung sowie die vorgesehene Art der Protokollierung genau. Sie sind sensibilisiert, um relevante Aspekte zu bemerken und durch die Beteiligung an der Vorbereitung trainiert, diese angemessen zu protokollieren. Extern beauftragtes Personal weiß zunächst einmal weder über die Fragestellung der Studie noch die vorgesehene Technik der Protokollierung; es kennt nur das, was es vom Forscherteam vermittelt bekommt. Aus dieser Perspektive sind z.B. Studierende, die an der Datenerhebung in einer Beobachtungsstudie mitarbeiten, als Interne zu betrachten, wenn sie an der Konzeption der Studie beteiligt waren. Wurden sie demgegenüber lediglich für die Datenerhebung angelernt und angestellt, handelt es sich auch bei ihnen um externe Beobachter.

Die Frage, ob es sich um interne oder externe Beobachtungen handelt, spielt in der aktuellen Methodenliteratur kaum noch eine Rolle. Das war Mitte des letzten Jahrhunderts anders, als die ersten großen Abhandlungen zur wissenschaftlichen Beobachtung verfasst wurden, wenngleich die Problematik nicht als interne versus externe Beobachtung bezeichnet wurde. Stattdessen ging es um Beobachtungsfehler, die aufgrund der Selektion und

Interpretation der Beobachtenden entstehen, sowie allgemein um das Streben nach Objektivität bei der Beobachtung. Die ersten systematischen Ausführungen hierzu stammen von Katz (1953) und wurden von Friedrichs und Lüdtke (1977: 34) in die Forderung nach Trennung von Forscher(n) und Beobachter(n) konkretisiert.

Die interne Beobachtung stammt aus der ethnographischen Tradition, in der Forscher oder Forscherinnen über längere Zeiträume fremde Kulturen und Gesellschaften beobachtet haben (Breidenstein, Hirschauer, Kalthoff & Nieswand 2015: 13-20). Sowohl die Authentizität als auch die Praktikabilität sprechen für ein solches Vorgehen, da die Forschenden selbst gut wissen, welche Aspekte für ihre Forschung protokollierungswürdig sind und wie diese angemessen interpretiert werden können. Externe hätten kaum brauchbare Protokolle anfertigen können, welche von den Forschenden angemessen interpretiert werden können, sofern diese nicht beobachtend selbst vor Ort gewesen sind. In seiner Theorie der Beobachtung macht König (1967; 1973) aber die Probleme dieser Konstellation deutlich. Diese resultieren aus der Unmöglichkeit unschuldiger Wahrnehmungen (König 1973: 10). Individuelle Wahrnehmungen sind die Grundlage wissenschaftlicher Beobachtungen, so dass in erster Linie Aspekte beobachtet werden, für die die Beobachtenden sensibilisiert sind bzw. die sie erwarten. Und haben die Beobachtenden erst einmal etwas Bestimmtes festgestellt, dann kann es im Folgenden zu selektiver Wahrnehmung kommen, die König (1973: 7) als die „Unbelehrbarkeit der einmal bezogenen Position" bezeichnet. Das dürfte interne wie externe Beobachter gleichermaßen betreffen. Problematisch ist auch eine Fokussierung der internen Beobachter auf diejenigen Aspekte, die das Forscherteam erwartet bzw. unterstellt. Um entsprechende Fehler zu vermeiden, fordert König (1973: 29) die Wiederholung von Beobachtungen durch weitere Personen und damit die Ergänzung der intrapersonalen Evidenz durch interpersonale Gültigkeit (König 1973: 29). In Analogie dazu diskutieren Friedrichs und Lüdtke (1977: 30-33) die Probleme aus der Perspektive der Objektivität und damit der Forderung, dass das Resultat wissenschaftlicher Datenerhebung möglichst unabhängig von der Person sein soll, die die Daten erhebt, was bei der Beobachtung allerdings nie vollständig erreicht werden kann.

Deshalb fordern Friedrichs und Lüdtke (1977: 34) nicht nur: „Es sollten nicht länger Forscher (oder Forscherteam) und Beobachter dieselben Personen sein." Sondern auch: „Die Forscher sollten mehrere Beobachter (mindestens zwei) schulen und für sich ins Feld schicken." Das Forschungsteam muss die externen Beobachter dann nicht nur im Vorgehen schulen, sondern auch die Regeln des Vorgehens festlegen, Definitionen und Operationalisierung vornehmen und in angemessenem Umfang den wissenschaftlichen Hintergrund offen legen. König (1973: 35) betont an dieser Stelle die Notwendigkeit der Sensibilisierung und Formalisierung. Sensibilisierung betrifft die Motivation des Beobachtungspersonals, nach relevanten Informationen zu suchen und bereit zu sein, sich gemäß der Forschungsfrage auf die Beobachtung einzulassen. Formalisierung beschreibt die Notwendigkeit, die Ideen des Forschungsteams in Definitionen festzuhalten und dem Beobachtungsteam angemessen zu vermitteln. Friedrichs und Lüdtke (1977: 219-227) schlagen darüber hinaus vor, dem Beobachtungsteam Supervision anzubieten und zwar nicht nur in Bezug auf das Vorgehen beim Protokollieren, sondern auch in Bezug auf ihre Rolle in der Beobachtungssituation.

Aber selbst bei guter Formalisierung der Beobachtungsinstruktionen plus ausführlicher Schulung und angebotener Supervision sind bei externen Beobachtern Probleme zu erwarten. Diese resultieren daraus, dass angestelltes Beobachtungspersonal selten so motiviert und akkurat beobachten wird wie Mitglieder des Forschungsteams. Zumal die Beobachtung für viele eine Pflicht und Notwendigkeit zum Geldverdienen sein wird, was zu einem unmotivierten Abarbeiten des Notwendigen führen könnte, wenn nicht sogar Anreiz zum Fälschen von Daten bietet. Größere Beobachtungsstudien, die von vielen extern angeworbenen Personen durchgeführt werden, haben mit denselben Problemen zu kämpfen wie entsprechende Befragungen oder Inhaltsanalysen. Sie können nur durch angemessene Bezahlung, stetige Motivation und angemessene Kontrolle des Personals minimiert werden. Zudem sollte dem Beobachtungsteam nicht zugemutet werden, was das Forscherteam selbst nicht tun wollen würde. Dazu zählt einerseits der Umgang mit komplexen Anweisungen, die sich in der Beobachtungssituation nicht angemessen umsetzen lassen, andererseits betrifft das die Rolle und das Verhalten im Beobachtungsfeld, z.B. beim Einholen von Genehmigungen zur Beobachtung. Externes Beobachtungspersonal wird nur adäquat arbeiten, wenn die Beobachtung selbst praktikabel angelegt ist.

Ideal wäre eine Kombination aus interner und externer Beobachtung. Das Forschungsteam selbst würde auch im Feld beobachten und Erfahrung mit dem Beobachtungsinstrument sammeln. So könnte es selbst besser beurteilen, worin die Einschränkungen des methodischen Vorgehens bestehen. Zudem entstünde ein authentischer Eindruck vom Beobachtungsfeld, der später bei der Datenauswertung und Interpretation das Risiko von Fehlschlüssen minimiert, weil das Forschungsteam den Forschungsgegenstand aus eigener Anschauung kennt. Das Forschungsteam wäre aber gezwungen, ihr Vorgehen zu formalisieren und zu kommunizieren, so dass Externe es verstehen. Nicht zuletzt ergeben sich so Möglichkeiten der Entlastung durch Arbeitsteilung, was nach Friedrichs und Lüdtke (1977: 34) dem Forschungsteam und dem Forschungsprojekt zugutekommt.

2.2.2 Selbst- versus Fremdbeobachtung

Das Charakteristikum Selbst- versus Fremdbeobachtung gibt an, wen die Beobachtenden beobachten, sich selbst oder andere. Üblicherweise werden bei wissenschaftlichen Beobachtungen andere beobachtet. In bestimmten Konstellationen ist es allerdings nötig und sinnvoll, sich selbst zu beobachten. Dazu zählen zum einen private oder sogar intime Situationen, in denen es Personen weder zuzumuten ist, in diesen beobachtet zu werden, noch Beobachtern und Beobachterinnen zugemutet werden kann, andere in solchen Situationen beobachten zu müssen. Abgesehen davon kann auch das Forschungsinteresse Selbstbeobachtungen nahelegen und zwar immer dann, wenn psychische Prozesse von Interesse sind, die sich nicht anhand extern feststellbarer Merkmale beobachten lassen.

Die Selbstbeobachtung, auch Introspektion genannt, hat sich aus früheren Studien der Psychologie entwickelt. Wissenschaftler haben Theorien über psychologische Phänomene aufgestellt und diese an sich selbst getestet, indem sie ihre eigenen Reaktionen beobachtet und protokolliert haben. Da es sich bei den meisten um Hochschullehrer handelte, charakterisieren Sedlmeier und Renkewitz (2013: 109) die Selbstbeobachtung mit „Professoren beobachten sich selbst". Entsprechende Studien haben zwar zu interessanten Ergebnissen geführt; sie waren allerdings wissenschaftlich umstritten, da die Ergebnisse notwendigerweise durch die Person geprägt waren und sich kaum replizieren lassen. Insbesondere die Verhaltenspsychologie orientierte sich stärker an den wissenschaftlichen Kriterien der Kontrolle, Nachvollziehbarkeit und Wiederholbarkeit und lehnte daher Selbstbeobachtungen als Datenerhebungsverfahren ab, so dass Mitte des letzten Jahrhunderts in der Psychologie nur noch selten Selbstbeobachtungen durchgeführt wurden. Auch in der Soziologie war infolgedessen Introspektion in Misskredit geraten (König 1956: 20), ebenso wie in vielen anderen Fächern.

Seitdem werden Beobachtungen fast ausnahmslos als Fremdbeobachtungen organisiert. Dabei werden dem Beobachtungspersonal Ziele und Regeln vorgegeben, mithilfe derer sie das Verhalten oder Reaktionen von anderen Personen beobachten. Allein diese Konstellation zwingt dazu, nach explizierbaren Regeln vorzugehen, die die Beobachtung zumindest ansatzweise kontrollierbar, nachvollziehbar und wiederholbar macht. Unter solchen Bedingungen lassen sich vom Forscherteam die Qualität und Brauchbarkeit der

Beobachtungsprotokolle einschätzen. Bei der Selbstbeobachtung kann das demgegenüber nur die Person, die sich selbst beobachtet hat. Huber (1993: 128) weist über die fehlende externe Kontrolle hinaus darauf hin, dass sich mit Selbstbeobachtungen keine unbewussten Prozesse erfassen lassen und die Selbstbeobachtung die zu beobachtenden Prozesse stören könnte. Zumal das Beobachtete oft nur unzureichend erinnert wird. Er sieht den Sinn von Selbstbeobachtung deshalb allenfalls in der Exploration und Generierung von Hypothesen.

Es ist aber weder sinnvoll noch notwendig, die Selbstbeobachtung gänzlich aus dem Repertoire der Verfahren wissenschaftlicher Datenerhebung zu verbannen. In solchen Fällen werden statt Beobachtungen dann oft Befragungen zu den entsprechenden Verhaltensweisen durchgeführt. Die Antworten der Befragten basieren aber auch auf Selbstbeobachtungen. Da die Befragten jedoch vorher weder angewiesen noch geschult wurden, ist nicht plausibel, dass diese Angaben besser sein sollten als die von Personen, die zuvor angewiesen und geschult wurden, sich selbst bei bestimmten Verhaltensweisen genau zu beobachten. Döring und Bortz (2016: 329) verweisen auf Parallelen zwischen der Selbstbeobachtung und der Befragungstechnik des Lauten Denkens bzw. des Vorgehens in Tagebuchstudien sowie der Autoethnographie. Häder (2015: 311) weist auf die Parallelen von Selbstbeobachtung und soziologischen Zeitbudgetstudien hin.

Ein weiterer Grund, warum Selbstbeobachtungen das Repertoire wissenschaftlicher Methoden sinnvoll ergänzen können, liegt darin, dass sie in vielen Fällen die einzige Möglichkeit sind, an die nötigen Daten zu gelangen; Sedlmeier und Renkewitz (2013: 110) führen hier insbesondere die Forschung zu Bewusstseinszuständen an. Allerdings müssen solche Beobachtungen so weit wie möglich kontrolliert stattfinden. Die Personen, die sich selbst beobachten sollen, müssen genaue Anweisungen zum Vorgehen erhalten und eingehend geschult werden (Sedlmeier & Renkewitz 2013: 109). Wichtig ist dabei vor allem, die relevanten Aspekte an sich selbst zu erkennen und sie sich so lange merken zu können, bis die Möglichkeit gegeben ist, sie zu protokollieren. Hierzu finden sich in der Psychologie unterschiedliche Techniken zur Selbsterfahrung, die allerdings nicht dazu verleiten dürfen, die Grenzen zwischen wissenschaftlicher Selbstbeobachtung und dem eigenen Streben nach Selbsterfahrung zu überschreiten.

Eine ganz neue Qualität hat die Selbstbeobachtung durch die technische Entwicklung erhalten. Es gibt eine Reihe von Geräten, mit denen Personen ihr eigenes Verhalten sowie physiologische Körpermerkmale ohne großen Aufwand aufzeichnen können. Es handelt sich z.B. um Fitnessuhren, die sowohl Körpermerkmale wie den Herzschlag feststellen können als auch

Position, Bewegung oder Geschwindigkeit. Darüber hinaus gibt es eine Reihe von Apps und Computerprogrammen, mit denen Personen auf einfache Weise Angaben über sich selbst festhalten können. Das entsprechende Verhalten wird als Self-Tracking (Neff & Nafus 2016) bezeichnet. Mit Quantified Self hat sich zudem eine Bewegung von Menschen gegründet, die regelmäßig Daten über sich selbst erheben und sich über Probleme und Erfahrungen austauschen (quantifiedself.com). Entsprechende Daten werden bereits im wissenschaftlichen Kontext genutzt und zwar insbesondere zu Fragen von Gesundheit und Fitness. Die Frage der Kontrolle, Nachvollziehbarkeit und Wiederholbarkeit der Datenerhebung ist beim Self-Tracking gegeben und individuelle Interpretationen spielen praktisch keine Rolle. Es handelt sich trotzdem um Selbstbeobachtungen, da die Beobachteten die Protokollierung der Daten an sich selbst vornehmen und selber steuern und entscheiden, wann das geschieht.

2.2.3 Teilnehmende versus nicht-teilnehmende Beobachtung

Das dritte Kriterium für Beobachtungsstudien spezifiziert die Art, wie sich das Beobachtungspersonal am beobachteten Geschehen beteiligt. Bei der teilnehmenden Beobachtung agieren die Beobachtenden im Beobachtungsfeld wie diejenigen, die beobachtet werden. Demgegenüber agieren bei nicht-teilnehmenden Beobachtungen die Beobachtenden nicht, sondern konzentrieren sich unbeteiligt auf das Durchführen der Beobachtung. Laut König (1977: 49) und Häder (2015: 310) geht die Terminologie der teilnehmenden Beobachtung auf eine Publikation von Lindemann (1924) zurück.

Die teilnehmende Beobachtung gilt als der Prototyp zur Datenerhebung in der Kulturanthropologie, der Ethnologie (Atteslander 2010: 94) bzw. der Ethnographie (Breidenstein, Hirschauer, Kalthoff & Nieswand 2015). In dieser Variante der Beobachtung nehmen die Forschenden über einen längeren Zeitraum am von ihnen untersuchten gesellschaftlichen und kulturellen Geschehen teil, beobachten dieses und versuchen, es angemessen zu protokollieren. Ein entsprechendes Vorgehen findet sich auch in den frühen soziologischen Studien insbesondere zu gesellschaftlichen Randgruppen. Ziel der Teilnahme am beobachteten Geschehen ist es, das Geschehen selbst durch angemessene Beteiligung möglichst wenig zu stören und einen möglichst authentischen Eindruck vom Geschehen zu erhalten, um das Beobachtete nachvollziehen und verstehen zu können. In den benannten Wissenschaften galt die teilnehmende Beobachtung als die einzige Möglichkeit, über entsprechende Gruppen und deren Verhaltensweisen angemessene und vor allem authentische Informationen zu erhalten. Um mit den beobachteten Personen und Verhaltensweisen vertraut zu werden, dauerten solche Beobachtungsstudien typischerweise sehr lange. Ein Vorteil langandauernder Beobachtungen liegt darin, dass sich die Beobachteten an die Beobachtung und vor allem an die beobachtenden Personen gewöhnen und infolgedessen weniger durch die beobachtende Person gestört werden (Friedrichs 1980: 283-284).

Allerdings bringt die Teilnahme am Geschehen auch grundlegende Probleme mit sich. Ein Problem beschreibt Häder (2015: 310) mit dem Begriff Distanzverlust und rekurriert damit auf die Anforderung an die Beobachtenden, eine kritische Distanz zum Forschungsobjekt zu wahren. Mayntz, Holm und Hübner (1972: 101) geben zu bedenken, dass wenn die Beobachterinnen und Beobachter versuchen, am Geschehen teilzunehmen und ihre Rolle möglichst gut spielen, es zu einer Identifikation mit der Rolle oder sogar zu einer Rollenübernahme kommen kann. Dadurch würde eine distanziert objektive Beobachtung nahezu unmöglich und beim Beobachter könnten ähnliche Probleme auftreten wie bei der Selbstbeobachtung. Diesem Problem kann mittels Regeln bei der Teilnahme begegnet werden. In der Literatur werden dazu meist zwei Idealtypen skizziert (z.B. Atteslander 2010: 93):

Der „Beobachter als Teilnehmer“ ist in erster Linie Beobachter und nimmt am Geschehen nur so weit teil wie nötig. Demgegenüber ist der „Teilnehmer als Beobachter“ hauptsächlich am Geschehen beteiligt und versucht dabei so gut wie möglich zu beobachten. Grundsätzlich kann aber jede Form der Teilnahme das beobachtete Geschehen verändern, so dass dieses nicht mehr dem natürlichen Verlauf entspricht. Das Geschehen ist dann als Reaktion auf die aktive Teilnahme der Beobachtenden zu verstehen, was in der Literatur unter dem Stichwort Reaktivität vor allem als Problem der teilnehmenden Beobachtung diskutiert wird. In der Ethnographie (Breidenstein, Hirschauer, Kalthoff & Nieswand 2015: 66-70) wird das Problem allerdings auch als Vorteil gesehen, da die Forschenden Veränderungen, die durch ihre Teilnahme am Geschehen entstehen, wiederum zum Gegenstand der Forschung machen können und daraus Erkenntnisse ziehen. Hier ähnelt das Vorgehen der Beobachtung mit Stimulus. Die Ethnographie sieht die Teilnahme am Geschehen oft als notwendige Voraussetzung, um das Geschehen überhaupt adäquat verstehen zu können. In den meisten wissenschaftlichen Kontexten hingegen wird ein Eingriff des Beobachtungspersonals in den zu beobachtenden Handlungsverlauf als problematische Verzerrung betrachtet.

Auch deshalb werden in vielen Bereichen Beobachtungsstudien nichtteilnehmend durchgeführt. Bei solchen Beobachtungen konzentrieren sich die Beobachtenden nur auf die Beobachtung und die Protokollierung des Geschehens. In der Psychologie (Sedlmeier & Renkewitz 2013: 106) und in der

Marktforschung (Fantapié Atobelli 2011: 94) sind nicht-teilnehmende Beobachtungen der Standard. Der Hauptgrund für den Verzicht auf die Teilnahme liegt darin, dem Beobachtungspersonal eine konzentrierte Protokollierung des Geschehens ohne zusätzliche Aufgabe zu ermöglichen. Atteslander (2010: 92) sagt, nur der passive Beobachter „ist in der Lage, sekundenschnell hochstrukturierte Aufzeichnungen zu machen". Nach Huber (1993: 133) bindet die Teilnahme am Geschehen einen Teil der Aufmerksamkeit, was zwangsläufig das Beobachten erschwert. Darüber hinaus soll auch Reaktivität vermieden werden, also Reaktionen der Beobachteten auf die Aktionen der Beobachtenden. Friedrichs (1980: 282) weist aber zu Recht auf die wenig diskutierten reaktiven Effekte durch Nicht-Teilnahme hin. Wenn Personen bei einem Geschehen anwesend sind, ohne sich an diesem in irgendeiner Form zu beteiligen, so werden diese in der Regel von den anderen als Störung empfunden. Als einen entscheidenden Grund dafür führt Friedrichs (1980: 282) die fehlenden sozialen Rollen für anwesende Nicht-Mitglieder eines sozialen Systems an. Mitglieder haben Rollen, die mit entsprechenden Verhaltensweisen verbunden sind. Damit sind Personen, die keinerlei entsprechende Verhaltensweisen zeigen, automatisch Nichtmitglieder, die allein durch ihre Anwesenheit die Gruppe und ihre Dynamik stören. Aus dieser Überlegung leitet Friedrichs (1980: 283) Bedingungen ab, in denen die Störung durch Nicht-Teilnahme als eher gering einzuschätzen sind: Erstens, wenn die Konstellation keine oder nur unspezifische Interaktionserwartungen an die Beobachtenden mit sich bringt, z.B. weil mehrere unbeteiligte Personen anwesend sind. Zweitens, wenn das beobachtete Geschehen für die Beteiligten so absorbierend ist, dass Anwesende kaum wahrgenommen werden. Und drittens, wenn es für die Anwesenheit und Tätigkeit der Beobachtenden einen aus Sicht der Beobachteten plausiblen Grund gibt.

In der Praxis empfiehlt es sich, einen Mittelweg zwischen nicht-teilnehmend und teilnehmend vorzusehen, wenn die Beobachtenden vor Ort inmitten des Geschehens beobachten. Dieser ließe sich als passiv-teilnehmend charakterisieren. Ein Minimum an Teilnahme am Geschehen ist nötig, um das Geschehen selbst nicht als Fremdkörper zu stören. In einem Gespräch könnten sie z.B. Aufmerksamkeit durch Ansehen der jeweiligen Sprecher zeigen und gelegentlich z.B. durch Nicken Zustimmung signalisieren. Ihre Teilnahme sollte aber passiv sein, d.h., sie sollten selbst keine eigenen Impulse in den Handlungsverlauf geben, bei dem skizzierten Gespräch also keine eigenen gesprächsrelevanten Inhalte beitragen. Wenn es die Situation erfordert, dass die Beobachtenden Informationen für die Protokollierung festhalten, dann sollte diese Tätigkeit als Teil ihrer Rolle am Geschehen vor Ort erklärt werden. Bei der Beobachtung eines Gespräches könnte eine solche

Erklärung z.B. im Führen des Protokolls liegen, wenn es sich um Gespräche in Gremien handelt. Besonders wichtig ist eine natürliche aber passive Teilnahme der Beobachtenden, wenn die Beobachteten nicht nur nicht gestört werden sollen, sondern gar nicht bemerken dürfen, dass sie beobachtet werden.

2.2.4 Offene versus verdeckte Beobachtung

Unter offener versus verdeckter Beobachtung wird hier die Frage diskutiert, ob das Beobachtungspersonal (und im Prinzip auch die Beobachtungstechnik) getarnt sein sollte oder nicht. Die Tarnung kann sowohl dazu dienen, die Beobachteten nicht wissen zu lassen, dass sie beobachtet werden, als auch dazu, sie trotz ihres grundsätzlichen Wissens, dass sie beobachtet werden, während der Beobachtung möglichst wenig daran zu erinnern. Durch beides soll vermieden werden, dass die Beobachteten ihr Verhalten ändern, weil ihnen in der Situation bewusst ist, dass sie beobachtet werden. Im Band von Webb und anderen (1975: 147) wird deshalb vom sichtbaren Beobachter gesprochen. Dann ist die Beobachtung als reaktives Verfahren einzuschätzen, bei dem ein Teil der Ergebnisse eine Reaktion auf das Datenerhebungsverfahren darstellt. Behnke (2010: 260) sagt deshalb: „Die verdeckte Beobachtung ist unter dem Aspekt der Reaktivität im Prinzip vorzuziehen, wirft aber forschungsethische Probleme auf". Die forschungsethischen Probleme resultieren daraus, dass die Beobachteten mit der Tarnung bewusst getäuscht werden. Darüber hinaus wird ihre Entscheidung eingeschränkt, ob sie beobachtet werden wollen oder nicht.

Die Frage nach der Tarnung des Beobachtungspersonals sowie der dazugehörigen Technik ist auch relevant, weil sie in der Regel mit Einschränkungen für die Durchführbarkeit verbunden ist. Eine insbesondere in der Psychologie sowie der Marktforschung lange Zeit übliche Tarnung besteht in der Beobachtung durch einen Einwegspiegel (Kuß, Wildner & Henning 2014: 311). Mit entsprechendem Vorgehen ist aber automatisch eine große räumliche Distanz zwischen Beobachtungspersonal und Beobachteten sowie meist ein eingeschränktes Sichtfeld verbunden, was die Möglichkeit zur Protokollierung verändert. Dabei mag negativ zu Buche schlagen, dass relevante Aspekte so nicht gesehen werden können, positiv hingegen, dass die Materialien und Hilfsmittel zur Beachtung frei und ungestört genutzt werden können. Vor der Konzeption der Beobachtung muss deswegen genau abgewogen werden, ob eine Tarnung der Beobachtung nötig ist, wie diese sinnvollerweise aussehen könnte und welche Auswirkungen sie auf die Durchführbarkeit der Protokollierung mit sich bringt. Dabei spielt oft auch eine Rolle, wie am Beobachtungsgeschehen teilgenommen wird, denn das könnte Teil der Tarnung sein.

In der Beobachtungsliteratur wird der Begriff offene Beobachtung (vor allem im Kontext der teilnehmenden Beobachtung) oft für qualitative Untersuchungsanlagen gebraucht, bei denen die Art der Protokollierung nicht festgelegt ist. Um Missverständnisse zu vermeiden, wird der Begriff offen für nicht-standardisierte Erhebungsverfahren vermieden und hier für die Frage nach der Tarnung reserviert.

Die Unterscheidung zwischen offener und verdeckter Beobachtung wird in praktisch allen Einführungskapiteln zur Beobachtung diskutiert, allerdings fast ausnahmslos mit einem anderen Fokus, nämlich der Transparenz. Bei der verdeckten Beobachtung dürfen die Beobachteten nicht wissen, dass sie beobachtet werden. Dabei wird die Frage der Tarnung, um auch den eingeweihten Beobachteten die Beobachtungssituation möglichst nicht bewusst werden zu lassen, eher am Rande behandelt. Und die Vorgehensweise bei Beobachtungen und dabei auftretender Probleme besser differenzieren zu können, wird die grundsätzliche Frage, ob die Beobachteten wissen, dass sie beobachtet werden, hier nicht als offen versus verdeckt, sondern als wissentlich versus unwissentlich erörtert.

2.2.5 Wissentliche versus unwissentliche Beobachtung

Die Terminologie wissentliche versus unwissentliche Beobachtung stammt von Huber (1993:132). Sie argumentiert von den Beobachteten aus und spezifiziert, ob diese wissen, dass sie beobachtet werden, oder nicht. Solange die Beobachteten gar nicht wissen, dass sie beobachtet werden, können sie ihr Verhalten nicht danach ausrichten, indem sie z.B. sozial unerwünschte Verhaltensweisen vermeiden oder Verhaltensweisen zeigen, um den Beobachtenden zu helfen oder zu gefallen. Wissen Sie es aber, ist eine Ausrichtung ihres Verhaltens gemäß üblicher Konventionen oder Erwartungen naheliegend.

Wissentliche Beobachtungen sind somit zu den reaktiven Verfahren zu zählen, weil die Untersuchten auf die Untersuchung reagieren. Unter methodischen Gesichtspunkten bringt das oft Schwierigkeiten mit sich, weil sich im Nachhinein nicht differenzieren lässt, welche beobachteten Verhaltensweisen natürlich und welche der Reaktivität geschuldet sind. Aus ethischen Gründen sollten Personen, bevor sie untersucht werden, vorab informiert und um Einverständnis gebeten werden (Huber 1993: 132). Wird dem entsprochen, handelt es sich quasi automatisch um eine wissentliche Beobachtung, da die Beobachteten durch das Vorgespräch zur Klärung des Einverständnisses grob informiert sind. Auch andere Merkmale von Beobachtungsstudien, wie z.B. deren Durchführung im Labor oder mittels an den Personen angebrachten Geräten, führen dazu, dass die Untersuchten zwangsläufig gewahr werden, dass sie untersucht werden. Verschiedene Studien belegen zwar den negativen Einfluss von Reaktivität, der allerdings mit fortschreitender Beobachtungszeit in der Regel deutlich abnimmt (Webb, Campbell, Schwartz & Sechest 1975: 147-148).

Wissen die Beobachteten aber nichts von der Beobachtung, so handelt es sich um ein nicht-reaktives Datenerhebungsverfahren. Wenn dabei das Verhalten bestimmter Personen eingehend beobachtet wird, ergeben sich ernsthafte ethische Probleme, weil den Untersuchten die Entscheidung zur Teilnahme verwehrt wird. Das kann aber nötig werden, wenn das Wissen der Untersuchten die Untersuchung selbst unmöglich macht. In entsprechenden Fällen sollten die Personen zumindest im Nachhinein informiert und um Einverständnis gebeten werden. Die individuellen Daten müssen vernichtet werden, falls das Einverständnis nicht gegeben wird.

Anders sind Beobachtungen zu beurteilen, die an öffentlichen oder halböffentlichen Plätzen durchgeführt werden und lediglich allgemeines Verhalten ohne Bezug zu der individuell ausführenden Person berücksichtigen. Ethisch sind zwar solche Untersuchungen auch nicht gänzlich unbedenklich; sie sind aber deutlich unproblematischer, weil den Untersuchten nicht geschadet wird und sie als Person anonym bleiben. Zunächst mag es kaum sinnvoll erscheinen, Beobachtungen quasi ohne Bezug zu individuellem Verhalten und ausführenden Individuen in den Sozial- und Verhaltenswissenschaften durchzuführen. Webb und Kollegen (1975) haben aber schon vor gut 50 Jahren eine auch heute noch lesenswerte Sammlung nicht-reaktiver Messverfahren vorgelegt, von denen etliche als unwissentliche Beobachtungen einzuordnen sind wie z.B. das Erfassen von Kleidung, Ausdrucksverhalten, räumlichen oder persönlichen Konstellationen oder auch der Zeit, die bestimmte Verhaltensweisen in Anspruch nehmen. Durch die technische Entwicklung vor allem in den Bereichen Internet und mobiler Kommunikation ergeben sich hierzu immer neue Möglichkeiten. Bei deren Verwendung für wissenschaftliche Zwecke muss allerdings immer deren ethische Angemessenheit geprüft werden.

2.2.6 Feld versus Laborbeobachtung

Zur Entscheidung, ob im Feld oder im Labor beobachtet wird, finden sich Angaben in praktisch allen Publikation zur Beobachtung. Eine ausführliche Diskussion der Vor- und Nachteile ist demgegenüber selten. Wahrscheinlich liegt das daran, dass unterschiedliche wissenschaftliche Disziplinen klar eine der beiden Varianten bevorzugen. Feldbeobachtungen finden an den Orten statt, an denen sich das zu beobachtende Verhalten üblicherweise abspielt: an öffentlichen Plätzen, in Bars, Restaurants, Supermärkten, Klassenzimmern oder zuhause in Privaträumen. Laborbeobachtungen finden demgegenüber in künstlichen Situationen statt, bei denen meist in geschlossenen Räumen die interessierende Situation nachgestellt wird. In Laborbeobachtungen werden bestimmte Handlungen von einzelnen Personen sehr genau untersucht. Dem entsprechend werden psychologische Studien oder z.B. Produkttests der Marktforschung vornehmlich im Labor durchgeführt. Im Gegensatz dazu eignen sich Feldstudien zur Beobachtung von sozialem Alltagsverhalten. Daher sind Feldbeobachtungen der Standard in der Ethnologie, der Soziologie sowie den Medien- und Kulturwissenschaften.

Huber (1993:129) sieht insbesondere folgende Vorteile bei der Durchführung im Labor: Es können optimale Bedingungen zur Durchführung der Beobachtung geschaffen werden. Das betrifft sowohl die Sicht auf das zu Beobachtende als auch den Einsatz von Geräten. Darüber hinaus können im Labor Störfaktoren weitgehend ausgeschlossen bzw. kontrolliert werden. Ferner können Aspekte der Situation gezielt manipuliert werden, wenn z.B. bestimmte Stimuli gesetzt werden sollen. Die Situation bringt aber auch Nachteile mit sich. So ist es fraglich, wie gut sich das im Labor Beobachtete auf Alltagssituationen außerhalb des Labors übertragen lässt. Zudem macht es die Laborsituation nahezu unmöglich, Personen unwissentlich zu beobachten. Darüber hinaus wird die Untersuchungssituation für viele ungewohnt sein und ihnen immer wieder die Tatsache ins Bewusstsein rufen, dass sie gerade untersucht werden. Insofern eignen sich Laborstudien eher dazu, individuelle Mechanismen zu untersuchen und weniger zur Untersuchung sozialen Alltagsverhaltens.

Dieses lässt sich besser in seinem natürlichen Umfeld beobachten. Huber (1993: 130) betont, Alltagsverhalten werde in seinem natürlichen Umfeld durch die Untersuchung deutlich weniger beeinflusst und privates Verhalten wird praktisch nur dort zu beobachten sein, weil es sich im Labor quasi nicht künstlich erzeugen lässt. Darüber hinaus lassen sich Ergebnisse aus Feldbeobachtungen besser generalisieren und eröffnen die Möglichkeit, unwissentliche und damit nicht-reaktive Beobachtungen durchzuführen. Auf der anderen Seite ist die Beobachtungssituation im Feld kaum kontrollierbar. Störungen z.B. durch andere Personen oder unvorhergesehene Ereignisse lassen sich nicht ausschließen und die Bedingungen, um das Interessierende zu erkennen und zu protokollieren, sind meist nicht ideal. Zudem lässt sich privates und insbesondere intimes Verhalten auch in Feldbeobachtungen in der Regel nicht untersuchen.

In der Beobachtungspraxis sollte deshalb immer vorab genau überlegt werden, ob und wie bei Feldbeobachtungen durch leichte Eingriffe in die Situation größere Kontrolle und bessere Machbarkeit erreicht bzw. durch angemessene Gestaltung von Labor- und Untersuchungsräumen eine zumindest alltagsnahe Untersuchungssituation geschaffen werden kann.

Von besonderer Bedeutung sind Feldstudien bei der Ethnograhphie (Breidenstein, Hirschauer, Kalthoff & Nieswand 2015) bzw. qualitativen Einzelfallstudien (Brüsemeister 2008). Bei diesen ist die Definition des Feldes quasi konstitutiv für die gesamte Studie. Breidenstein und Kollegen (2015: 46-60) unterscheiden dabei: (a) die Selbstkonstitution eines Feldes, wenn dieses quasi natürliche Grenzen hat wie eine Schulklasse, (b) räumlich, zeitlich und sozial, analytische Konstitution eines Feldes, wenn diese aufgrund des Forschungsinteresses definiert wird, und (c) Prozesskonstitution, bei der das Feld in Interaktion zwischen den Gegebenheiten und dem Forschungsinteresse im Zuge der Durchführung festgelegt werden. Darüber hinaus stellt bei der Feldforschung die Organisation des Feldzugangs eine besondere Herausforderung dar, deren Fundierung und Realisation ebenso aufwändig sein kann wie die dann folgende Erhebung der Daten, zumal der praktische Aufwand für den Feldzugang den der Datenerhebung weit übersteigen kann, wenn dafür Sprachen gelernt, in ferne Länder gereist, Gesetzen und Auflagen entsprochen und das Vertrauen der zu beobachtenden Personen gewonnen werden muss.

2.2.7 Beobachtung mit versus ohne Stimulus

Wenn ein ungestört, natürlich ablaufender Verhaltensprozess beobachtet wird, dann handelt es sich um eine Beobachtung ohne Stimulus. Wird aber vom Forscherteam in den Verhaltensprozess eingegriffen oder dieser künstlich initiiert, so findet die Beobachtung mit Stimulus statt.

Beobachtungen ohne Stimulus sind der Normalfall und sind zu bevorzugen, weil die Handlungen natürlich entstehen und ablaufen. So ist am besten sicherzustellen, dass valide und generalisierbare Daten erhoben werden. Beobachtungen ohne Stimulus sind angezeigt, wenn Verhalten beobachtet werden soll, das in der gewählten Untersuchungssituation typischerweise häufig auftritt. Es ist aber kaum möglich, in diesem Setting Handlungen zu untersuchen, die nur selten auftreten, da über extrem lange Zeiträume beobachtet werden müsste, um auch nur wenige dieser Handlungen beobachten zu können (Sedlmeier & Renkewitz 2013: 104).

Sollen spezielle Handlungen oder seltene Verhaltensweisen beobachtet werden, so ist es nötig, die entsprechenden Handlungen zu stimulieren. Das kann durch Instruktionen oder Interventionen geschehen. Interventionen sind gezielte Eingriffe in den Handlungsverlauf, um die zu untersuchenden Handlungen zu provozieren. Wenn z.B. die Reaktion auf bestimmte Handlungen untersucht werden soll, ist es naheliegend, das Initiieren der Handlung von einer getarnten Person aus dem Forschungsteam ausführen zu lassen, um dann die Reaktion der untersuchten Personen zu beobachten. So ließe sich z.B. durch systematische Intervention beobachten, unter welchen Bedingungen Personen anderen helfen (Sedlmeier & Renkewitz 2013: 105). Eine andere Art der Intervention liegt in der Bereitstellung bestimmter Gegenstände, wenn der Umgang mit diesen beobachtet werden soll. Z.B. könnten in einer Wartesituation bestimmte Zeitschriften ausgelegt werden, um zu beobachten, welche Personen sich wie lange welche Zeitschriften ansehen. Beobachtungen mit Interventionen ähneln klassischen Experimentalsettings. Etwas anders funktionieren Beobachtungen mit Instruktionen. Bei diesen werden den Beobachteten Aufgaben gestellt oder sie werden gebeten, bestimmte Dinge zu tun. Die Aufgaben oder Bitten sollen dann diejenigen Verhaltensweisen initiieren, die beobachtet werden sollen. Ein klassisches Beispiel solcher Beobachtungen stammt von Piaget, der kleinen Kindern Aufgaben stellte und ihre Lösungsstrategien beobachtete, um damit bestimmte Entwicklungsstufen der Kinder zu identifizieren (Sedlmeier & Renkewitz 2013: 105). Huber (1993: 130-132) betrachtet die Methode des gleichzeitigen Lauten Denkens als eine Variante der Beobachtung mit Instruktionen. Bei dieser erfüllen die Beobachteten bestimmte Aufgaben und sind aufgefordert, parallel dazu ihre Gedanken zu äußern und ihre Handlungen zu erklären.

Zwar wäre es theoretisch besser, ohne Stimulus zu beobachten. In der Praxis ist es bei vielen interessierenden Verhaltensweisen aber nicht praktikabel. Beim gezielten Setzen von Stimuli muss eine Veränderung gegenüber dem natürlichen Verhalten zwar unterstellt werden, wie groß aber die Differenz zwischen natürlichem und stimuliertem Verhalten ist, lässt sich nur empirisch prüfen (Huber 1993: 130).

2.2.8 Standardisierte versus nicht-standardisierte Beobachtungsprotokolle

Die Art der Standardisierung betrifft die Art, wie die beobachteten Informationen protokolliert werden. Aus dieser Perspektive ist die wissenschaftliche Beobachtung ein systematisches Vorgehen, um beobachtete Handlungen, Handlungspuren oder Körperreaktionen in ein Zeichensystem zu überführen, das es den Forschenden möglichst einfach macht, aus dem Beobachteten die gewünschten Erkenntnisse zu ziehen. Die Standardisierung betrifft sowohl die Art der Durchführung als auch den eigentlichen Vorgang des Protokollierens. Die Frage nach der Standardisierung wird in allen Methodenbüchern diskutiert, in der Regel unter dem Begriff systematische versus unsystematische Beobachtung. Hier wird die Unterscheidung in nicht-standardisiert versus standardisiert bevorzugt, weil auch nicht-standardisierte Beobachtungen nach bestimmten Systemen vorgehen und insofern nicht als unsystematisch anzusehen sind. Zudem legt die technische Entwicklung nahe, die standardisierten Beobachtungen in zwei unterschiedliche Teilbereiche zu unterteilen: die standardisierte Beobachtung und die apparative Beobachtung. Wird die Beobachtung als die systematische Überführung beobachteter Aspekte in ein Zeichensystem verstanden, so arbeiten die drei Beobachtungsvarianten mit unterschiedlichen Zeichensystemen, die mit unterschiedlichen Problemen verbunden sind. Bei der nicht-standardisierten Beobachtung werden interessierende Aspekte in Text überführt. Bei den typischen standardisierten Beobachtungen werden die interessierenden Aspekte mit Zahlen festgehalten. Apparative Beobachtungen protokollieren die interessierenden Aspekte demgegenüber als Datenreihen.

Nicht-standardisierte Beobachtungsprotokolle werden von Personen erstellt. Sie beobachten das Geschehen, machen sich Notizen und erstellen ein Beobachtungsprotokoll, das im Wesentlichen aus Text besteht. Solche Beobachtungen sind fester Bestandteil der qualitativen Sozialforschung. Sie stammen aus der Ethnologie, sind aber auch in der Soziologie sowie der Medien- und Kulturwissenschaft verbreitet. Darüber hinaus kommen nicht-standardisierte Beobachtungen oft zum Einsatz, um unbekannte Gesellschaftsbereiche und bislang wenig untersuchte Verhaltensweisen zu explorieren und gegebenenfalls Theorien und Hypothesen zu entwickeln. Weil solche Beobachtungen nicht von bestimmten Modellen oder Hypothesen ausgehen, sondern inhaltlich offen angelegt sind, werden sie zum Teil auch als offen-qualitative Beobachtungen bezeichnet. Da in der vorliegenden Systematik der Begriff „offen“ für nicht getarnte Beobachtungen vorgesehen ist, wird hier „offen“ nicht im Sinne von nicht-standardisiert verwendet. Die Art, wie die

Beobachtenden das Geschehen protokollieren, ist nicht festgelegt, sondern den Beobachtenden überlassen. Darüber hinaus ist auch dem Beobachtungspersonal überlassen, wann sie protokollieren und inwiefern sie ihre eigene Interpretation dabei einfließen lassen. Nicht zuletzt gibt es bei nicht-standardisierten Beobachtungen keine klare Trennung zwischen Datenerhebung und Datenauswertung. Zum einen umfassen die Protokolle schon Anteile der Auswertung und Interpretation. Zum anderen ist es in vielen qualitativen Methoden vorgesehen, nach jedem Erhebungsschritt eine Auswertung vorzusehen, um nötigenfalls die folgenden Erhebungsschritte entsprechend anzupassen. Das Vorgehen dabei ist durchaus systematisch, es folgt aber keinen festgelegten Standards, sondern orientiert sich jeweils am vorhandenen Material.

Die nicht-standardisierte Beobachtung gilt als valide, weil das beobachtete Geschehen umfassend protokolliert werden kann und je nach Verlauf Aspekte umfassen kann, die nicht erwartet wurden. Die Durchführung solcher Beobachtungen ist allerdings schwierig, da gleichzeitig das Geschehen beobachtet und das Relevante protokolliert werden muss. Thierbach und Petschick (2014: 862-864) differenzieren deswegen zwischen Feldnotizen und Beobachtungs- bzw. Feldprotokollen. Feldnotizen bestehen aus kurzen Sätzen sowie Kürzeln, die allein den Anforderungen der jeweiligen Beobachtenden entsprechen und während der Beobachtung schnell gemacht werden können. Aus diesen werden nach der eigentlichen Beobachtung die Beobachtungsprotokolle erstellt, die im Gegensatz zu den Feldnotizen nicht nur für die beobachtende Person verständlich sein müssen, sondern für das gesamte Forschungsteam. Die Art, wie solche Protokolle inhaltlich aussehen und gestaltet sind, ist sehr unterschiedlich. Lüders (2009: 396) vergleicht das Erstellen ethnographischer Protokolle mit dem Verfassen literarischer Texte und infolgedessen die Beobachter und Beobachterinnen mit Autoren und Autorinnen. Klammer (2005: 208-216) vergleicht demgegenüber das Vorgehen bei nicht-standardisierten Beobachtungsprotokollen mit dem Vorgehen von Journalisten bei der Recherche und Erstellung von Beiträgen. Bei nicht-standardisierten Beobachtungsprotokollen ist es wichtig sicherzustellen, dass alle relevanten Aspekte in das Protokoll aufgenommen werden. Hierzu zählen insbesondere Angaben zu den beteiligten Personen, zum Ort der Beobachtung, zur Situation sowie zu Art und Zweck der ablaufenden Handlungen (Selltiz, Jahoda, Deutsch & Cook 1972: 245-257). Das Hauptproblem dabei ist die Absorption des Beobachtungspersonals, die zum einen dazu führt, dass nicht alle relevanten Aspekte bemerkt werden, und zum anderen dazu, dass Aspekte, die dem Beobachtungspersonal vor Ort normal erscheinen, nicht in die Protokolle aufgenommen werden. Deshalb ist es wichtig, möglichst umfangreiche Feldnotizen anzufertigen und Techniken zu lernen, um sich relevante Dinge möglichst lange und genau merken zu können.

Zumeist wird bei einem nicht-standardisiertem Vorgehen zunächst der Protokolltext erstellt und anschließend analysiert, also relevante Aspekte selektiert, paraphrasiert und kategorisiert. Allerdings ist in vielen Varianten qualitativer Sozialforschung (Bürsemeister 2008) oder der Ethnographie (Breidenstein, Hirschauer, Kalthoff & Nieswand 2015) keine Trennung zwischen Erstellen von Protokollen und Auswerten von Protokollen vorgesehen. Diese Trennung ist z.B. nicht möglich, wenn bei der Erstellung des Protokolls aus den Feldnotizen sowohl das eigentliche Geschehen festgehalten wird, als auch inhaltliche Interpretationen sowie methodische Reflexionen, die aus einer anderen Wissenschaftsperspektive nicht zu Erhebung, sondern zur Auswertung gerechnet würden. Nach dem Forschungsprinzip der Grounded Theory (z.B. Strauss & Corbin 1996) wird die Art der Datenerhebung ständig auf der Basis erster Auswertungen angepasst und z.B. das axiale und selektive Codieren der Angaben aus den Protokollen als integraler Bestandteil der Datenerhebung verstanden.

Bei der standardisierten Beobachtung ist demgegenüber vorab genau festgelegt, wie die Beobachtung durchzuführen ist: Was die zu beobachtenden Einheiten sind, wie die Beobachtung abläuft und wie die Protokolle erstellt werden. Die standardisierte Beobachtung hat Validitätsprobleme, wenn die Festlegungen und Standardisierung nicht gut zur tatsächlichen Beobachtungssituation und zum beobachteten Geschehen passen. Demgegenüber haben standardisierte Beobachtungen Vorteile bei der Reliabilität und Objektivität, weil sichergestellt und kontrolliert werden kann, ob die Art der Beobachtung stabil ist und von unterschiedlichen Personen in gleicher Art durchgeführt wird. Das Herzstück standardisierter Beobachtungen sind die Beobachtungsanweisungen plus die standardisierten Protokollbögen. In den Anweisungen ist festzulegen, wie vorzugehen ist und welche Kategorien mit welchen Ausprägungen erfasst werden. In den Protokollbögen werden dann die entsprechenden Zahlencodes eingetragen und gegebenenfalls durch kurze Texte ergänzt. Damit wird sichergestellt, dass das Beobachtungspersonal in kurzer Zeit sehr viele Informationen festhalten kann. Da in standardisierten Beobachtungen vornehmlich mit Zahlencodes gearbeitet wird, liegen die Informationen unterschiedlich skaliert vor und können später mit den üblichen statistischen Verfahren ausgewertet werden.

Die Gestaltung der Beobachtungsanweisungen und der standardisierten Protokollbögen hängt stark von der untersuchten Fragestellung sowie der Beobachtungssituation ab. In Anlehnung an Döring und Bortz (2016: 342) lassen sich hier nicht-komplexe Beobachtungen und Verhaltensbeobachtungen differenzieren. Nicht-komplexe Beobachtungen zielen auf einfach zu erfassende Merkmale ab, die gezählt werden können. Entsprechende Beobachtungen werden z.B. in der Marktforschung benutzt, um die Beachtung von Regalen und Produkten zu erfassen, oder in der Sozialforschung, um den Zustand und die Qualität von Wohngebieten oder einzelnen Häusern einzuschätzen (siehe z.B. Häder 2015: 320-323). Verhaltensbeobachtungen sind demgegenüber komplexer, weil sie vom Beobachtenden die Interpretation des beobachteten Geschehens erfordern. Das bekannteste Beispiel dafür ist die Interaktionsprozessanalyse von Bales (1976), die den Umgang von Personen in Gesprächen erfasst (siehe z.B. Friedrichs 1980: 278- 280). Andere typische Beispiele betreffen das Spielen von Kindern (siehe z.B. Schnell, Hill & Esser 2011: 384-385) oder das Verhalten in Schulklassen (siehe z.B. Döring & Bortz 2016: 350). Verhaltensbeobachtungen sind aber auch deshalb komplex, weil die beobachteten Verhaltensweisen auf verschiedenen Ebenen (z.B. Individual- und Gruppenverhalten) erfasst werden müssen. Ein gutes Beispiel dazu liefert Friedrichs (1980: 297-300) aus einer Gefängnisstudie.

Beide dargestellten Varianten von Beobachtungen werden von Personen durchgeführt. In einer dritten Variante erheben stattdessen Apparate die interessierenden Sachverhalte. Die entsprechenden Sachverhalte müssen nicht manuell festgehalten werden. Die Protokolle bestehen rein aus zeitbezogenen Zustandsangaben meist in Form von digitalen Datenreihen. Oft repräsentiert ein einzelner Dateneintrag ein kurzes Zeitintervall, wobei sich die Beobachtung oft über lange Zeiträume erstreckt. In dieser Konstellation werden also Handlungen direkt in Daten überführt. Weil diese Überführung automatisch funktioniert, treten dabei praktisch keine Probleme der Reliabilität und Objektivität auf, fraglich ist aber immer, wofür die Daten stehen und ob sie valide sind. Die Daten lassen sich in Messungen bzw. Parameter umwandeln und stehen danach für statistische Auswertungsverfahren zur Verfügung. Bei der standardisierten Erhebung besteht oft das Problem, dass ausreichend viele Angaben ausreichend schnell codiert werden müssen. Bei der hochstandardisierten apparativen Erhebung stellt sich demgegenüber eher das Problem von zu vielen, zu individuellen und oftmals zu unspezifischen Daten. Diese müssen dann geeicht, gefiltert und aggregiert oder auch in Bezug zu anderen Daten gesetzt werden, bevor sie sinnvoll ausgewertet und interpretiert werden können.

2.2.9 Manuelle versus apparative Beobachtungsprotokolle

Die Einteilung in manuelle versus apparative Beobachtungen betrifft die Frage, wer oder was die Beobachtungsprotokolle erstellt: Personen oder Apparate. Zu Beginn der Entwicklung von Beobachtungsstudien Anfang des letzten Jahrhunderts wurden Beobachtungen ausnahmslos manuell durchgeführt, also von Personen, die beobachten und protokollieren. Im Zuge der Entwicklung und Miniaturisierung von Geräten und Sensoren wurde es zunehmend möglich, Handlungen apparativ zu erfassen.

Die manuelle Beobachtung bringt immer den Vorteil mit sich, dass beobachtende Personen vor Ort sind, die Erfahrung mit der Beobachtungssituation und den beobachteten Personen sammeln und ans Forscherteam weitergeben können. Das beugt Missinterpretationen vor und hilft, die vorhandenen Resultate angemessen interpretieren und darstellen zu können. Ein Problem der manuellen Beobachtungen ist es aber, wenn sehr viele Informationen in kurzer Zeit erfasst werden sollen und sich die Beobachtung über einen langen Zeitraum erstreckt. In solchen Fällen ist abzuwägen, ob die entsprechende Beobachtung dem Beobachtungspersonal überhaupt zumutbar ist. Zudem bringt der Beobachter immer Reaktivitätsprobleme mit sich, wenn sich die Beobachteten in ihrem Verhalten auf den Beobachter einstellen.

Um diesen Problemen zu entgehen und um Kosten zu sparen, die längere Beobachtungen mit großen Beobachterteams verursachen, entstand das Bestreben, Handlungen und Reaktionen mittels Apparaten und Sensoren festzuhalten. So kann z.B. mittels Lichtschranken festgestellt werden, wie viele Personen wann einen Raum betreten oder verlassen, ohne dass jemand beobachtend agieren muss. Die Lichtschranken können aber nur festhalten, wann sie jemand in welche Richtung und in welcher Geschwindigkeit passiert. Angaben zu den Personen, z.B. ihr Geschlecht oder ihr ungefähres Alter betreffend, sind mit diesen Apparaten nicht zu erheben, dazu wären wieder menschliche Beobachter von Nöten. Der Vorteil apparativer Beobachtungen liegt in der Reliabilität der Messung und zwar über lange Zeiträume hinweg. Wenn die erfassenden Apparate zu der natürlichen Handlungssituation gehören oder von den Beobachteten nicht bemerkt werden, dann handelt es sich bei apparativen Beobachtungen um nicht-reaktive Messverfahren. Sind die Apparate demgegenüber direkt an den zu beobachtenden Personen angebracht, wie z.B. physiologische Messsensoren oder Brillen zum Nachvollziehen des Blickverlaufs, ist fast zwangsläufig mit einer Störung oder zumindest Veränderung des natürlichen Geschehens zu rechnen.

In einzelnen wissenschaftlichen Disziplinen haben sich mittlerweile bestimmte apparative Beobachtungsverfahren etabliert. In der Mediaforschung wird die Fernsehnutzung mit einem apparativen Verfahren erhoben, das Telemetrie genannt wird (Brosius, Koschel & Haas 2016: 187-188). In der Psychologie werden physiologische Messungen von Hautwiderstand, Puls, Atemfrequenz etc. (z.B. Fahr & Hofer 2013) verwendet, um kognitive, emotionale oder motivationale Prozesse zu beobachten. Fantapié Altobelli (2011: 104-107) stellt unterschiedliche apparative Verfahren vor, die in der Marktforschung häufig zum Einsatz kommen: Verfahren wie das Tachistoskop zur Kurzzeitpräsentation von Bildern, physiologische Messungen oder Verfahren der Blickregistrierung. In vielen Bereichen wie z.B. dem Sport und der Gesundheit mussten gar keine speziellen Messgeräte entwickelt werden, weil z.B. Trainingsgeräte bestimmte Dinge automatisch erfassen. Zudem sind entsprechende Geräte zum Teil mittlerweile klein und preiswert zu erwerben, weshalb sie vielfach bereits sogar im privaten Gebrauch sind, wie z.B. Fitnessuhren, die nicht nur zurückgelegte Strecken und Geschwindigkeiten festhalten können, sondern auch Körpermerkmale wie den Puls. Bei apparativen Beobachtungsdaten muss aber reflektiert werden, wie gut die Daten die eigentlich interessierenden Verhaltensweisen und Reaktionen von Menschen widerspiegeln. Darüber hinaus fallen bei den apparativen Beobachtungen große Datenmengen an, die entsprechend aufbereitet werden müssen. Die praktischen, methodischen und ethischen Probleme, die dabei auftreten, werden derzeit unter dem Stichwort Big Data diskutiert (Brosius, Koschel & Haas 2016: 195-197) und sollten bei der Konzeption und Durchführung apparativer Beobachtungen angemessen berücksichtigt werden.

2.2.10 Direkte versus indirekte Beobachtung

Bei der direkten Beobachtung wird das interessierende Geschehen selbst beobachtet. Wenn das Essverhalten untersucht werden soll, werden also Personen beim Essen beobachtet und wenn es um das Surfen im Internet geht, werden Personen hierbei beobachtet. Indirekte Beobachtungen analysieren demgegenüber nicht das Geschehen selbst, sondern stellvertretend dafür Handlungsspuren. Im ersten Fall könnten statt des Essens selbst Essensreste untersucht werden, um daraus das Essverhalten zu rekonstruieren, und im zweiten Fall könnte eine Logfileanalyse dabei helfen, das Verhalten im Internet nachzuvollziehen.

Viele direkte Beobachtungen bringen wie bereits erwähnt Probleme mit sich. Diese werden unter dem Reaktivitätsbegriff in Beobachtungsstudien diskutiert. Reaktivitätsprobleme werden durch die Beobachtung selbst hervorgerufen, wenn die Beobachteten ihr Verhalten in unnatürlicher Weise ändern, weil sie wissen, dass sie beobachtet werden (Webb, Campbell, Schwartz & Sechert 1975: 146-150). Diese Effekte werden zwar im Verlauf der Beobachtung geringer, sie lassen sich aber nie ganz ausschließen. Reaktive Effekte treten meist umso stärker auf, je weniger das natürlicherweise auftretende Verhalten sozial akzeptiert ist, weil solche Verhaltensweisen in Beobachtungen typischerweise vermieden werden. Noch problematischer sind direkte Beobachtungen, wenn Verhaltensweisen untersucht werden sollen, bei denen typischerweise niemand sein Einverständnis für die Beobachtung erklären würde.

In solchen Fällen ist zu überlegen, ob anstatt der Handlung direkt, das Interessierende indirekt anhand von Handlungsspuren analysiert werden kann. Dann handelt es sich um ein nicht-reaktives Verfahren, da die Beobachteten ihr Verhalten nicht auf die Beobachtung ausrichten können, weil die Analyse erst stattfindet, wenn die Handlungen bereits abgeschlossen sind. Sehr lesenswerte Anregungen für unterschiedliche nicht-reaktive Messverfahren stellten Ende der 1960er-Jahre Webb, Campbell, Schwartz und Sechert (1975) vor, von denen etliche als indirekte Beobachtung einzustufen sind. So kann z.B. die Stellung der Stühle in einem Raum nach einem Therapiegespräch Auskunft über die dort stattgefundene Interaktion geben sowie Trampelpfade über die bevorzugten Wege von Fußgängern. Bei der Analyse solcher Handlungsspuren muss aber immer geprüft werden, wie gut die Spuren die interessierenden Handlungen repräsentieren. So muss ein Stuhlkreis nicht zwangsläufig anzeigen, dass sich in einer Gruppe eher gleichberechtigt ausgetauscht wurde, sondern kann auch daher rühren, dass die Gruppe einen Stuhlkreis vorgefunden hat, den sie später wiederhergestellt hat, um den Raum ordentlich zu verlassen. Wenn aber der Schluss von der Spur auf die interessierende Handlung relativ sicher erscheint, ist die indirekte Beobachtung ein methodisch gutes Verfahren, um die entsprechenden Handlungen zu analysieren.

Durch die Entwicklung und Verbreitung von Internet und mobiler Kommunikation hat die indirekte Beobachtung mittels Handlungsspuren deutlich Auftrieb erhalten. Die Abwicklung von Internet- und mobiler Kommunikation erfordert es, dass an unterschiedlichen Stellen Daten über die ausgeführten Handlungen gespeichert werden. Wenn jemand im Internet eine bestimmte Seite aufruft, so wird z.B. festgehalten, mit welcher IP-Nummer wann welche Internetseite angefragt wurde und auf dem Server der Internetseite wird festgehalten, wann die Seite wie oft aufgerufen wurde. Solche Daten lassen sich nutzen, um Aktivitäten im Internet nachzuvollziehen, so dass sich alle Handlungen (Musik hören, Filme ansehen, Informationen recherchieren, Produkte kaufen etc.), die im Internet durchgeführt werden, anhand von Analysen der digitalen Spuren im Nachhinein beobachten lassen. In der Mediaforschung werden entsprechende Daten genutzt, um die Verbreitung von Internetangeboten und die sich darauf befindliche Werbung zu messen. Die Marktforschung verwendet Clickstream-Analysen, um nachzuvollziehen, welche Geschäfte wann, von wem, wie im Internet abgewickelt werden (Kuß, Wildner & Kreis 2014: 139-141). Bei der Analyse von Verhaltensspuren im Netz muss aber immer geprüft werden, ob diese ethisch vertretbar ist, weil diejenigen, die die Spuren hinterlassen, kein Einverständnis zu deren Analyse gegeben haben. Ethisch unbedenklich sind in der Regel Analysen, die keinerlei Rückschlüsse auf die Personen zulassen. Sollen solche möglich sein, müssen über die ethischen Belange hinaus auch die rechtlichen Vorgaben des Datenschutzes berücksichtigt werden.

2.2.11 Unvermittelte versus vermittelte Beobachtung

Die meisten Beobachtungen finden unvermittelt statt. Die Beobachtung wird am Ort und zur Zeit des beobachteten Geschehens durchgeführt. Unvermittelte Beobachtungen bringen einen Authentizitätsvorteil mit sich. Die Beobachtenden sind vor Ort und kennen die Situation aus eigener Anschauung. Sie bekommen ein Gefühl für mögliche Einschränkungen oder Störfaktoren bei der Beobachtung und lernen die Beobachteten zumindest ansatzweise kennen. Ein Beispiel wäre, einzelne Kinder während einer Unterrichtsstunde zu beobachten, wobei die beobachtende Person z.B. hospitierend im Klassenraum anwesend wäre. Diese Beobachtung erscheint unproblematisch, da jeweils ein Kind beobachtet wird und das beobachtete Geschehen eher langsam voranschreitet. Problematisch wird es aber immer dann, wenn mehrere Objekte beobachtet werden bzw. sich das Geschehen rasch ändert, wie z.B. bei der Beobachtung einer gesamten Klasse während des Sportunterrichts. Dann müssen entweder sehr viele beobachtende Person zum Einsatz kommen, oder das Geschehen wird per Video aufgezeichnet und im Nachhinein codiert.

Solche vermittelten Beobachtungen ermöglichen es, auch komplexe Situationen zu beobachten. Vom Vorgehen her ähneln sie dem Codieren von audiovisuellem Material bei Inhaltsanalysen. Sie bringen den entscheidenden Vorteil mit sich, das Geschehen später in unterschiedlichen Geschwindigkeiten abspielen, hin und her springen sowie einzelne Szenen mehrfach abspielen zu können. Zudem verlieren vermittelte Beobachtungen ihren sonst typischen flüchtigen Charakter, da Handlungen selbst nicht mehr vorliegen, wenn sie beendet sind. Damit können auch Aspekte, die erst im Laufe der Untersuchung in den Fokus der Forschenden geraten, später anhand der Aufzeichnungen noch berücksichtigt werden. Nicht zuletzt bringen Aufzeichnungen die Möglichkeit mit sich, das Material mehrfach codieren zu lassen, um die Reliabilität sowie die Objektivität des Vorgehens abzuschätzen. Bei standardisierten Verfahren kann das anhand von berechneten Parametern geschehen, bei nicht-standardisierten Verfahren wird es sich demgegenüber um Absprachen und Konsensbildung innerhalb des Beobachterteams handeln.

Schon Selltiz, Jahoda, Deutsch und Cook (1972: 252) wiesen darauf hin, dass gerade bei qualitativen (nicht-standardisierten, teilnehmenden) Beobachtungen Aufzeichnungen die Genauigkeit der Beobachtung erheblich verbessern können. Sie dachten dabei aus Kostengründen insbesondere an Tonaufnahmen. Da heutzutage auch Filmaufnahmen (z.B. mit dem Smartphone) kostengünstig realisiert werden können, trifft diese Einschränkung nicht mehr zu. Aus ethischer Sicht ist aber zu bedenken, dass Aufzeichnung in jedem Fall die Einwilligung der Beobachteten erfordert. Darüber hinaus sollte geprüft werden, ob die Aufzeichnung selbst sowie die dazu nötigen Geräte die Natürlichkeit der beobachteten Handlung beeinträchtigen und das Erhebungsverfahren dadurch an Reaktivität gewinnt. Ein Grundproblem vermittelter Beobachtungen liegt in dem erheblichen Aufwand, der durch die Codierung der Aufzeichnungen entsteht. Dieser ist oft deutlich größer als eine standardisierte Erfassung der wesentlichen Aspekte unvermittelt vor Ort. Der Codierungsaufwand kann aber zunehmend durch Hilfsmittel verringert werden. Bei Audioaufnahmen sei hier insbesondere auf Verfahren der Stimmen- und Worterkennung hingewiesen, die automatisch Grundgerüste für ein wörtliches Transkript liefern. So weit ist die Technik für Bilderkennung zwar noch nicht fortgeschritten, sie entwickelt sich aber schnell, sodass auch hier in naher Zukunft brauchbare Hilfsmittel zu erwarten sind (siehe z.B. Geise, Rössler & Kruschinski 2016).

2.2.12 Kombinationen von Beobachtungsvarianten

Theoretisch lassen sich die Beobachtungsvarianten und Merkmale zwar weitgehend frei kombinieren, in der Forschungspraxis finden sich allerdings bestimmte Kombinationen deutlich häufiger als andere. Zudem lassen sich einige Merkmale gar nicht frei kombinieren, da eine Entscheidung für eine Beobachtungsvariante automatisch bestimmte andere Merkmale mit sich bringt. Soll z.B. eine Beobachtung nicht-standardisiert vorgehen, weil dabei Interpretationen nötig sind, so muss diese manuell von Personen durchgeführt werden, da Apparate nicht interpretieren können. Apparative Beobachtungen setzen demgegenüber ein hohes Maß an Standardisierung voraus, damit diese überhaupt sinnvoll durchgeführt werden können. Auch der Blick in die Entwicklung der wissenschaftlichen Beobachtung deutet auf einzelne Beobachtungsvarianten hin, die mit bestimmten Kombinationen von Beobachtungsmerkmalen verbunden sind. Aber selbst bei diesen Kombinationen bleiben einzelne Entscheidungen den Forschenden überlassen. Die Entscheidungen über sinnvolle Kombinationen von Beobachtungsmerkmalen sind nötig, um die jeweilige Beobachtungsstudie optimal an die aktuellen Bedingungen sowie deren wissenschaftliche Ziele anzupassen.

Der Klassiker sind offene, teilnehmende, wissentliche, nicht-standardisierte Fremdbeobachtungen, die direkt, unvermittelt, manuell im Feld von den Forschenden durchgeführt werden. Zu ihnen zählen ebenso ethnologische Studien wie die frühen teilnehmenden Beobachtungen in der Soziologie. Groß angelegte standardisierte Beobachtungen z.B. von Mobilitäts- oder Kaufverhalten sind ähnlich konfiguriert, jedoch finden diese nicht-teilnehmend, unwissentlich, aber standardisiert von Externen durchgeführt statt. Eine typische Studie mit physiologischen Messverfahren ließe sich demnach folgendermaßen charakterisieren: Es handelt sich um interne, offene, wissentliche, nicht-teilnehmende, standardisierte Fremdbeobachtungen, die mit dem jeweiligen Stimulus, direkt, unvermittelt, apparativ im Labor durchgeführt werden. Von den Daten her ähnlich, vom Vorgehen her allerdings sehr unterschiedlich sind Self-Tracking-Studien einzuschätzen, bei denen Personen ihre eigenen Körperreaktionen mit kleinen Messgeräten festhalten. Bei diesen handelt es sich um interne, teilnehmende, offene, wissentliche Selbstbeobachtungen im Feld, die ohne Stimulus, standardisiert, direkt, unvermittelt, aber apparativ Daten erheben. Zunehmend werden auch Studien von Verhaltensspuren im Internet durchgeführt. Nach der vorliegenden Systematik handelt es sich dabei um externe, nicht-teilnehmende, verdeckte Fremdbeobachtungen, die ohne Stimulus, standardisiert, indirekt, aber unvermittelt und apparativ im Handlungsfeld erhoben werden. Je nach speziellen Anforderungen ist eine Vielzahl weiterer Kombinationen denkbar. Ziel sollte es immer sein, durch die Kombination Einschränkungen von Beobachtungen ebenso wie damit einhergehende Probleme möglichst zu umgehen.

2.3 Reflexion und Qualitätssicherung

Der gesamte Prozess der empirischen Sozialforschung und die einzelnen Forschungsschritte bedürfen fortwährender kritischer Reflexion und daran anknüpfender Strategien zur Qualitätssicherung und -verbesserung. Wichtige Orientierungspunkte liefern dabei zunächst die allgemeinen Regeln wissenschaftlichen Arbeitens und die Regeln bzw. Konventionen der jeweiligen disziplinären wissenschaftlichen Gemeinschaften. Darüber hinaus gibt es spezifische Verfahrensregeln und Konventionen für die eingesetzten Forschungsdesigns, für die Verfahren des Samplings, für die Erhebung und die statistische oder interpretative Analyse der Daten. Bei der kritischen Reflexion der einzelnen Forschungsschritte ist es wichtig, die Qualität des Gesamtprozesses im Blick zu haben; Fehler oder blinde Flecken in der Konzeption oder in der Phase der Erhebung lassen sich an späterer Stelle kaum noch kompensieren.

Die Einbettung von Beobachtungsverfahren in unterschiedliche Forschungsdesigns erfordert es, Verfahren der kritischen Reflexion und der Qualitätssicherung zu entwickeln, die der Logik dieser Forschungsdesigns entsprechen. So ist z.B. eine Identifizierung von Fehlern, in Anlehnung an naturwissenschaftlich-technische Konzepte des Messens im Kontext quantitativer Forschungsdesigns ein durchaus sinnvolles Konzept; in der qualitativen Forschung macht das keinen Sinn. Beim Letzteren geht es eher um Probleme und Verzerrungen, die mit der Rolle der Forschenden verknüpft sind. Daher werden im Folgenden die Strategien der Reflexion und der Qualitätssicherung separat für die quantitative und die qualitative Forschung behandelt.

2.3.1 Qualitätssicherung bei quantitativen Beobachtungen

Viele Probleme bei der Beobachtung entstehen durch Fehler der Beobachtenden, wenn die Beobachtung von Personen durchgeführt wird. Solche Probleme sowie Lösungen dazu sind Gegenstand der nachfolgenden Abschnitte, die sich an einer Systematik von Greve und Wentura (1997) orientiert sowie an deren Konkretisierungen von Döring und Bortz (2016) bzw. Häder (2015). Für weitere Anregungen ist es ratsam, sich darüber hinaus in der Methodenliteratur zur Inhaltsanalyse zu informieren, denn die Probleme durch die Beobachtenden ähneln in vielerlei Hinsicht den Problemen der Codierer bei Inhaltsanalysen.

Die erste Fehlerquelle liegt in der richtigen Identifikation der Aspekte, die laut Untersuchungsanlage beobachtet werden sollen. In der Literatur wird dieses Problem als selektive Wahrnehmung diskutiert. Oft besteht schon ein Problem in mangelnder Motivation, das zu Beobachtende aufmerksam und genau genug zu verfolgen. Dieses Problem tritt insbesondere bei externen Beobachtern auf, die die Beobachtung lediglich durchführen, um damit Geld zu verdienen oder sie z.B. als Leistung im Studium oder im Zuge einer Ausbildung anerkannt zu bekommen. Das Problem verschärft sich durch die Flüchtigkeit der beobachteten Handlungen, wegen derer kaum nachzuprüfen ist, ob die Einzelnen genau gearbeitet haben. Das zweite Problem besteht in mangelndem Vorwissen. Wenn das Beobachtungspersonal keine genauen und vollständigen Anweisungen erhalten oder diese nicht richtig verstanden hat, können trotz vorhandener Motivation nicht alle relevanten Aspekte erfasst werden, weil ihnen gar nicht klar ist, dass diese erhoben werden sollen. Vorwissen kann aber auch zu verzerrter Wahrnehmung führen. Ein zentrales Problem besteht darin, dass Aspekte, die z.B. aufgrund theoretischer Vorüberlegungen erwartet werden, besser entdeckt werden als unerwartete Aspekte. Ähnliche Verzerrung gibt es bei auffälligen Aspekten.

Bei den identifizierten Aspekten tritt dann das Problem der richtigen Einordnung auf, was in der Literatur meist als selektive Interpretation diskutiert wird. Probleme dabei ergeben sich meist durch das Vorwissen der Beobachtenden in Kombination mit der möglichen (parasozialen) Beziehung, die sie zu den beobachteten Personen entwickelt haben. Bekannt ist z.B. der Effekt der Verstetigung erster Eindrücke. Dieser bringt mit sich, dass erste Urteile, z.B. „eine Person agiert aggressiv", dazu verleiten, auch nachfolgende Aktionen eher als aggressiv einzuschätzen. Wenn sich eine positive Beziehung zwischen Beobachtungspersonal und beobachteten Personen ergibt, was bei länger andauernden Beobachtungen eher die Regel sein wird, ist die Tendenz zur Mitte bzw. Milde bekannt. Diese bringt es mit sich, insbesondere bei sympathischen Personen extreme Handlungen als weniger extrem wahrzunehmen. Bekannt sind aber auch Kontrasteffekte. Diese führen zu eher extremen Einschätzungen; eine Tendenz, die insbesondere dann auftritt, wenn im beobachteten Geschehen lange nichts Außergewöhnliches passiert ist.

Etliche Probleme ergeben sich beim Erstellen der Beobachtungsprotokolle. Bei nicht-standardisierten Beobachtungen entstehen viele Fehler durch selektive Erinnerung. In der Regel werden während der Beobachtung allenfalls Notizen gemacht und das eigentliche Beobachtungsprotokoll erst nach Abschluss der Beobachtung verfasst. Aspekte, die später nicht mehr erinnert werden oder aufgrund der Notizen und der Erinnerung im Nachhinein falsch eingeschätzt werden, können nicht adäquat in den Beobachtungsprotokollen wiedergegeben werden. Raab, Unger und Unger (2009: 132) diskutieren darüber hinaus Probleme des Sprachgebrauchs. Damit die Protokolle richtig bearbeitet werden können, ist es nötig, die Protokolle in einer Art zu verfassen, die bei der Auswertung richtig interpretiert wird. Bei der standardisierten Beobachtung treten demgegenüber oft Probleme bei der Umsetzung der Vorgaben auf. Diese resultieren aus unverständlichen oder ungenauen Vorgaben oder aus einem zu schnellen und zu komplexen Geschehen, das sich gar nicht angemessen protokollieren lässt. Wenn solche Probleme auftauchen, haben sie negative Auswirkungen auf die weitere Beobachtung, die dann oft ungenau stattfindet, weil die Beobachtenden vermuten, die Beobachtungsvorgaben und die Protokollbögen seien ungeeignet. Nicht zuletzt besteht insbesondere bei externen Beobachtern die Gefahr von Fälschungen, bei denen die Beobachter die Daten erfinden; ein Problem, das insbesondere aus der Umfrageforschung bekannt ist.

Das in der Literatur am häufigsten diskutierte Mittel, um die durch die Beobachter bedingten Fehler zu minimieren, ist deren Schulung. Bei dieser muss dem Beobachtungspersonal genau vermittelt werden, wie es bei der Beobachtung vorgehen soll und wie die eigentliche Protokollierung stattzufinden hat. Das sollte vom Forscherteam demonstriert, von den Beobachtenden ausprobiert und in einem Pretest kontrolliert werden. Wenig diskutiert, aber ebenso wichtig ist die Konzeption alltagstauglicher Erhebungsverfahren. Oft sind die Ziele der Untersuchung sowie die Anweisung zur Durchführung der Beobachtung in einem wissenschaftlichen Sprachduktus verfasst, der für die Durchführenden nur schwer verständlich ist. Zudem werden wegen wissenschaftlicher Genauigkeit gern extrem komplexe Protokollbögen entworfen, die bei der Beobachtung nur sehr schwer angemessen ausgefüllt werden können und wegen ihrer Komplexität bei der Auswertung oft wieder zusammengefasst werden. Um Fehler bei der Erhebung zu vermeiden, wäre es sinnvoller, bei der Beobachtung gleich die weniger komplexe Variante zu erheben, um die Beobachtenden nicht zu demotivierend. Das führt zum letzten und vielleicht wichtigsten Punkt der Fehlervermeidung: Motivation gekoppelt mit Supervision und angemessener Vergütung. Nur das Forschungsteam selbst ist intrinsisch an der Erhebung guter Daten interessiert, für alle anderen ist die Datenerhebung potenziell eine Last. Sie müssen deswegen kontinuierlich dazu motiviert werden, ihnen sollte Supervision angeboten werden, insbesondere zum angemessenen Verhalten in der Beobachtungssituation und beim Einholen von Einverständnis zur Beobachtung. Schließlich sollten sie zumindest angemessen, besser noch gut entlohnt werden, damit sie ein Interesse haben, weiter am Projekt mitarbeiten zu dürfen. Erste Ergebnisse dazu, wie externe Beobachter ihr eigenes Vorgehen und Probleme bei der Beobachtung einschätzen, finden sich bei Podschuweit (2017).

Fehler, die aufgrund der Beobachtungssituation entstehen, sind genau genommen entweder auf die zu beobachtenden Personen oder auf situative Einschränkungen zurückzuführen. Auch hierzu orientiert sich die nachfolgende Darstellung an Überlegungen von Greve und Ventura (1997) sowie deren Weiterentwicklung von Döring und Bortz (2016) bzw. Häder (2015). Da die hier diskutierten Probleme der Beobachtung denen bei persönlichen Befragungen ähneln, liefert die entsprechende Methodenliteratur hierzu weitere Hinweise.

Ein Grundproblem der Beobachtung liegt in der Umsetzung des geplanten Auswahlverfahrens. Beobachtungen sind auf das Einverständnis und die Teilnahme der Beobachteten angewiesen. Es ist aber oft schwierig, die in der Theorie sinnvollen Auswahlanweisungen in der Praxis umzusetzen und zu erfüllen. Deshalb sind bei wissenschaftlichen Beobachtungen echte Zufallsauswahlen die Ausnahme. Zudem führen nicht nur Verweigerung auf Seiten der Untersuchten zu Ausfällen bei der Auswahl, sondern oft auch situative Einflüsse, die eine Beobachtung verhindern, wie z.B. starker Regen bei Beobachtungen draußen.

Die meisten Probleme der Beobachtungssituation werden unter dem Stichwort Reaktivität erörtert. Diese beschreibt Reaktionen der Beobachteten aufgrund der Beobachtungssituation, die so bei einem natürlichen Handlungsverlauf nicht aufgetreten wären und deshalb als Fehler zu klassifizieren sind. In Analogie zu Befragungen lassen sich die meisten dieser Fehler als Fehler aufgrund sozialer Erwünschtheit charakterisieren. Demnach neigen Personen, denen bewusst ist, dass sie gerade beobachtet werden, eher zu sozial akzeptierten oder sogar erwünschten Verhaltensweisen und vermeiden andererseits eher Verhaltensweisen, die unerwünscht, tabuisiert oder persönlich und intim sind. Andere Fehler entstehen als Reaktion auf die beobachtenden Personen oder die eventuell auch nur unterstellten Ziele der Untersuchung. Einige Personen neigen dazu, den Beobachtern gefallen zu wollen und sich gemäß den unterstellten Zielen der Untersuchung zu verhalten. Andere Personen und zwar insbesondere solche, die der Untersuchung und ihren Zielen skeptisch gegenüberstehen, werden demgegenüber eher Verhaltensweisen zeigen, die den Annahmen und Zielen der Untersuchung entgegenstehen. Entsprechende Probleme ähneln dem Phänomen der Reaktanz. Nicht zuletzt erzeugt die eher künstliche und oft erzwungene Situation bei der Beobachtung bei vielen Personen Hemmungen. Dann werden sich die Personen kaum noch spontan verhalten, wie sie es vielleicht natürlicherweise tun würden. Sie würden stattdessen ihre Verhaltensweise kontrollieren und reflektieren, wahrscheinlich auch, weil sie sich selbst kontrolliert fühlen.

Auch die Beobachtungssituation bringt Fehlerquellen mit sich und zwar vor allem dann, wenn es sich um natürliche Alltagssituationen handelt. Dann treten oft Störungen auf, die den zu beobachtenden Handlungsfluss unterbrechen. Bei solchen Störungen kann es sich z.B. um andere Personen handeln, die in die Beobachtungssituation eintreten und diese unterbrechen. Störungen können aber auch von externen Faktoren ausgehen wie z.B. Wetter, Stromausfall, Straßensperrungen etc., die die nachfolgenden Handlungen beeinträchtigen oder die Beobachtung unmöglich machen. Ein zweiter Faktor sind Einschränkungen der Beobachtbarkeit. Hierunter sind alle Faktoren zu fassen, die die Möglichkeit, das Geschehen zu sehen oder zu hören, einschränken. Einschränkungen können sich auch durch Gegebenheiten außerhalb der eigentlichen Beobachtungssituation ergeben, wenn diese Aufmerksamkeit erregen und von der Beobachtung ablenken.

Nicht zuletzt verursacht oft die Funktionalität der Beobachtungsinstrumente in der jeweiligen Situation Probleme. Eine Fehlerquelle sind die Protokollbögen. Wenn z.B. die Beobachtungsprotokolle nicht an den natürlichen Ablauf in der Beobachtungssituation angepasst sind, dann ist es für die Beobachtenden oft schwierig, diese angemessen ausfüllen zu können. Entsprechende Fehler entstehen vor allem durch die Notwendigkeit, zwischen unterschiedlichen Protokollbögen hin- und herzublättern, oder durch Probleme bei der Zuordnung einzelner Protokollbögen zu Personen oder Handlungen. Aber auch die Beobachtungsgeräte bringen Einschränkungen mit sich. Bei vermittelten Beobachtungen wird Aufzeichnungstechnik benötigt, bei apparativen Beobachtungen Geräte, die die Handlung oder Körperreaktion erfassen. Der Einsatz von Geräten wird empfohlen, um Fehler durch die beobachtenden Personen zu vermeiden. Die Geräte selbst sind aber auch fehleranfällig oder funktionieren vor Ort nicht in gewünschter Weise. Ein banales aber nicht selten auftretendes Problem entsteht oft aus unzureichenden Akkulaufzeiten, die dazu führen, dass die Geräte nicht oder nicht lange genug arbeiten.

Zum Teil lassen sich diese Probleme durch Schulung des Beobachtungspersonals in Bezug auf ihr Verhalten in der Situation und ihren Umgang mit der Technik vermeiden. Hilfreich ist auch ein möglichst realistischer Pretest, der dem Forschungsteam vor der eigentlichen Untersuchung bestimmte Fehlerquellen deutlich macht, so dass diese bei der eigentlichen Untersuchung vermieden werden können. Natürlich sollte vor jedem einzelnen Untersuchungsdurchgang die Vollständigkeit des Untersuchungsmaterials und die Funktionsfähigkeit der Untersuchungstechnik geprüft werden. Nicht zuletzt sollte ein Rückmeldesystem etabliert werden, in dem diejenigen, die die Untersuchungen vor Ort durchführen, die dabei auftretenden Probleme melden können. Zumindest sollte bei jeder einzelnen Beobachtung als Fehlernotiz festgehalten werden, ob situative Besonderheiten aufgetreten sind und inwiefern diese zu Verzerrungen der Ergebnisse geführt haben.

Die oben genannten Fehlerquellen können bei allen Beobachtungsstudien auftreten. Um festzustellen, wie stark sie aufgekommen sind, werden bei Beobachtungsstudien dieselben Gütekriterien benutzt wie bei standardisierten Verfahren zur sozialwissenschaftlichen Datenerhebung. Die Gütekriterien betreffen die Auswahl, den Beobachter und die Beobachtungssituation.

Gütekriterien für das Auswahlverfahren und die realisierte Auswahl werden eher selten diskutiert. Das verwundert insofern, als dass die Auswahl der Untersuchungsobjekte genauso einflussreich auf die erzielten Resultate ist wie das Erhebungsverfahren. Trotzdem wird sowohl bei qualitativen Studien als auch bei bewussten Auswahlverfahren selten diskutiert, wie gut die realisierte Auswahl, also die tatsächlich untersuchten Elemente, zur Fragestellung passen und geeignet sind, über diese Aussagen zu machen. Das anzulegende Kriterium hierbei wäre die Angemessenheit der realisierten Auswahl. Grundsätzlich ist dabei die Frage zu stellen, ob die angestrebte Auswahl passend war, oder ob sie z.B. bestimmte relevante Bereiche gar nicht abdeckt. Praktisch sollte reflektiert werden, inwieweit die tatsächlich untersuchten Elemente der angestrebten Auswahl entsprechen. Gerade wenn nur wenige Personen untersucht werden, ist es ratsam festzuhalten, welche Personen die Teilnahme an der Untersuchung verweigert haben, um abzuschätzen, ob bestimmte Aspekte außen vor bleiben. Diese Grundlogik entspricht der Ausschöpfung bei quantitativen Studien, insbesondere solchen mit Zufallsstichproben. Wie bei Befragungen lässt sich die Relation zwischen Personen, die um Mitarbeit bei der Studie gebeten wurden, und denjenigen, die tatsächlich untersucht wurden, als Ausschöpfungsquote berechnen. Wenn Angaben über die Verweigerer vorliegen oder Angaben aus der Grundgesamtheit bekannt sind, sollte zudem die Systematik der Ausfälle geprüft werden. Auf dieser Ebene ergeben sich wieder Parallelen zwischen der wissenschaftlichen Beobachtung und der wissenschaftlichen Befragung.

Demgegenüber weisen die Gütekriterien zum Vorgehen der Beobachter Parallelen zu denen für Codierer bei Inhaltsanalysen auf. Gemäß der üblichen Methodenliteratur lassen sie sich unter Reliabilität fassen. Die Reliabilität gibt an, wie gut zwei Beobachtungen desselben Geschehens übereinstimmen. Ziel einer wissenschaftlichen Studie sollte weitgehende Übereinstimmung sein. Dabei lassen sich zwei Arten von Reliabilität unterscheiden (Schnell, Hill & Esser 2011: 394-395): die Intracoder-Reliabilität und die Intercoder-Reliabilität, die mit verschiedenen Koeffizienten berechnet werden können. Die Intracoder-Reliabilität gibt an, wie gut eine Beobachtung mit einer Wiederholungsbeobachtung durch dieselbe Person übereinstimmt, was sich nur bestimmen lässt, wenn Videoaufzeichnungen des beobachteten Geschehens vorliegen. Die Frage, wie gut die Beobachtungen desselben Geschehens durch zwei oder mehr unterschiedliche Personen übereinstimmen, betrifft die Intercoder-Reliabilität. In der Literatur wird diese Frage oft unter dem Stichwort „Objektivität“ diskutiert. Die anzustrebende Objektivität ist dann gegeben, wenn das Ergebnis der wissenschaftlichen Erhebung unabhängig von den Personen ist, welche die Erhebung durchführen. Soweit das möglich ist, sollten die Kriterien geprüft und die entsprechenden Koeffizienten berechnet und auf die einzelnen Beobachter bezogen werden. Damit lässt sich herausfinden, ob bestimmte Beobachter systematisch unzuverlässiger oder abweichend von den anderen Beobachtern protokolliert haben, um zu entscheiden, ob alle Beobachtungen, die von bestimmten Personen stammen, wegen mangelnder Reliabilität von der Analyse ausgeschlossen werden sollten.

Als Gütekriterium für die Erhebungssituation wird in der Regel die Validität herangezogen. Sie gibt an, wie gut das, was untersucht werden sollte, tatsächlich untersucht werden konnte. Typischerweise werden dabei interne und externe Validität unterschieden. Die interne Validität gibt an, wie gut die eigentliche Beobachtung durchgeführt werden konnte oder ob es dabei systematisch zu Fehlern gekommen ist. Mangelnde interne Validität entsteht zum Teil durch Fehler der Beobachtenden, häufiger allerdings durch Störungen der Beobachtungssituation oder Einschränkungen der Beobachtungsmöglichkeit. Die interne Validität betrifft also die Frage, wie gut die Messung durchgeführt werden konnte. Im Gegensatz dazu taxiert die externe Validität, wie gut sich die erhaltenen Ergebnisse verallgemeinern lassen. Hier sind die Hauptprobleme die Reaktivität der Beobachteten sowie die Künstlichkeit der Beobachtungssituation. Beide können dazu führen, dass das beobachtete Geschehen nicht dem interessierenden Alltagsverhalten entspricht und sich deshalb nicht auf dieses übertragen lässt.

2.3.4 Qualitätssicherung bei qualitativen Beobachtungen

In der qualitativen Forschung kommt den Forschenden eine weitaus prägendere Rolle zu als in der quantitativen Forschung. Die Forschenden treffen nicht nur die zentralen Entscheidungen über das Forschungskonzept und das Untersuchungsdesign; sie führen in der Regel auch weite Teile der Forschung selbst durch. Sie sind es, die Auswahlen (von Situationen, Fällen oder Objekten) treffen, die die Erhebung vornehmen, die Informationen aufzeichnen, die Daten interpretieren, verdichten und in Forschungsberichten vertextlichen. Damit sind vielerlei Entscheidungen verbunden, für die es zwar Regeln gibt, die aber dann doch immer wieder – den wechselnden Forschungssituationen und dem voranschreitenden Forschungsprozess angemessen – variiert werden müssen. Darin liegt ein großer Vorteil der qualitativen Forschung; das birgt aber auch ein gewisses Risiko. Nur ein kleinerer Teil der Forschungsentscheidungen kann wohlüberlegt am „grünen Tisch" getroffen werden; die Entscheidungen sind meist kurzfristig im Feld zu fällen.

Die Forschenden entscheiden als Personen, die in einer spezifischen Weise psychisch und physisch konstituiert und sozialisiert worden sind. D.h. sie sind individuell geprägt, sie haben aber auch eine sozialstrukturelle, eine geschlechtliche, eine kulturelle bzw. eine wissenschaftliche Prägung erfahren. Das macht sie als Forschende überhaupt erst handlungsfähig; damit ist aber auch das größte Problem der Forschung verbunden, weil sich diese Prägungen in allen Phasen des Forschungsprozesses niederschlagen können. Für den Einsatz von Beobachtungsverfahren heißt das, dass die Forschenden so beobachten, wie es männliche oder weibliche Personen aus Mitteleuropa mit einer bestimmten sozialen Herkunft nun einmal tun. Ein Blick in die Geschichte empirischer Forschungen kann aufzeigen, wie Forschungen verzerrt oder völlig entwertet werden, wenn diese Prägungen nicht hinreichend reflektiert und entsprechende Strategien der Qualitätsverbesserung eingesetzt werden.

Viele dieser Probleme sind in einer langen, durchaus nicht abgeschlossenen Geschichte methodenkritischer Diskurse in den sozialwissenschaftlichen Disziplinen erörtert worden; exemplarisch sei hier verwiesen auf die Diskurse um die Ethnozentrik (z.B. Orientalismus, whiteness) von Forschungen (z.B. Kaltmeier & Berkin 2012), um den Androzentrismus und die Heteronormativität von Forschungen (z.B. Althoff et al. 2017), um die soziale Verortung der Forschenden (z.B. Bourdieu 1992; 1993) und schließlich um die Forschenden selbst (z.B. Devereux 1984) bzw. den Prozess des Schreibens (z.B. Clifford 1993).

Im Folgenden sollen nun verschiedene Strategien aufgezeigt werden, die dazu beitragen können, mit diesen Problemen umzugehen. Erstens kann auf die Beachtung der wissenschaftlichen und der oben erörterten ethischen Standards verweisen werden. Zweitens ist auf die von Bourdieu vorgeschlagene Strategie einer Sozioanalyse des objektivierenden Subjekts zu verweisen. Er hebt dabei drei Momente der reflexiven Analyse hervor: Es gehe (a) um eine Analyse der sozialen Bedingungen des wissenschaftlichen Produzenten, insbesondere um jene Eigenschaften, „die er (sic!) seiner sozialen, geschlechtlichen und ethnischen Herkunft verdankt" (Bourdieu 1993: 369); es gehe (b) um deren Stellung im wissenschaftlichen bzw. universitären Feld und schließlich (c) um die unsichtbaren Bedingungen, die dieser Stellung eingeschrieben sind:

> „Sobald wir die gesellschaftliche Umwelt beobachten, ist unsere Wahrnehmung dieser Welt von einem ‚Bias' beeinträchtigt, der an den Umstand gebunden ist, daß wir, um die Welt studieren, beschreiben und von ihr sprechen zu können, mehr oder weniger vollständig von ihr abstrahieren müssen. Der theoretizistische oder intellektualistische ‚Bias' besteht darin, daß wir vergessen, der von uns erstellten Theorie der gesellschaftlichen Welt den Tatbestand einzuschreiben, daß die Theorie das Produkt eines theoretischen Blicks ist, eines ‚kontemplativen Auges' [...], das dazu neigt, eher die Welt wie ein Schauspiel wahrzunehmen, wie eine (theatralische oder geistige) Darbietung, wie eine Gesamtheit von Bedeutungen, die nach einer Interpretation verlangt, denn als eine Gesamtheit von konkreten Problemen, die nach praktischen Lösungen ruft." (Bourdieu 1993: 370)

Ferner können bei Beobachtungen im Kontext qualitativer Forschungsdesigns spezifische Strategien der Qualitätssicherung genutzt werden. Grundsätzlich besteht ein großer Konsens, dass angesichts der eigenen Logik der qualitativen Sozialforschung, die Gütekriterien aus der quantitativen Forschung nicht übertragen werden können (z.B. Kruse 2014: 55 oder Przyborski & Wohlrab-Sahr 2010: 35). Dementsprechend wird die Formulierung eigener Kriterien favorisiert; hier gibt es auch wegen der unterschiedlichen Paradigmen in der qualitativen Forschung keinen Konsens (z.B. Breuer & Reichertz 2001). Die folgende Darstellung orientiert sich an den Vorschlägen von Kruse (2014: 54-58) und Flick (2007: 487-510) und ergänzt sie durch Hinweise auf weitere qualitätssichernde Verfahren[2].

Eine erste Systematisierung dieser Vorschläge kann erreicht werden, wenn man sich vorab verdeutlicht, auf welche Reflexions- bzw. Kontrollinstanz jeweils rekurriert wird; demnach lassen sich unterschieden:

- Techniken der Selbstreflexion und -kontrolle
- Techniken der Kontrolle durch andere Forschende
- Techniken der Rückkoppelung mit den Beforschten
- Qualitätssicherung durch Regeln und Standards

[2] Da sich viele qualitative Forschungsdesigns, insbesondere die Verfahren der Feldforschung, durch eine starke Verschränkung von Sampling, Datenerhebung und Datenanalyse auszeichnen, beziehen sich diese Vorschläge zur Qualitätssicherung über den Erhebungsprozess hinaus auch auf den Auswertungsprozess und den Forschungsprozess in seiner Gesamtheit.

Neben den oben beschriebenen Verfahren der Sozioanalyse gilt es, auch den Erhebungs- und Auswertungsprozess im Feld fortwährend (selbst)kritisch zu reflektieren. Das kann im Rahmen von Feldtagebüchern (z.B. Flick 2007: 377) oder von reflektierenden Feldnotizen bzw. Memos (z.B. Emerson et al. 1995: 100-107) geschehen. Diese Techniken ermöglichen es insbesondere bei Feldforschungen, die gewonnenen Erfahrungen, die oft über das im Sinne der Forschungsfrage zu Beobachtende hinausgehen, für deren Klärung aber durchaus bedeutsam sein können, festzuhalten. Umgekehrt sollte jedoch auch die Sparsamkeitsregel beachtet werden, indem man versucht, möglichst nur das aufzuzeichnen, was der Beantwortung der Forschungsfrage dient (Flick 2007: 378).

Neben der Selbstkontrolle spielen Techniken der Kontrolle durch andere Forschende eine wichtige Rolle im qualitativen Forschungsprozess; das können zum einen Kolleginnen und Kollegen sein, die an dem Forschungsprozess beteiligt sind oder die zur Konsultation herangezogen werden, das kann aber auch die engere oder weitere scientific community sein. Die darüber hergestellte Intersubjektivität wird in den verschiedenen Phasen einer Untersuchung ein hilfreiches Instrument sein, weil es die Forschenden zur Dokumentation und zu Explikationen zwingt: Das beginnt bei der Explikation von Forschungsfragen und Untersuchungsdesigns, das umfasst die Explikation von Beobachtungen und die Kommunikation über abweichende Beobachtungen und es schließt Explikationen ein, wenn das Material in Analysegruppen – Kruse (2014: 57) spricht hier von kollegialer Validierung – oder in Interpretationsgruppen (Leithäuser 1988) ausgewertet wird. Insbesondere bei Beobachtungen kann, soweit es die Situation zulässt, der Einsatz von mehreren Beobachtenden sinnvoll sein, welche dann je für sich Aufzeichnungen machen, die z.B. in den Sitzungen des Forschungsteams erörtert werden und zur Basis von verdichtenden Darstellungen werden (Strauss 1991: 175-190). Eine Intersubjektivierung durch die scientific community setzt dann, wie in den Regeln wissenschaftlichen Arbeitens codifiziert, eine möglichst weitgehende Transparenz aller Phasen des Forschungsprozesses voraus; d.h. erst auf der Basis von detaillierten und veröffentlichten oder zugänglichen Dokumentationen wird eine Reflexion und Kritik von Forschungsarbeiten durch die scientific community möglich.

Darüber hinaus können auch Techniken der Reflexion und Kontrolle durch die Beforschten genutzt werden. Das kann in verschiedenen Phasen des Forschungsprozesses geschehen und hat dabei einen je unterschiedlichen Einfluss auf den Forschungsprozess. Bei sogenannten Beobachtungsinterviews werden die Beobachtenden gebeten, den beobachteten Prozess, z.B. einen Arbeitsprozess, in den sie involviert sind, zu kommentieren; in ähnlicher Weise wird in der Psychologie von der Methode des Lauten Denkens (Konrad 2010) gesprochen. Zudem besteht die Möglichkeit, die Beobachteten mit einer Aufzeichnung einer beobachteten Situation zu konfrontieren und sie dann im Sinne eines nachträglichen lauten Denkens um eine Kommentierung zu bitten. Bei diesen Verfahren kommt den Kommentaren der Beobachteten zunächst der Charakter einer Perspektivenerweiterung zu, dies hat aber durchaus auch ein reflexives und die Beobachtung kontrollierendes Potenzial. Anders gestaltet sich dieses kontrollierende Potenzial, wenn die Beobachteten auch in den Auswertungsprozess einbezogen werden, wenn sie also z.B. mit (vorläufigen) Ergebnissen der Analyse konfrontiert werden und sie diese kommentieren; man spricht dann (nicht ganz glücklich) von einer kommunikativen Validierung.

Schließlich sei auf Strategien verwiesen, die eine Qualitätssicherung von Beobachtungen im Kontext qualitativer Forschungsdesigns durch spezifische Verfahren bzw. durch das Einhalten von Regeln und Standards erreichen wollen. Eine wichtige Rolle spielt die Dauer von Beobachtungen; während die klassische ethnographische Forschung die Dauer einer Vegetationsphase zum Maßstab für die Erforschung ländlicher Gemeinschaften erhoben hatte, gilt es unter anderen Rahmenbedingungen, die Dauer der Forschung so zu konzipieren, dass wesentliche Variationen der Kontextbedingungen angemessen erfasst werden können. Neben Beobachtungen von zeitabhängigen Effekten spielt auch die Variation der Orte und der Perspektiven eine wichtige qualitätssichernde Rolle. Flick verweist zudem auf die qualitätssichernde Bedeutung von Konventionen und Standards für die Sicherung einer prozeduralen Reliabilität (2007: 490-491), so z.B. Standards für Feldnotizen bzw. Memos oder Standards der Transkription.

Verschiedene Autorinnen haben darüber hinaus allgemeine Vorschläge zu einer Steuerung und Evaluation des qualitativen Forschungsprozesses entwickelt. Grundsätzlich bietet die rekursive Anlage vieler qualitativer Forschungsdesigns auch die Möglichkeit, zutage getretene Defizite im Forschungsdesign oder bei der Datenerhebung im weiteren Verlauf zu kompensieren. Von daher spielen Verfahren der prozessbegleitenden Qualitätssicherung eine wichtige Rolle. So schlagen Strauss und Corbin (1996: 216-221) spezielle Evaluationskriterien für die Entwicklung von Grounded Theorys vor; Flick (2007: 516-517) präsentiert einen eigenen Katalog von Regeln bzw. Fragen für die Prozessevaluation.

2.3.3 Forschungsethik

Die Ethik formuliert Regeln für ein gutes Zusammenleben, mit dem Ziel, Schaden für den Einzelnen abzuwenden. Darauf aufbauend regelt die Forschungsethik, wie empirische Forschungsprojekte konzipiert und durchgeführt werden sollten. Strohm-Kitchener und Kitchener (2009: 9-10) unterscheiden fünf Ebenen zur Analyse von Forschungsethik, von denen drei Ebenen für die Durchführung von Beobachtungsstudien relevant erscheinen:

- allgemeine ethische Prinzipien,
- Ethikcodizes der Fachgesellschaften sowie
- situative ethische Entscheidungen.

Den forschungsethischen Fragen vorgelagert sind

- die allgemeinen Gesetze und
- rechtliche Regelungen.

Diesen müssen alle Beobachtungsstudien entsprechen. Wenn Menschen untersucht werden, spielen insbesondere Persönlichkeitsrechte, Urheberrecht, Jugendschutz und Datenschutz eine Rolle.

Aus den allgemeinen ethischen Regeln werden vor allem fünf Anforderungen an Forschungsprojekte abgeleitet:

(1) Durch die Forschung darf grundsätzlich kein Schaden entstehen. Wenn sich ein Schaden nicht vermeiden lässt, dann muss dieser gerechtfertigt sein, in einem sinnvollen Verhältnis zum Ertrag durch die Studie stehen und möglichst klein gehalten werden.

(2) Die Studie muss einen Nutzen bringen. Sie muss Erkenntnisse liefern, die der Gesellschaft und idealtypisch den Untersuchten zugutekommen.

(3) Studien müssen dem Prinzip der Redlichkeit folgen. Sie sollten vertrauensvoll und möglichst täuschungsfrei durchgeführt werden.

(4) Empirische Forschung sollte gerecht sein, d.h. keine Personen oder gesellschaftliche Gruppen bevorzugen oder benachteiligen.

(5) Forschung erweist den beteiligten Personen, insbesondere den Untersuchten, Respekt. Wissenschaftliche Beobachtungen müssen so angelegt und durchgeführt werden, dass sie diesen fünf Prinzipien möglichst gut entsprechen.

Darüber hinaus haben sich die meisten wissenschaftlichen Fachgesellschaften eigene Ethikcodizes gegeben. Mit diesen sollte sich jeweils vertraut gemacht werden. Weil sie recht umfangreich sind und unterschiedliche Aspekte und Perspektiven berücksichtigen, lohnt es, sich die Codizes der Deutschen Gesellschaft für Soziologie (DGS) und der Deutschen Gesellschaft für Psychologie (DGPs) anzusehen sowie darüber hinaus denjenigen der Deutschen Vereinigung für Sportwissenschaft (DVS), weil dieser anders ausgestaltet ist.

Im Zentrum der die Datenerhebung betreffenden Regelungen in allen Ethikcodizes steht die Figur der informierten Einwilligung. Demnach müssen Personen, die untersucht werden sollen, grundsätzlich vor der Untersuchung ihre Einwilligung geben. Soweit die Personen volljährig sind, reicht ihre Einwilligung, sind sie noch nicht volljährig, so ist zusätzlich die Einwilligung der Erziehungsberechtigten nötig. Diese ersetzt aber in der Regel nicht die Einwilligung der Untersuchten. Wenn z.B. Eltern in die Untersuchung ihrer Kinder einwilligen, diese aber nicht teilnehmen wollen, so dürfen sie in der Regel nicht untersucht werden. Gemäß der Informiertheit sollten laut Ethikcodex der DGPs die Untersuchten dabei über Folgendes informiert werden:

(1) Zweck der Studie,
(2) Recht auf Nicht-Teilnahme,
(3) mögliche Konsequenzen der Nicht-Teilnahme,
(4) mögliche Konsequenzen der Teilnahme,
(5) zu erwartender Erkenntnisgewinn durch die Studie,
(6) Gewährleistung von Vertraulichkeit und Anonymität,
(7) Boni für die Teilnahme sowie
(8) Adressaten für mögliche Fragen.

Die Einwilligung muss dokumentiert und archiviert werden. Ausnahmen davon sind möglich und zwar insbesondere dann, wenn die vorab eingeholte informierte Einwilligung die Studie unmöglich machen würde, z.B. weil Unkenntnis der Untersuchten über die Untersuchung eine notwendige Voraussetzung für deren Durchführung sein sollte. In diesem Fall ist nach der Untersuchung ein informiertes Einverständnis darüber einzuholen, dass die Untersuchten einverstanden sind mit der Verwendung der über sie eingeholten Informationen. Auf ein Einverständnis kann nur dann verzichtet werden, wenn sich das beobachtete Geschehen an einem Ort abspielt, an dem die dort Agierenden davon ausgehen müssen, dass sie beobachtet werden könnten und die beobachteten Aspekte keinen Rückschluss auf einzelne Personen erlauben. Dieser Aspekt sollte insbesondere bei Analysen von Handlungsspuren im Internet bedacht werden, wenn Rückschlüsse auf die einzelne Person durch im Netz gemachte persönliche Angaben möglich sind. Wenn es aber für die Durchführung der Studie nötig ist, auch persönliche Angaben zu erheben, so sollten die Angaben so früh im Forschungsprozess und so weitgehend wie möglich anonymisiert werden. Das Vorgehen muss den jeweiligen Datenschutzbestimmungen entsprechen. Sind an den forschenden Institutionen Ethikkommissionen vorhanden, so sollten diese immer um eine Einschätzung des Forschungsvorhabens gebeten werden. In manchen Konstellationen ist ein positives Votum einer Ethikkommission die Voraussetzung, um das avisierte Forschungsprojekt überhaupt durchführen zu dürfen. Zudem ist es sinnvoll, Belange des Datenschutzes mit den entsprechenden Stellen abzustimmen.

Darüber hinaus gibt es verschiedene Punkte, die bei Beobachtungsstudien reflektiert werden sollten, obgleich sie nicht explizit in den Ethikcodizes erwähnt werden. Sie sind aber wichtig, um zu entscheiden, ob die Durchführung der Studie und die Art, wie das geschehen soll, gerechtfertigt und ethisch angemessen sind.

Die erste ethische Anforderung ist, dass durch die Studie möglichst kein Schaden entstehen darf. Nun bringen Beobachtungsstudien in der Regel eine erhebliche Belastung mit sich und zwar sowohl für das Beobachtungspersonal als auch für die Untersuchten. Deshalb sollte immer zunächst abgewogen werden, ob diese Belastung, die zumindest temporär einen Schaden für das individuelle Wohlbefinden mit sich bringen könnte, durch die zu erwartenden wissenschaftlichen Erträge gerechtfertigt ist. Strech und Merz (2012: 1) schlagen hier sogar einen Bogen vor zur Menschenwürde der Untersuchten, die verletzt würde, „[...] wenn ein Mensch in der Forschung ausschließlich als Moment zur Realisierung der Zwecke anderer benutzt [...] wird". Solche Zwecke könnten im reinen Absolvieren wissenschaftlicher Qualifikationsschritte oder im Erzielen von Drittmittelerfolgen liegen. Wenn Studien dem gerecht werden sollen, müssen die zu erwartenden Resultate die damit verbundenen Belastungen an Relevanz und Wichtigkeit deutlich übersteigen.

Das führt auch zu der Überlegung, den ethischen Fokus nicht nur auf die Untersuchten zu lenken, sondern auch auf diejenigen anzuwenden, die die Daten erheben müssen. Handelt es sich um das Forscherteam selbst, das frei entschieden hat, die Studie in der vorliegenden Form durchzuführen, so erscheint das unproblematisch. Probleme entstehen, wenn entweder Mitarbeiterinnen, Mitarbeiter oder Studierende zur Durchführung der Studie überredet oder gedrängt, oder Externe dafür angestellt werden. In diesem Fall sollten die Studien so konzipiert sein, dass den Datenerhebenden möglichst wenig Unangenehmes und nichts Unnötiges zugemutet wird. Entsprechend sollten Instrumente möglichst klar und einfach gestaltet sein. Auf keinen Fall dürfen absehbare Probleme auf die Datenerhebenden abgewälzt und diese Tatsache mit Bezahlung gerechtfertigt werden. Für das Beobachtungspersonal sind das Einholen von Einverständnis, die Täuschung der Untersuchten sowie die nachträgliche Aufklärung unangenehm und sie sollten dabei maximale Unterstützung und Hilfe erfahren. Der gute Umgang mit denjenigen, die vor Ort die Daten erheben, sollte nicht mit dem allgemeinen Verweis auf Arbeitsrecht abgetan, sondern in jeder Studie genau reflektiert und optimiert werden.

Aus der ethischen Forderung nach Gerechtigkeit folgt ein weiterer Aspekt, der nur selten Eingang in forschungsethische Überlegungen findet: Inklusion und Barrierefreiheit (vgl. z.B. Sullivan 2009). Das Problem betrifft sowohl die Auswahl als auch das Erhebungsverfahren. Das Auswahlverfahren sollte nicht so konzipiert sein, dass bestimmte Personengruppen, z.B. Personen mit Behinderung, systematisch aus den Studien ausgeschlossen werden, weil deren Besonderheiten dann nicht Teil der Studienresultate werden und damit bei Entscheidung auf der Basis dieser Resultate keine Berücksichtigung finden. Und wenn die entsprechenden Personen untersucht werden, muss die Untersuchungssituation diesen Personen gegenüber fair gestaltet sein, so dass die Ergebnisse aus diesen Studien nicht systematisch zu diskriminierenden Aussagen dieser Gruppe gegenüber führen oder verleiten.

Da Beobachtungsstudien oft im natürlichen Umfeld der Untersuchten stattfinden, können im Zweifelsfalle sehr viele, sehr unterschiedliche Personen betroffen sein. Diese gehören weder zum Beobachtungsteam, noch werden sie selbst beobachtet. Trotzdem muss auch in Bezug auf jene abgewogen werden, ob sie belastet oder ihnen Schaden zugefügt wird und wie dieser möglichst gering gehalten werden kann. Dazu gehört auch eine genaue Recherche der Frage, von welchen Personen oder Institutionen eine Zustimmung zur Durchführung der geplanten Beobachtungsstudie vorliegen muss. Diese Frage stellt sich auch, wenn die Beobachtung nicht an einem realen Ort stattfindet, sondern z.B. auf Plattformen im Internet.

Aus ethischer Perspektive muss immer die Maxime bleiben, durch die geplante Studie möglichst relevante Erkenntnisse zu gewinnen und dabei möglichst wenig Belastung oder gar Schaden zu verursachen. Das kann nur durch eine geschickte Realisation, sprich Konzeption und Durchführung, von Beobachtungsstudien geschehen.

Literatur

Althoff, Martina, Apel, Magdalena, Bereswill, Mechthild, Gruhlich, Julia & Riegraf, Birgit (2017). *Feministische Methodologien und Methoden. Traditionen, Konzepte, Erörterungen.* Wiesbaden: Springer VS.

Atteslander, Peter (2010). *Methoden der empirischen Sozialforschung.* Berlin: Erich Schmidt.

Bales, Robert F. (1976). *Interaction Process Analysis. A Model for the Study of Small Groups.* Chicago: University of Chicago Press, Reprint Ed. 1976.

Baur, Nina & Blasius, Jörg (2014). *Handbuch Methoden der empirischen Sozialforschung.* Wiesbaden: Springer VS.

Behnke, Joachim (2010). E*mpirische Methoden der Politikwissenschaft.* Schöningh, Paderborn.

Bourdieu, Pierre (1992). Das objektivierende Subjekt objektivieren. Bourdieu (Hrsg.) *Rede und Antwort.* Frankfurt: Suhrkamp, S. 219-223.

Bourdieu, Pierre (1993). Narzistische Reflexivität und wissenschaftliche Reflexivität. Berg, E. & Fuchs, M. (Hrsg.) *Kultur, soziale Praxis, Text. Die Krise der ethnographischen Repräsentation.* Frankfurt: Suhrkamp, S. 365-374.

Breidenstein, Georg, Hirschauer, Stefan, Kalthoff, Herbert & Nieswand, Boris (2015). *Ethnografie. Die Praxis der Feldforschung.* Konstanz: UVK/UTB.

Breuer, Franz & Reichertz, Jo (2001). Wissenschafts-Kriterien. Eine Moderation. *Forum Qualitative Sozialforschung* 2 (3), Art. 24, http://nbnresolving.

Brosius, Hans-Bernd, Koschel, Friedericke & Haas, Alexander (2016). *Methoden der empirischen Kommunikationsforschung.* Wiesbaden: Springer VS.

Brüsemeister, Thomas (2008). *Qualitative Forschung. Ein Überblick.* Wiesbaden: Springer VS.

Clifford, James (1993). Über ethnographische Autorität. Berg, E. & Fuchs, M. (Hrsg.) *Kultur, soziale Praxis, Text. Die Krise der ethnographischen Repräsentation.* Frankfurt: Suhrkamp, S. 109-157.

Devereux, Georges (1984). *Angst und Methode in den Verhaltenswissenschaften.* Frankfurt: Suhrkamp.

Diaz-Bone, Rainer & Weischer, Christoph (2015). *Methoden-Lexikon für die Sozialwissenschaft.* Wiesbaden: Springer VS.

Diekmann, Andreas (2010). *Empirische Sozialforschung*. Reinbek bei Hamburg: Rowohlt.

Döring, Nicola & Bortz, Jürgen (2016). *Forschungsmethoden und Evaluation in den Sozial- und Humanwissenschaften*. Berlin: Springer.

Emerson, Robert M., Fretz, Rachel I. & Shaw, Linda L. (1995). *Writing Ethnographic Fieldnotes*. Chicago, London: University Press.

Fahr, Andreas & Hofer, Matthias (2013). Psychophysiologische Messmethoden. Möhring, W. & Schlütz, D. (Hrsg.) *Handbuch standardisierter Erhebungsverfahren in der Kommunikationswissenschaft*. Wiesbaden: Springer VS, S. 347-366.

Flick, Uwe (2007). *Qualitative Sozialforschung. Eine Einführung*. Reinbek bei Hamburg: Rowohlt.

Flick, Uwe (2009). *Sozialforschung: Methoden und Anwendungen*. Reinbek bei Hamburg: Rowohlt.

Friedrichs, Jürgen & Lüdtke, Hartmut (1977). *Teilnehmende Beobachtung. Zur Grundlegung einer sozialwissenschaftlichen Methode empirischer Feldforschung*. Weinheim, Basel: Beltz.

Fromm, Martin (2012). *Beobachtung. Anleitung und Übung*. Norderstedt: Books on Demand.

Gehrau, Volker & Hamachers, Annika (2017). Spezifika kommunikationswissenschaftlicher Beobachtungen. Eine Analyse von Beobachtungsstudien in internationalen Fachzeitschriften Vogelgesang, J., Matthes, J., Schieb, C., Quandt, T. (Hrsg.) *Beobachtungsverfahren in der Kommunikationswissenschaft*. Köln: von Halem.

Gehrau, Volker (2002). *Die Beobachtung in der Kommunikationswissenschaft*. Konstanz: UVK/UTB.

Geise, Stephanie, Rössler, Patrick & Kruschinski, Simon (2016). Automatisierte Analyse medialer Bildinhalte. Potenziale, Grenzen, methodischer Status Quo und zukünftige Herausforderungen – eine Bestandsaufnahme. *Medien und Kommunikationswissenschaft* 62 (2), S. 244-269.

Greve, Werner & Wentura, Dirk (1997). *Wissenschaftliche Beobachtung. Eine Einführung*. Weinheim, Basel: Beltz.

Häder, Michael (2015). *Empirische Sozialforschung: Eine Einführung*. Wiesbaden: Springer VS.

Hague, Paul, Hague, Nick & Morgan, Carol-Ann (2013) *Market research in practice. How to get greater insight from your market*. London u.a.: Kogan Page.

Huber, Oswald (1993). Beobachtung. Roth, E. (Hrsg.) *Sozialwissenschaftliche Methoden. Lehr- und Handbuch für Forschung und Praxis*. München, Wien: Oldenbourg, S. 126–145.

Kaltmeier, Olaf & Berkin, Sarah Corona (Hrsg.) (2012). *Methoden dekolonialisieren. Eine Werkzeugkiste zur Demokratisierung der Sozial- und Kulturwissenschaften*. Münster: Westfälisches Dampfboot.

Klammer, Bernd (2005). *Empirische Sozialforschung. Eine Einführung für Kommunikationswissenschaftler und Journalisten.* Konstanz: UVK/UTB.

König, René (1972). Beobachtung und Experiment. König, R. (Hrsg.) *Beobachtung und Experiment in der Sozialforschung. Reihe Praktische Sozialforschung 2.* Köln, Berlin: Kiepenheuer und Witsch, S. 17–47.

König, René (1973). Die Beobachtung. König, R. (Hrsg.) *Handbuch der empirischen Sozialforschung. Band 2.* Stuttgart: dtv, S. 1–65.

Konrad, Klaus (2010). Lautes Denken. Günter M. & Mruck K. (Hrsg.), *Handbuch Qualitative Forschung in der Psychologie.* Wiesbaden: Springer VS, S. 476-490.

Kruse, Jan (2014). *Qualitative Interviewforschung. Ein integrativer Ansatz.*, Weinheim: Juventa.

Kuß, Alfred, Wildner, Raimund & Kreis, Henning (2014). *Marktforschung: Grundlagen der Datenerhebung und Datenanalyse.* Wiesbaden: Springer VS.

Leithäuser, Thomas & Volmerg, Birgit (Hrsg.) (1988). *Psychoanalyse in der Sozialforschung. Eine Einführung am Beispiel einer Sozialpsychologie der Arbeit.* Opladen: Westdeutscher.

Leithäuser, Thomas (1988): Die Interpretationsgemeinschaft und der Text. Leithäuser, T. & Volmerg, B. (Hrsg.) *Psychoanalyse in der Sozialforschung. Eine Einführung am Beispiel einer Sozialpsychologie der Arbeit.* Opladen: Westdeutscher, S. 262-291.

Mayntz, Renate, Holm, Kurt & Hübner, Peter (1972). *Einführung in die Methoden der empirischen Soziologie.* Opladen: Westdeutscher.

Neff, Gina & Nafus, Dawn (2016). *Self-Tracking*. Cambridge, London: The MIT Press.

Pfeiffer, Dietmar K. & Püttmann, Carsten (2011). *Methoden empirischer Forschung in der Erziehungswissenschaft: Ein einführendes Lehrbuch.* Hohengehren: Schneider.

Podschuweit, Nicole (2017). *Die Rolle interpersonaler politischer Kommunikation im Medienwirkungsprozess: Felderfahrungen studentischer Hilfskräfte.* (https://www.uni-erfurt.de/kommunikations wissenschaft/personen/personenuebersicht/dr-nicole-podschuweit/dfg-projekt-die-rolle-interpersonaler-politischer-kommunikation-im-medienwirkungsprozess/, zuletzt abgerufen: 04.08.2017)

Przyborski, Aglaja & Wohlrab-Sahr, Monika (2010). *Qualitative Sozialforschung. Ein Arbeitsbuch*. München, Wien: Oldenbourg .

Raab, Gerhard, Unger, Alexander & Unger, Fritz (2009). *Methoden der Marketing-Forschung: Grundlagen und Praxisbeispiele*. Wiesbaden: Gabler.

Roth, Erwin (Hrsg.) (1993). *Sozialwissenschaftliche Methoden. Lehr- und Handbuch für Forschung und Praxis*. München, Wien: Oldenbourg.

Schäfer, Thomas (2016). *Methodenlehre und Statistik: Einführung in Datenerhebung, deskriptive Statistik und Inferenzstatistik*. Wiesbaden: Springer VS.

Scheufele, Bertram & Engelmann, Ines (2009). *Empirische Kommunikationsforschung*. Konstanz: UVK/UTB.

Schnell, Rainer; Hill, Paul B. & Esser, Elke (2011). *Methoden der empirischen Sozialforschung*. München, Wien: Oldenbourg.

Sedlmeier, Peter & Renkewitz, Frank (2013). *Forschungsmethoden und Statistik für Psychologen und Sozialwissenschaftler*. München: Pearson Higher Education.

Stier, Winfried (1999). *Empirische Forschungsmethoden*. Berlin: Springer VS.

Strauss, Anselm L. & Corbin, Juliet (1996). *Grounded Theory: Grundlagen qualitativer Sozialforschung*. Weinheim, Basel: Beltz.

Strauss, Anselm L. (1991). *Grundlagen qualitativer Sozialforschung*. München: Fink.

Strohm-Kitchener, Karen & Kitchener, Richard (2009). Social science research ethics: historical and philosophical issues. Mertens, D.M. & Ginsberg, P.E. (Hrsg.) *The Handbook of Social Research Ethics*. Thousand Oaks: Sage, S. 5-23.

Sullivan, Martin (2009). Philosophie, ethics, and the disability community. Mertens, D.M. & Ginsberg, P.E. (Hrsg.) *The Handbook of Social Research Ethics*. Thousand Oaks: Sage, S. 69-85.

Webb, Eugene J., Campbell, Donald T., Schwartz, Richard D. & Sechrest, Lee (1975). *Nichtreaktive Meßverfahren*. Weinheim, Basel: Beltz, S. 146–214.

3 Durchführung von Beobachtungsstudien

Dieses Kapitel soll zeigen, welche Möglichkeiten Beobachtungsstudien eröffnen und mit welchen praktischen Entscheidungen und Problemen sie typischerweise verbunden sind. Das Dargestellte entspricht der Sichtweise der Autoren; allerdings sind viele Ideen aus der Methodenliteratur in diese Darstellung eingeflossen. Entsprechende Quellenangaben finden sich in den inhaltlich korrespondierenden Abschnitten im vorhergehenden Teil des Buches.

Unter Durchführung wird das praktische Konzipieren und Realisieren einer Beobachtungsstudie verstanden. Die Durchführung von Beobachtungsstudien weist Besonderheiten auf, die sich in allen Etappen des Forschungsprozesses niederschlagen. Mit sozialwissenschaftlichen Beobachtungsstudien lassen sich Handlungen und Reaktionen von Menschen bzw. aus diesen resultierende Spuren untersuchen, solange sie den Forschenden zugänglich sind. Während bei aufgezeichneten Beobachtungen die Forschenden nur die (aufgezeichneten bzw. transkribierten) akustischen bzw. visuellen Phänomene wahrnehmen können, eröffnet der Feldaufenthalt die Nutzung aller Sinne. So sind z.B. Personen und ihre Handlungen, verschiedene Ebenen der Kommunikation, Handlungsverläufe und -spuren, Personen-, Gruppen-, Sach- und Umweltbeziehungen sowie (natürliche, artifizielle und soziale) Kontexte wahrnehmbar. Es gilt aber auch zu vergegenwärtigen, was sich der Beobachtung entzieht: z.B. Vergangenes, Nichtausgedrücktes oder Nichtausdrückbares, aber auch nicht sichtbare Rahmenbedingungen. Ausnahmen sind möglich, wenn die entsprechenden Phänomene mit Handlungen oder Reaktionen (Emotionen mit bestimmter Mimik) verbunden sind oder wenn die institutionellen oder biografischen Rahmungen im Habitus wiederzuerkennen sind.

Insofern sind die Einsatzmöglichkeiten von Beobachtungsstudien im Vergleich zu Befragungsstudien eingeschränkt. Sie sind diesen aber auch überlegen, wenn es um Ausdrucksformen, Haltungen, unbewusste alltägliche Praktiken oder um komplexe Handlungsabläufe geht, die sich in Befragungen nur unzureichend oder gar nicht rekonstruieren lassen. Angesichts der Grenzen der Beobachtung werden diese in der Forschungspraxis oft mit anderen Verfahren der Datengewinnung kombiniert, insbesondere mit Befragungen und Inhaltsanalysen. Wenn z.B. untersucht werden soll, wie Jugendliche in ihrer Peergroup das Internet nutzen, ist es naheliegend, nicht nur das Verhalten der

Jugendlichen zu protokollieren, sondern diese zusätzlich zu befragen sowie die genutzten Inhalte zu analysieren.

3.1 Qualitative und quantitative Beobachtungsstudien

Die Durchführung von Beobachtungsstudien folgt der gängigen Logik sozialwissenschaftlicher Forschung, wie Studien mit anderen Erhebungsverfahren auch. Forschungspraktisch haben sich jedoch zwei grundlegende Varianten herausgebildet: qualitative Beobachtungsstudien und quantitative Beobachtungsstudien. Diese werden im Folgenden anhand eines idealtypischen Forschungsablaufs dargestellt. Im Forschungsalltag lässt sich allerdings sowohl die hier dargestellte Reihenfolge als auch die Gewichtung der einzelnen Komponenten je nach Anforderung und Hintergrund der Studie variieren. Nichtsdestotrotz erscheint es sinnvoll, das Vorgehen anhand der beiden Idealtypen zu verdeutlichen und innerhalb der jeweiligen Darstellung auf mögliche Variationen hinzuweisen.

Zunächst ist aber zu klären, was im nachfolgenden Kapitel gemeint ist, wenn von qualitativen oder quantitativen Beobachtungen gesprochen wird. In beiden Beobachtungsvarianten werden tatsächlich stattfindende Handlungen und Handlungskontexte mit einem Zeichensystem protokolliert, das sich möglichst gut eignet, um daraus die gesuchten Informationen und Erkenntnisse zu gewinnen. Ein offensichtlicher Unterschied liegt im dabei verwendeten Zeichensystem. Bei qualitativen Beobachtungsstudien handelt es sich vornehmlich um Texte, die von den Forschenden aufgezeichnet bzw. protokolliert und interpretiert werden. Bei quantitativen Beobachtungsstudien werden demgegenüber Zahlen benutzt, um die interessierenden Sachverhalte zu protokollieren und danach mit statistischen Verfahren zu analysieren. Qualitative bzw. quantitative Sozialforschung wird oft mit dem Standardisierungsgrad der Datenerhebung, der Haltung der Forschenden gegenüber den Untersuchten oder der Stellung von Theorien im Forschungsprozess gleichgesetzt. Das ist insofern angemessen, als die meisten Studien hier klar positioniert sind:

Qualitative Beobachtungen gehen meist nicht-standardisiert vor, involvieren die Forschenden in das zu bevorstehende Feld und wollen so durch induktive bzw. interpretative Verfahren Theorien über spezifische gesellschaftliche oder kulturelle Phänomene entwickeln.

Quantitative Beobachtungen sind demgegenüber standardisiert angelegt, versuchen den Forschungsgegenstand quasi von außen zu analysieren, indem sie aus vorhandenen Theorien deduktiv abgeleitete Hypothesen mit statistischen Verfahren an den empirischen Daten überprüfen.

Es finden sich allerdings etliche Studien und methodische Ansätze, die zwar eindeutig den qualitativen oder quantitativen Beobachtungen zuzurechnen sind, aber nicht allen eben genannten Kriterien entsprechen. So gibt es durchaus qualitative Beobachtungen, die auch auf standardisierte Erhebungstechniken zurückgreifen, statistische Parameter berücksichtigen oder Theorien überprüfen wollen. Es handelt sich trotzdem dann eindeutig um qualitative Beobachtungen, wenn die Analyse des Materials anhand von textlichen Aussagen und Textinterpretationen der Forschenden stattfindet. Auf der anderen Seite gibt es standardisierte Beobachtungen, die mit nichtstandardisierten Beobachtungsprotokollen arbeiten, die die Forschenden selbst im Feld erhoben haben, um Beschreibungen der Phänomene zu erhalten, aus denen sich Hypothesen über diese generieren lassen. Trotzdem würde es sich im Sinne der nachfolgenden Logik um eine quantitative Beobachtung handeln, wenn die Beobachtungsprotokolle nach einem standardisierten Verfahren codiert und damit in ein Zahlensystem überführt würden und die eigentliche Analyse anhand statistischer Verfahren stattfindet. Auch bei diesen Beispielen lässt sich das zentrale Unterscheidungskriterium eindeutig festmachen. Qualitative Beobachtungen arbeiten mit textlichen Aussagen über den Untersuchungsgegenstand, die verdichtet und interpretiert werden. Quantitativen Beobachtungen gehen auf der Basis von Zahlen vor, die als Repräsentation des Beobachteten fungieren und mit mathematisch statistischen Verfahren ausgewertet werden.

Mit der Unterscheidung zwischen qualitativen und quantitativen Beobachtungen lassen sich zwei idealtypische Prozesse skizzieren, nach denen Beobachtungsstudien realisiert werden können. Üblicherweise wird davon gesprochen, dass in qualitativen Beobachtungsstudien neue „Theorien" generiert werden, während in quantitativen Beobachtungsstudien eher vorhandene „Theorien" überprüft werden. Der Theoriebegriff unterscheidet sich aber erheblich: Im einen Fall geht es um eher feldbezogene Theorien mittlerer Reichweite, im anderen um Theorien, die den Charakter von allgemeingültigen Gesetzmäßigkeiten haben. Daher gestaltet sich auch die durchaus sinnvolle Kombination von qualitativen und quantitativen Verfahren nicht so einfach, wie es der topologische Begriff der „Triangulierung" suggeriert.

Ausgangspunkt qualitativer Beobachtungsstudien sind meist offene Fragen in Bezug auf einen gesellschaftlichen Phänomenbereich, z.B. eine bestimmte gesellschaftliche Gruppe, eine wenig erforschte „Kultur" oder einen wichtigen Lebensabschnitt. In Bezug auf diesen Phänomenbereich wird ein Forschungsfeld konstituiert, in dem die zentrale Forschungsfrage entwickelt und untersucht wird. Nachdem die Forschenden Zugang zum entsprechenden Forschungsfeld erlangt haben, werden sie hier beobachten, agieren und nötigenfalls weitere Informationen z.B. durch Befragungen gewinnen. Parallel dazu werden sie sich Notizen über wichtige Vorkommnisse machen und diese auf unterschiedliche Weise dokumentieren. In Beobachtungspausen sowie nach Abschluss von Beobachtungstagen erstellen sie Ausarbeitungen, in denen sowohl das Beobachtete selbst festgehalten wird als auch theoretische oder methodische Reflexionen oder Anmerkungen dazu. Nach Abschluss einer Beobachtungssequenz oder der gesamten Beobachtung wird das gesammelte Material codiert, kategorisiert und zu übergeordneten Strukturen verdichtet. Bei einer sequenziell angelegten, qualitativen Beobachtung sind die gefundenen übergeordneten Strukturen das Ergebnis der Studie. Andere qualitative Beobachtungsstudien sind nicht streng sequenziell, sondern eher rekursiv (schleifenförmig) angelegt. In diesen folgt nach jeder Beobachtungssequenz eine Codierung und Auswertung, woraufhin die Auswahl der Beobachteten und die Art der Beobachtung überdacht wird. Diese Schritte werden wiederholt, bis sich eine gewisse „Sättigung“ einstellt und neue Informationen keine wesentlichen Erkenntnisgewinne liefern.

Quantitative Beobachtungsstudien gehen demgegenüber von einer konkreten Fragestellung aus, die festlegt, wie die Untersuchung angelegt wird. Es wird die Grundgesamtheit, über die die Studie Aussagen machen soll, bestimmt und es wird ein Verfahren festgelegt, mit dem die zu untersuchenden Elemente ausgewählt werden. Parallel wird entschieden, welche Merkmale dieser Elemente erhoben werden. Dazu wird auf der Basis von Vorüberlegungen eine Operationalisierung entwickelt sowie ein Erhebungsinstrument formatiert. Anschließend wird die eigentliche Beobachtung durchgeführt. Dazu wird das Erhebungsinstrument getestet und das Beobachtungspersonal geschult. Letzteres erhebt die Daten und anschließend werten die Forschenden diese statistisch aus, um Informationen in Bezug auf die Fragestellung zu generieren. Meist handelt es sich dabei um die Überprüfung von theoretisch abgeleiteten Hypothesen, die widerlegt oder bestätigt werden sollen.

Logik *qualitativer* Beobachtungsstudien

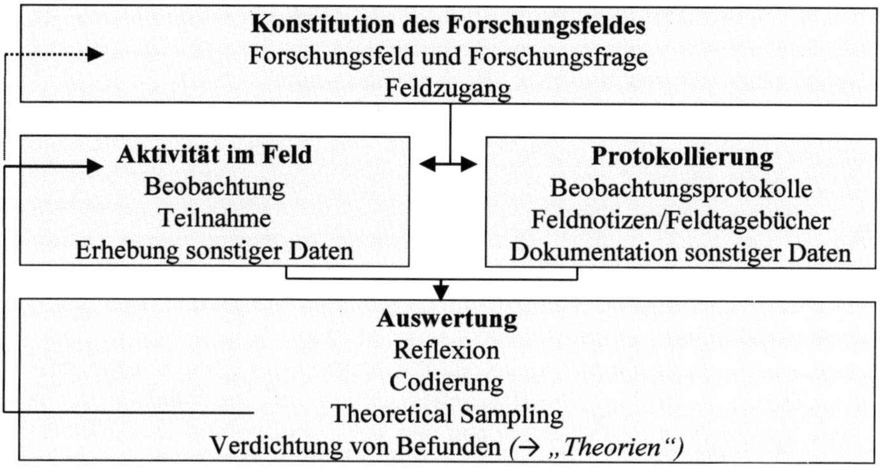

Logik *quantitativer* Beobachtungsstudien

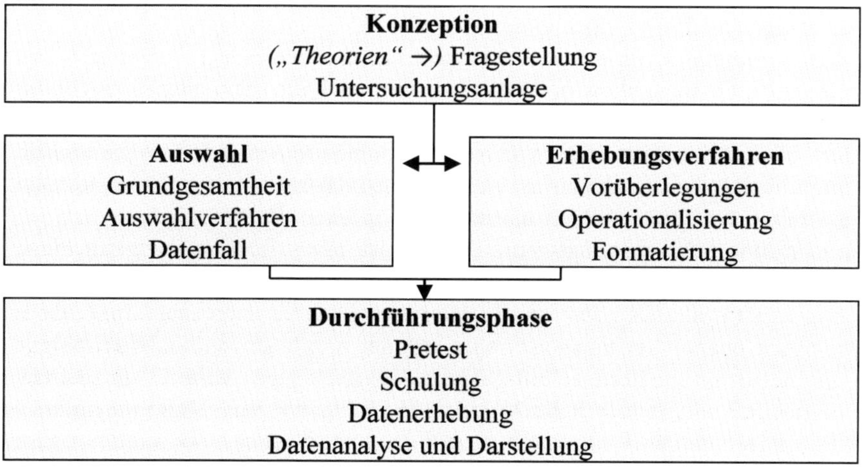

3.2 *Qualitative Beobachtung*: Konstitution des Forschungsfeldes

Die qualitative Beobachtung im hier definierten Sinne wird z.B. in den Kultur- und Medienwissenschaften meist als teilnehmende Beobachtung, in der Ethnologie oder der Soziologie hingegen als Feldforschung bezeichnet. Die Beobachtung findet in einem „natürlichen Handlungskontext" statt und die Forschenden begeben sich in diesen Kontext, in das Feld hinein. Mit Forschungsfeld ist also nicht ein Wissenschaftsbereich gemeint wie die Familiensoziologie oder die Unterrichtsforschung, sondern das jeweilige Handlungsfeld, also z.B. eine Familie in ihrem häuslichen Umfeld oder eine Unterrichtsstunde in einer schulischen Umwelt.

Bei qualitativen Beobachtungen ist die Festlegung des Forschungsfeldes und die Entwicklung der Forschungsfrage aufs Engste verbunden – wie siamesische Zwillinge. Bei der Konstitution des Forschungsfeldes ist zudem wichtig, wie der Zugang zum jeweiligen Forschungsfeld hergestellt werden kann.

3.2.1 Forschungsfeld und Forschungsfrage

Ausgangspunkt einer qualitativen Beobachtung ist in der Regel ein Forschungsinteresse und nicht bereits existierende Theorien oder Hypothesen. Das Forschungsinteresse konstituiert die Beziehung zwischen Forschungsfeld und Forschungsfrage; die eine ist ohne das andere nicht denkbar. Beide sind nicht identisch, hängen aber an bestimmten Punkten eng zusammen. Idealtypisch lassen sich hierbei drei Konstellationen unterscheiden:

- Wenn das Forschungsinteresse auf bestimmte Aspekte soziokultureller Phänomene abzielt, dann stehen bei den Forschenden meist schon relativ konkrete Fragestellungen in Bezug auf die soziokulturellen Phänomene im Zentrum. In diesem Fall wird von der Fragestellung ausgegangen und es werden Forschungsfelder, also „natürliche" Konstellationen, gesucht, in denen relevante Informationen in Bezug auf die Fragestellung beobachtet werden können. In diesem Fall liegt eher ein konkretisierender oder sogar prüfender Forschungsansatz vor.
- Im zweiten Fall bildet das Forschungsfeld den Ausgangspunkt. Das Forschungsinteresse gilt dann einer „natürlichen" Konstellation, die interessante Erkenntnisse verspricht, aber bislang noch nicht angemessen untersucht wurde. Dabei könnte es sich z.B. um eine neue Jugendkultur oder

auch um eine neue Arbeitsweise (z.B. unter Einsatz von Virtual-Reality-Techniken) handeln. Oft ist vorab nicht ganz klar, was im Kern die zu untersuchende Alltagspraktik ausmacht und was die eigentliche Fragestellung sein wird. In diesem Fall dominiert die Festlegung des Forschungsfeldes die Art und den Ablauf der qualitativen Beobachtung. Es handelt sich also eher um einen explorativen Forschungsansatz.

- Als dritte Möglichkeit lassen sich beide in einem Prozess vereinen. Es liegen eher allgemeine Forschungsfragen vor, die exemplarisch in einem Forschungsfeld untersucht werden sollen. Daraufhin werden die Forschungsfragen und die Anforderungen an das Forschungsfeld konkretisiert und es folgen weitere Prozessschritte. Forschungsfeld und Forschungsfrage werden also in einem wechselseitigen Prozess entwickelt und aneinander angepasst. Solche quasi evolutionären Forschungsdesigns sind typisch für die Ethnographie oder das Grounded Theory-Design[1].

Beobachtung sind zeitlich und räumlich stets begrenzt. Auch der persönliche Hintergrund oder der institutionelle Kontext der Akteure, ihre Meinungen und Werthaltungen lassen sich häufig nur indirekt aus dem Beobachteten erschließen. Bei entsprechenden Fragestellungen liegen andere Erhebungsverfahren wie z.B. Befragungen oder die Analyse von Tagebüchern bzw. Diskursen näher; oft werden sie mit Beobachtungen kombiniert. In der nachfolgenden Darstellung werden sie aber nur am Rande behandelt, da hier die qualitative Beobachtung im Vordergrund steht.

Für die Konstitution des Feldes ist es bedeutsam, worauf die Forschungsfragestellung im Kern abzielt. Stehen allgemeine soziokulturelle Phänomene im Zentrum, dann ist wichtig, ein Forschungsfeld mit möglichst vielen unterschiedlichen Informationsquellen zu konstituieren, also unterschiedlichen Personen und Situationen. Zielt die Fragestellung demgegenüber auf Interaktionsmuster zwischen Personen ab, so ist demgegenüber die Sichtbarkeit und Beobachtbarkeit von Handlungen ein zentrales Kriterium der Feldkonstitution. Personen und Situationen sollten eher wenig variieren und die Möglichkeit mit sich bringen, die interessierenden Handlungen gut sehen und gegebenenfalls per Video aufzeichnen zu können. Andere Fragestellungen lassen sich besser anhand der verbalen Interaktion untersuchen. Für die Konstitution des Forschungsfeldes bedeutet das, die Beobachtenden müssen das Gesagte

[1] Als Grounded Theory – wörtlich etwa: in Daten gegründete Theorie – wird eine feldspezifische Theorie mittlerer Reichweite bezeichnet, die nach dem Grounded Theory-Design aus der Analyse zumeist qualitativer Daten induktiv entwickelt wurde. Der Ansatz geht auf Anselm Strauss und Barney Glaser zurück.

gut hören oder als Audioaufzeichnung aufnehmen können, um anschließend z.B. eine Konversationsanalyse durchzuführen.

Nicht zuletzt muss das Forschungsfeld und die zu beobachtende Konstellation festgelegt werden; es ist zu klären, was zum Forschungsfeld gehört und was nicht. Forschungsfelder sind nicht gegeben – wie es ein substanzialistischer Feldbegriff nahelegen könnte. Sie sind ein Konstrukt der Forschenden und als solches zu begründen. Für die Festlegung von Forschungsfeldern können verschiedene Ordnungen genutzt werden:

- Strukturelle Ordnungen, wie Flächenräume, politische Räume, Rechtsräume oder Sprachräume
- Soziale Ordnungen, die sich über Praktiken der Interaktion und Kommunikation, über Arbeitsbeziehungen, über Handelsbeziehungen oder über Migrationsbewegungen einstellen.
- Forschungsbezogene Ordnungen, die sich ausgehend von der Forschungsfrage oder einer theoretischen Perspektive ergeben.

Manche Forschungsfragen bringen automatisch ein Bündel an Implikationen mit sich, so dass ein Forschungsfeld einfach konstituiert werden kann. Typische Beispiele hierfür sind Beobachtungen des Unterrichtsgeschehens in Klassenräumen oder von Arbeitsweisen in einem Büro während der Arbeitszeit. Entsprechende Forschungsfelder bringen zunächst quasi natürliche Grenzen mit sich. Wenn die Forschungsfragen aber weiter gefasst sind, muss das Forschungsfeld entsprechend ausgedehnt werden. In Bezug auf das Unterrichtsbeispiel könnte die Fragestellung nicht nur den Unterricht, sondern auch den Schulalltag betreffen und das Forschungsfeld müsste auf andere Bereiche ausgedehnt werden: Pausenaktivitäten, Elterngespräche, Zeugniskonferenzen, Hausaufgaben. Beim Bürobeispiel könnten zusätzlich Ruheräume, umliegende Büros oder auch die Home-Office-Arbeit in den Blick geraten. Zur Konstitution solcher Felder sind theoretische und alltagspraktische Überlegungen nötig, mithilfe derer festgelegt wird, was sinnvollerweise dem Forschungsfeld zuzurechnen ist. Oft erscheint es zweckmäßig, qualitative Beobachtungen zunächst in einem Forschungsfeld mit klaren strukturellen Grenzen zu beginnen und den Beobachtungsprozess entlang beobachteter Praktiken (soziale Ordnungen) oder theoretischer Überlegungen bzw. gewonnener Erkenntnisse (forschungsbezogene Ordnungen) auszuweiten. Solche Ausweitungen müssen dann aber im Prozess eines Theoretical Sampling (s.u.) reflektiert werden.

3.2.2 Feldzugang

Auf die Festlegung der Forschungsfrage und des Forschungsfeldes folgen die Auswahl eines geeigneten Beobachtungsfeldes sowie die Vorbereitung des Feldzugangs. Bei manchen Studien mag diese einfache Abfolge zutreffen; in anderen Studien ist die Vorbereitung des Feldzugangs mit der Konstitution des Forschungsfeldes gleichzusetzen.

Zu vielen idealen Forschungsfeldern wird den Forschenden kein Zugang gewährt. Das trifft z.B. auf Felder zu, in denen sensible Entscheidungen getroffen werden oder kriminelle, intime oder tabuisierte Handlungen ausgeführt werden. Praktisch geht es beim Feldzugang um die Frage, ob und unter welchen Bedingungen die Forschenden Zugang zum Beobachtungsfeld erhalten und was sie dort erheben dürfen. Hürden beim Zugang bringen oft erhebliche Einschränkungen in Bezug auf die Forschungsfrage und das Forschungsfeld mit sich, so dass hier vor Beginn der qualitativen Beobachtung sinnvolle Kompromisse gefunden werden müssen. Eine wichtige Rolle für die Gewinnung von Zugängen spielt auch die Frage, inwieweit in den Forschungsfeldern bereits Rollenmuster und Routinen (z.B. für Gäste, Besucher, Praktikanten oder Touristen) bestehen, die von den Forschenden genutzt werden können.

Typischerweise können folgende Barrieren den Zugang zu Forschungsfeldern erschweren oder verunmöglichen:

- formale Zugangsregeln: z.B. Verbote auf Basis von Hausrechten, Eigentumsrechten, Hoheitsrechten oder Datenschutzregeln
- soziale Zugangsregeln: z.B. die Verweigerung oder Erschwerung des Zugangs oder der Kooperation durch die zu Beobachtenden
- feldspezifisches Wissen: z.B. Sprachen oder Dialekte in einem Untersuchungsgebiet, Umgangsformen und Konventionen in spezifischen Subkulturen oder Fachwissen bzw. implizites Wissen in Institutionen
- forschungsethische Probleme (s. 2.3.3 Forschungsethik)

Die Barrieren erster und zweiter Art sind prinzipiell verhandelbar; die Barrieren der dritten Art erfordern vor allem Investitionen der Forschenden (Erlernen von Sprachen und Jargons, die Aneignung von fachlichem oder implizitem Wissen); die Barrieren der vierten Art sind nur in geringem Maße verhandelbar, sie müssen akzeptiert werden.

Die Organisation des Feldzugangs kann sich sehr aufwendig gestalten, manchmal aufwendiger als die eigentliche Beobachtung. Ziel ist es, im interessierenden Feld möglichst autonom agieren und alle relevanten Daten erheben zu können. Zunächst muss umfangreiches Vorwissen über mögliche Forschungsfelder eingeholt werden. Dieses betrifft sowohl inhaltliche als auch organisatorische Aspekte. Inhaltlich ist wichtig, welche Forschungsfelder die ergiebigsten und differenziertesten Informationen für die Fragestellung liefern. Zudem ist zu klären, auf welche Anforderungen sich die Forschenden vor Aufnahme der eigentlichen Beobachtung einstellen müssen; so z.B. die Anforderung, bestimmte Sprachen und Dialekte zu verstehen oder bestimmte Fertigkeiten zu beherrschen.

Zum organisatorischen Vorwissen zählt insbesondere die Kenntnis aller nötigen Schritte und Genehmigungen zur Durchführung der Beobachtung. Oft beginnt das mit der Konsultation der Ethikkommission der forschenden Organisation, geht über die Prüfung rechtlicher Einschränkungen z.B. zum Jugend- oder Datenschutz hin zu Einwilligungen von Organisationen oder Institutionen, in denen beobachtet werden soll, sowie von Personen, die beobachtet werden sollen. Selbst wenn in Organisationen und Institutionen formal eine bestimmte Person in Bezug auf die Studie entscheidungsberechtigt ist, sollten de facto alle Beteiligten gefragt und informiert werden sowie einverstanden sein. Also muss eruiert werden, welche Stellen bzw. Personen das betrifft. Von den Personen muss ein Einverständnis zur Durchführung der Studie vorliegen und dokumentiert werden. Allein um die Entscheidungswege zu klären, ist oft ein umfangreiches Studium von Dokumenten ebenso nötig wie das Schreiben vieler Briefe und Führen vieler Gespräche. Bei der Vorbereitung des Feldzugangs muss auf jeden Fall auch der logistische Aufwand berücksichtigt werden, den die Feldarbeit erfordert. Dieser kann bei einzelnen Studien, z.B. ethnologischen Feldstudien „fremder Kulturen“ erheblich sein und muss angemessen eingeplant werden sowohl zeitlich als auch finanziell.

Nachdem geklärt ist, wie das Forschungsfeld beschaffen und welcher Zugangsweg zu beschreiten ist, muss dieser umgesetzt werden. Dabei lassen sich verschiedene Strategien unterscheiden: Top-down-Strategien, die sich an formalen (z.B. Weisungsstrukturen und Dienstwegen) und informalen Hierarchien orientieren, und Bottom-up-Strategien, die quer zu den strukturellen Ordnungen auf „Türöffner“ setzen, die sich für die Forschenden und für Zugangsmöglichkeiten einsetzen.

Bei der Kontaktierung ist es hilfreich, Informationsmaterial über die forschende Institution, die forschenden Personen sowie Hintergrund und Gegenstand des Forschungsprojektes vorzubereiten, um die jeweiligen Personen zum Einverständnis zur Durchführung und Teilnahme an der Studie zu gewinnen. Von Vorteil ist es dabei, wenn die Forschenden „Verbündete“ im Forschungsfeld selbst oder dessen Umfeld haben. Hier spielen vor allem persönliche Kontakte der Forschenden eine Rolle. Solche Kontakte können aus einem Arbeitszusammenhang resultieren oder privater Natur sein. Persönliche Kontakte schaffen Vertrauen, was bei der Durchführung qualitativer Beobachtungen unerlässlich ist. Wenn keine persönlichen Kontakte vorhanden sind, müssen institutionelle Kontakte genutzt werden, also z.B. Kontakte zu Verbänden, über die dann wiederum Kontakte zu konkreten Institutionen bzw. Personen geknüpft werden können. Hilfreich können auch renommierte Personen des öffentlichen Lebens sein, die das Forschungsprojekt unterstützen und bei der Kontaktaufnahme helfen. Die Forschenden müssen bei der Inanspruchnahme von Hilfestellung allerdings aufpassen, nicht für fremde Interessen instrumentalisiert zu werden. Sind entsprechende Hilfen nicht vorhanden, so muss Zeit und Überzeugungsarbeit investiert werden, um das Vertrauen der Personen zu gewinnen und diese vom Forschungsprojekt zu überzeugen; dasselbe gilt für Personen, die später im Feld beobachtet werden.

Es ist ratsam, alle Schritte und Erfahrungen zur Realisation des Feldzugangs genau zu dokumentieren. Das dient der Transparenz und Rekonstruierbarkeit des Forschungsvorhabens. Ähnlich wie bei der Dokumentation von Stichproben und Auswahlverfahren bei quantitativen Beobachtungen muss auch bei qualitativen Beobachtungen später intersubjektiv nachvollziehbar sein, wie und warum gerade die untersuchten Forschungsfelder für die Studie ausgewählt wurden. Die Dokumentation des Feldzugangs hat aber auch forschungspraktische Gründe. Manchmal liefern die Erfahrungen bei der Realisation des Feldzugangs bereits wichtige Informationen für die Interpretation des Beobachteten, eventuell sind sie sogar selbst als Teil der Beobachtung anzusehen. Sie sollten deshalb so dokumentiert werden, dass sie bei der späteren Auswertung ebenso berücksichtigt werden können wie die Protokolle und weiteren Informationen aus der Beobachtung selbst.

3.3 *Qualitative Beobachtung*: Aktivitäten im Feld

Die Trennung zwischen Feldzugang und Aktivitäten im Feld ist in verschiedener Hinsicht künstlich, da beide ineinander übergehen. Mit Aktivitäten im Feld sind hier all diejenigen Tätigkeiten gemeint, die die Forschenden während der eigentlichen qualitativen Beobachtung vor Ort im Beobachtungsfeld ausführen. Dabei sind gerade zu Anfang zwei Ziele sehr wichtig, die sich aber nicht an konkreten Aktivitäten oder Handlungen festmachen lassen:
Das eine Ziel ist, sich mit dem Beobachtungsfeld vertraut zu machen. Dabei ist es zunächst sinnvoll, unabhängig von der konkreten Fragestellung der Beobachtung zu versuchen, möglichst viel Information aus dem Beobach-

tungsfeld aufzunehmen, um es zu verstehen und sich einzufinden. Dabei können auch solche Aspekte relevant sein, die zunächst nichts mit dem Ziel der Beobachtung zu tun haben. Für die Phase des Sichvertrautmachens sollte genügend Zeit eingeplant werden.
Das andere Ziel ist es, die Beobachtung zu normalisieren. Die zu Beobachtenden sollen sich an die Forschenden, deren Anwesenheit sowie deren Agieren im Feld gewöhnen. Das ist eine Frage der Zeit; es hängt aber auch davon ab, in wie weit es gelingt, dass die Forschenden eine adäquate Rolle im Handlungsfeld entwickeln: eine Rolle, die nicht stört und es idealerweise sogar normal erscheinen lässt, dass beobachtet und gegebenenfalls auch protokolliert wird.

Zu den ersten Aktivitäten im Feld gehört es zudem, alle, die beobachtet werden oder an der Untersuchung beteiligt sind, über die Studie umfassend zu informieren und Einverständniserklärungen einzuholen. Dies wird im Folgenden genauer erläutert, bevor dann das Teilnehmen und Beobachten eingehender besprochen wird.

3.3.1 Transparenz herstellen und Regeln vereinbaren

Auch wenn die Hürden des Zugangs zum Feld überwunden sind, müssen die im Feld tätigen Akteure über die Forschung informiert werden und es gilt, formelle oder informelle Regeln zu vereinbaren und zu kommunizieren. Nur auf einer kooperativen Basis ist Feldforschung möglich und ethisch verantwortbar.

Alle Beteiligten sollten über die beabsichtigte Forschung und ihre Ziele umfassend und in einer angemessenen Form informiert werden. Das beinhaltet auch Hinweise darauf, wie Daten anonymisiert und Ergebnisse veröffentlicht werden. Auf dieser Basis sollte dann die Zustimmung von allen Beteiligten eingeholt werden, unter Umständen auch von Erziehungsberechtigten oder rechtlichen Betreuern. Sollte das nicht möglich sein, so müssen die entsprechenden Personen zumindest im Nachhinein informiert und um die Erlaubnis gebeten werden, die beobachteten Befunde zu verwenden. Ausnahmen sind z.B. denkbar, wenn Personen auf öffentlichen Plätzen beobachtet werden, ohne dass aus den Befunden auf die einzelne Person geschlossen werden kann.

Zudem sollten gewisse praktische Regeln für den Forschungsalltag vereinbart werden. Das können z.B. Stopp-Regeln sein, die es den Beobachteten erlauben, die Beobachtung zeitweilig zu unterbrechen bzw. Aufzeichnungsgeräte abzuschalten, oder Transparenzregeln, die die Forschenden dazu verpflichten, Einblicke in die Feldaufzeichnungen zu gewähren.

3.3.2 Teilnehmen

Bei der qualitativen Beobachtung sind das Agieren im Beobachtungsfeld und die damit verbundenen Aushandlungsprozesse ebenso wichtig wie das Beobachten selbst. Je nach Forschungsfeld bzw. -situation lassen sich verschiedene Grade der Öffentlichkeit bzw. Privatheit unterscheiden. Dementsprechend stellt die Anwesenheit und die Teilnahme der Forschenden ein mehr oder weniger großes Problem dar.

Wichtig ist dann, in welchem Grad die Beobachtenden an dem alltäglichen Geschehen teilnehmen:

- Die Teilnahme kann sich auf eine räumliche und zeitliche Kopräsenz beschränken.
- Sie kann eine periphere (z.B. Gespräche in Pausen, auf den Fluren, an öffentlichen Orten) oder wesentliche (z.B. Mitarbeit in Arbeitsorganisationen oder NGO´s) Beteiligung am örtlichen Geschehen beinhalten.
- Schließlich können die Forschenden auch zu temporären Mitgliedern in den untersuchten Zusammenhängen werden, wenn sie formal als Beschäftigte bzw. Praktikanten oder informal als Freiwillige agieren und damit auch Verantwortung übernehmen.

Damit sind dann auf Seiten der Forschenden und der Beobachteten verschiedene Rollenverständnisse und -zuschreibungen verbunden, mit denen die Anwesenheit und Teilnahme der Forschenden legitimiert und normalisiert wird. So gibt es im Kontext des jeweiligen Feldes möglicherweise die Rolle des Gastes, des Zuschauers, des Hospitanten oder des Auszubildenden. Nicht unwichtig ist aber auch, ob diese offiziellen oder von den Forschenden proklamierten Rollen akzeptiert werden. So können die Beobachteten die Forschenden auch als „Agenten“ oder „Kontrolleure“ einer Obrigkeit begreifen. Umgekehrt können Beforschte die Forschenden auch nutzen, indem sie diese als „Berater“, als „Vertraute“ oder als „Komplizen“ einbeziehen bzw. instrumentalisieren.

Auch die Rolle der Beforschten kann variieren; sie können jenseits der passiven Rolle, die sie in vielen Fällen einnehmen, in verschiedener Weise eingebunden werden:

- Sie können die Rolle von Assistenten und Assistentinnen einnehmen, die die Forschenden unterstützen.

- Sie können als Informanten genutzt werden, deren Wissen und Reflexionspotential im Rahmen von Interviews und Gesprächen erschlossen wird.
- Sie können am Forschungsprozess beteiligt werden (Mitsprache und Beteiligung im Rahmen partizipativer Ansätze).
- Sie können in einem bestimmten Bereich selbst zu Forschenden werden (Aktionsforschung).
- Sie können schließlich in die Auswertung einbezogen werden (kommunikative Validierung).

Um die Beobachtungssituation zu normalisieren, können die Beobachtenden versuchen, sich weitgehend in den Alltag des zu untersuchenden Feldes zu integrieren, um diesen möglichst wenig zu stören. Die Störung rührt oft daher, dass sich Personen in ihrem vertrauten Handlungsumfeld ungern von anderen Personen beobachten lassen, z.B. weil sie damit eine Kontrolle verbinden oder weil sie vermuten, gewissen Ansprüchen nicht zu genügen. Ausnahmen bilden Handlungen, die typischerweise vor Publikum ausgeführt werden, wie z.B. Aufführungen oder Sportwettkämpfe. Wenn es in der Beobachtungssituation keine entsprechenden Rollen gibt, müssen die Beobachtenden durch ihr Agieren Vertrauen erwecken, so dass ihr Beobachten akzeptiert wird.

Die Frage, inwieweit die Aktionen der Beobachtenden das Beobachtete bestimmt haben, sollte immer auch Gegenstand der Auswertung und Interpretation des Beobachtungsmaterials sein. Bei einigen Varianten der qualitativen Beobachtung sind die Reaktionen der Beobachteten auf die Beobachtung und die Aktionen der Forschenden selbst Gegenstand der Beobachtung.

Bei der qualitativen Beobachtung impliziert die Teilnahme am beobachteten Geschehen, dass die Forschenden eigene Erfahrung im Forschungsfeld. sammeln. Allein durch die Kopräsenz lernen sie wichtige natürliche, bauliche, politische, rechtliche Rahmenbedingungen kennen. Sie erfahren die vorherrschenden räumlichen und zeitlichen aber auch sozialen und hierarchischen Ordnungen; sie können Stimmungen wahrnehmen. Sie führen zwar nicht die typischen Praktiken im Beobachtungsfeld selbst aus, aber die Beobachtenden sind nah an den eigentlich interessierenden Handlungen, so dass sie diese gut aus eigener Anschauung beschreiben und analysieren können.

Wenn sie darüber hinaus auch in einem bestimmten Grad an den vorherrschenden Praktiken partizipieren, erweitert sich der Horizont des Erfahrbaren. Wenn sie gar „natürliche“ Mitglieder des Handlungsgeschehens werden, wie z.B. Mitglieder eines Sportvereins, dann vermengen sich Aspekte von

Fremdbeobachtung und Selbstbeobachtung. Die Forschenden sind dann eher Teilnehmer bzw. Teilnehmerinnen als Beobachtende.

Eine mehr oder weniger starke Teilnahme am beobachteten Geschehen bringt aber auch grundlegende Probleme mit sich, die bei der Reflexion der Beobachterrolle berücksichtigt werden sollten.

- Erstens lenkt die Teilnahme von der Beobachtung ab – das ist eine Konsequenz unserer limitierten kognitiven Kapazitäten.
- Zweitens kommt es zu einer Verschiebung der Aufmerksamkeit; man ist nicht mehr nur externer Beobachter, sondern man muss in der Situation bestehen und wird möglicherweise auch „Prüfungen" unterzogen.
- Drittens impliziert die Übernahme normaler Mitgliederrollen die üblichen Probleme von Selbstbeobachtungen. Oft ist dann ein unvoreingenommenes Beobachten nicht mehr möglich und die Forschenden achten primär auf Aspekte, die ihnen aus einer Innenperspektive wichtig erscheinen. In solchen Fällen sollten die Forschenden über Mittel und Wege nachdenken, wie sie sich durch eine veränderte Teilnahme am Geschehen selbst besser in Distanz zum beobachteten Geschehen setzen können. Dazu kann es hilfreich sein, in die Rolle eines Befragenden zu schlüpfen oder relevante Dokumente oder Artefakte zu sammeln oder zu fotografieren.

Schließlich ist darauf zu verweisen, dass insbesondere mit der längeren Teilnahme im Feld für die Forschenden hohe und nicht immer erwartete Belastungen verbunden sind. Das sind neben den reinen Arbeitsbelastungen und den Belastungen aus der institutionellen Einbindung insbesondere Belastungen, die aus der Teilnahme (in sozial und kulturell „fremden" Welten), aus dem Beobachtungskontext (oft längere Feldaufenthalte in wenig vertrauten Umgebungen ohne nahe Bezugspersonen oder KollegInnen) und aus dem Beobachteten (z.B. problematische Arbeits- und Lebensbedingungen oder Erfahrungen von Konflikt und Gewalt) erwachsen.

3.3.3 Beobachten

Die zentrale Aufgabe der Forschenden bei qualitativen Beobachtungen ist es, vor Ort zu beobachten, d.h., zuzusehen, zuzuhören und wahrzunehmen, um zu beschreiben und zu verstehen, was dort abläuft. Im Gegensatz zu standardisierten Beobachtungen ist bei der qualitativen Beobachtung weder das eigentliche Beobachten noch die Art, wie das Beobachtete protokolliert werden soll, vorgegeben. Die Beobachtenden sollten zunächst für alles offen sein, also auch für Aspekte, die vordergründig nichts zur zu untersuchenden

Fragestellung beitragen, denn sie könnten sich später als relevant erweisen. Das schafft aber auch Probleme, denn sie müssen situativ entscheiden, was sie für protokollierenswert halten und was nicht. Da das sowohl Wissen als auch Erfahrung voraussetzt, werden qualitative Beobachtungen in der Regel von den Forschenden selbst durchgeführt, die die Studie konzipiert und auf den Weg gebracht haben.

Bereits zu Anfang des Kapitels wurde kurz umrissen, was eigentlich beobachtet werden kann; das soll nun genauer ausgeführt werden: Zunächst kann entlang der Forschungsfrage bzw. des bisherigen Forschungsprozesses überlegt werden, welche „Einheiten“ beobachtet werden; das können z.B. eher Personen und Personengruppen sein, eher Institutionen (ein Haushaltszusammenhang, die Arbeitsgruppe in einem Betrieb) oder eher Situationen (Interaktionen, Konflikte, Arbeitszusammenhänge) sein.

Aber auch wenn man z.B. Personen in den Vordergrund rückt, kann sich das Interesse

- auf verschiedene Merkmale von Personen richten (auf die Körper, auf Verhalten und individuelles bzw. kollektives Handeln, auf die damit verbundene Mimik, Gestik oder Proxemik),
- auf die Kommunikation (sprachlicher, parasprachlicher oder nichtsprachlicher Art),
- auf Handlungsstrategien, Handlungsverläufe und (intendierte bzw. nichtintendierte) Handlungsfolgen,
- auf Personenbeziehungen (Interaktionen, Aushandlungen, Hierarchien, Machtbeziehungen),
- auf die Beziehungen zwischen verschiedenen Personentypen (Geschlecht, Alter, sozialer Positionen),
- auf Sachbeziehungen (Handhabung von Geräten, Mensch-Maschine-Beziehungen, Mensch-Umwelt-Beziehungen) oder
- auf Handlungskontexte (z.B. natürliche, bauliche, politische, rechtliche, räumliche und zeitliche Ordnungen).

Gerade zu Anfang der Beobachtung, wenn der inhaltliche Fokus noch unscharf ist, liefern die sogenannten W-Fragen den Beobachtenden Anregungen, worauf sie achten sollten. Gemeint sind Aspekte wie:

- Wo findet die Beobachtung statt?
- Wie ist die Beobachtungssituation beschaffen?
- Wer sind die Handelnden?
- Was machen diese?
- Welche Folgen hat das?

Im Laufe der Beobachtung wird es dann leichter, auch Aspekte zu erschließen, die sich nicht direkt, sondern lediglich indirekt beobachten lassen:

- Warum agieren die Beobachteten so?
- Wie lässt sich das interpretieren?

Zudem sollte nach der Orientierungs- und Gewöhnungsphase auch beobachtet werden, wie die Beobachteten auf die Beobachtung und das Agieren der Beobachtenden reagieren. Darüber hinaus ist es je nach thematischem Fokus der Studie sinnvoll, die Beobachtung auf bestimmte Details des Geschehens zu fokussieren.

Die Art, wie beobachtet wird, verändert sich im Laufe der Beobachtung. Jede Beobachtung ist selektiv und fokussierend, da niemand ein Geschehen vollständig erfassen kann. Die Frage ist eher, wie stark selektiert und fokussiert wird. Zu Beginn sollte wenig selektiert und fokussiert werden. Im Laufe der Beobachtung werden dann automatisch bestimmte Aspekte als relevanter oder informationsreicher eingeschätzt. Ein Fokus ist nötig, um in Bezug auf diese Aspekte möglichst viel Detailinformation beobachten zu können. Der Fokussierung sollte aber auch von Zeit zu Zeit entgegengearbeitet werden, um nicht betriebsblind zu werden und andere wichtige Dinge aus dem Blick zu verlieren.

Zudem können Beobachtung variiert werden, um möglichst viele Aspekte eines Feldes oder Perspektiven unterschiedlicher Akteurs- oder Personengruppen zu erfassen:

- In der zeitlichen Dimension können die Tageszeiten, die Wochentage oder (wenn möglich) die Jahreszeiten variiert werden.
- In der räumlichen Perspektive können die Orte der Beobachtung verändert werden oder die Beobachtenden sind mobil und folgen einer Person oder einer Sache.
- In positionaler Perspektive können Perspektivenwechsel erfolgen, indem man verschiedene Positionen fokussiert (Lehrer oder Schüler, Vorgesetzte oder Untergebene, Käufer oder Verkäufer, Erwerbstätige oder Erwerbslose). In ähnlicher Weise kann man sich für Männer und Frauen, für Migranten und Autochthone oder für Erwachsene und Jugendliche bzw. Kinder interessieren.

Bei qualitativen Beobachtungen ist es wichtig, die Art der Beobachtung immer wieder anzupassen. Sie verändert sich also nicht nur innerhalb einer Beobachtungssequenz, also z.B. eines Beobachtungstages, sondern auch zwischen den Sequenzen und unterschiedlichen Beobachtungsfeldern. Nach jeder durchgeführten Beobachtungssequenz wird das Vorgehen reflektiert und die nachfolgende Beobachtung auf Basis der Erfahrungen aus der vorhergehenden Beobachtung angepasst.

Zum Beobachten gehört es schließlich auch, sich während der Beobachtung kurze Notizen (s.u.) zu machen, um nichts zu vergessen. Erlaubt es die Beobachtungssituation nicht, sich Notizen zu machen, dann sollten vorab Techniken geübt werden, um sich Dinge, z.B. Handlungsabläufe, detailliert merken zu können, damit diese im Nachhinein adäquat protokolliert werden können. Hilfreich und oft auch unumgänglich ist es, Bild-, Film- und Tonaufnahmen zu machen. Smartphones oder kleine Kameras ermöglichen technisch hochwertige Fotos und Ton- bzw. Videoaufnahmen. Hierzu sind aber besondere Genehmigungen und Eingewöhnungsphasen ebenso nötig wie auch technisches Wissen und Geschick der Beobachtenden.

3.3.4 Erhebung weiterer Daten

Angesichts der Grenzen des Beobachtbaren ist es häufig sinnvoll, weitere Datenzugänge zu erschließen. Hierzu werden meist Gespräche und Befragungen sowie die Sammlung von „Dokumenten" aller Art genutzt.
Gespräche und Befragungen setzen voraus, dass die Beobachtenden mit den Beobachteten angemessen kommunizieren können. Probleme können hierbei sowohl durch das Fehlen einer gemeinsamen Sprache auftreten als auch durch Verständigungsschwierigkeiten (z.B. durch Dialekte oder Slangs). Kommunikationsbarrieren ergeben sich aber auch aufgrund des Alters (z.B. bei kleineren Kindern oder Hochaltrigen) oder des Geschlechts (z.B. wenn Gespräche mit Nicht-Verwandten eines anderen Geschlechts tabuisiert sind).

Die möglichen Formen von Gesprächen und Befragungen sind vielfältig. Das können alltägliche Gespräche sein, in denen man wichtige Informationen aufnimmt oder die Konversation auf bestimmte Themen lenkt. Informantengespräche können dazu dienen, gezielt feldspezifisches Wissen zu erschließen und Beobachtetes einordnen zu können. Um die Grenzen der Beobachtung auszuweiten, können auch Beobachtungsinterviews oder Methoden des Lauten Denkens eingesetzt werden, bei denen Akteure im Feld ihre Handlungen kommentieren. Zudem können klassische sozialwissenschaftliche Befragungsformen genutzt werden: Das können narrative oder biografische Interviews sein, um z.B. den stets beschränkenden Zeit- und Wahrnehmungshorizont der Beobachtung zu weiten. Das können Leitfadeninterviews sein, in denen gezielt die Sichtweise der beteiligten Akteure z.B. in einer Konfliktsituation eruiert wird. Es können auch Interviews mit Experten und Expertinnen innerhalb (und außerhalb) des Feldes sein, um z.B. mehr über die institutionelle Einbindung des Beobachteten zu erfahren. In bestimmten Fällen kann auch der Einsatz von (teil)standardisierten Befragungen sinnvoll sein. Deren Auswertung findet dann aber weniger in statistischer Perspektive statt, sondern die relevanten Ergebnisse werden in Form von Aussagen in das Analysematerial aufgenommen. Es ist dabei zu beachten, dass diese Gesprächs- bzw. Interviewpartner immer auch Akteure und damit Interessierte im Feld sind; sie sind stets mehr als Mittler von Informationen. In jedem Fall sollten auch soziodemographische Angaben über die Gesprächspartner bzw. Befragten für den weiteren Forschungsprozess festgehalten werden.

Da das zu beobachtende Geschehen oft einen direkten oder indirekten Bezug zu Handlungsgegenständen oder darauf bezogenen Dokumenten aufweist, ist es bei qualitativen Beobachtungen naheliegend, auch diese in die Analyse einzubeziehen. Während der eigentlichen Beobachtungen reicht es, die entsprechenden Dinge (wenn möglich) zu sammeln oder sie auf anderem Wege dem Forschungsprozess zugänglich zu machen, z.B. durch Fotos oder Kopien. Darüber hinaus sollte auch bei qualitativen Beobachtungen überlegt werden, ob es im jeweiligen Beobachtungsfeld sinnvoll und angezeigt ist, Aktivitäten im Internet oder in der Mobilkommunikation auch technisch festzuhalten, um diese später analysieren zu können.

3.4 *Qualitative Beobachtung:* Protokollierung und Auswertung

Eine wichtige Aktivität während der Beobachtung ist bislang nicht zur Sprache gekommen: die Protokollierung des beobachteten Geschehens. Das hat drei Gründe. Erstens kommen dabei differenzierte Techniken zur Anwendung, die einer etwas ausführlicheren Darstellung bedürfen. Zweitens findet meist ein Großteil der Protokollierung nicht während der Beobachtung selbst statt, sondern erst im Anschluss daran, zum Teil aber auch erst Tage oder Wochen später. Drittens ist bei qualitativen Forschungsstrategien, insbesondere wenn sie nicht sequenziell arbeiten, keine eindeutige Einteilung in Datenerhebung und Datenauswertung möglich.

Im Folgenden sollen zwei zentrale Arbeitstechniken unterschieden werden: Feldnotizen und Beobachtungsprotokolle.

3.4.1 Feldnotizen

Feldnotizen, Feldtagebücher oder Memos enthalten Angaben, die während der eigentlichen Beobachtungen, kurz danach oder bei der späteren Auswertung festgehalten werden. Wie bereits betont, besteht das Charakteristikum bei der Protokollierung im Rahmen qualitativer Beobachtungen in der Textform. Die Funktionen, die diese Texte übernehmen, sind jedoch sehr vielfältig. Da die in der Literatur genutzten Begrifflichkeiten variieren, wird hier verallgemeinernd von Feldnotizen gesprochen und diese werden funktional bzw. prozessual unterschieden:

- Sie dienen der Protokollierung des Beobachteten im engeren Sinne, und sind Rohmaterial für die Beobachtungsprotokolle (s. Kapitel 3.4.2)
- Sie dienen dem Festhalten von persönlichen Erfahrungen der Forschenden (s. Kapitel 3.3.2: Teilnehmen).
- Sie enthalten erste Überlegungen zur Auswertung oder die Ergebnisse der Analysen des gewonnenen Materials (s. Kapitel 3.4.4 Codieren).
- Sie enthalten Überlegungen zur weiteren Forschungsstrategie (s. Kapitel 3.5 Theoretical Sampling).

Dementsprechend können sich Forschungsnotizen in ihrem Umfang und im Grad der Abstraktion vom Beobachteten erheblich unterscheiden. Genaue Vorgaben für Feldnotizen oder -tagebücher gibt es nicht. Ein jedes Forschungsfeld und eine jede Forschungssituation bietet unterschiedliche Möglichkeiten, Notizen anzufertigen; zudem kann der Einsatz von technischen Aufzeichnungen die Protokollierung im Feld entlasten, aber keinesfalls ersetzen. Häufig sind in der Beobachtungssituation allenfalls kurze Aufzeichnungen möglich, die dann in Phasen der Nicht-Beobachtung, manchmal aber auch erst nach der Feldphase ausgearbeitet werden.

Die einfachste Art, das Geschehen schnell festzuhalten, sind kurze Feldnotizen. Bei diesen handelt es sich nicht um ein allgemeinverständliches Protokoll; es sind kurze Notizen, die sich die Beobachtenden während des Geschehens machen, um wichtig Erscheinendes nicht zu vergessen. Wenn eigentlich nicht vorgesehen ist, dass die Beobachtenden während der Beobachtung kontinuierlich Sachverhalte aufschreiben, dann handelt es sich oft nur um kurze Notizen auf Zetteln, in einem Notizbuch oder auf einem Smartphone. In der Regel haben diese Notizen einen starken Handlungsbezug, da sie direkt im Handlungsverlauf gemacht werden. Üblicherweise betreffen sie bestimmte W-Fragen. Es wird also kurz festgehalten, wer wann und wo was macht. Kurze Feldnotizen können aber auch andere Angaben umfassen, die nicht in Vergessenheit geraten sollen.

Sehr hilfreich ist es, wenn es gelingt, das kontinuierliche Verfassen kurzer Notizen als Teil der Rolle im Beobachtungsfeld zu etablieren. In seltenen Fällen wird das Beobachtungsfeld bereits entsprechende Rollen aufweisen wie die des Protokollanten, Schiedsrichters oder Souffleurs. In den meisten Fällen wird man eine entsprechende Rolle erst durch Erklärung der Situation, Gewöhnung und Transparenz etablieren müssen.

Das Verfassen von Beobachtungsnotizen während der Beobachtung zieht allerdings automatisch Aufmerksamkeit vom Beobachtungsgeschehen ab und macht es nahezu unmöglich, parallel dazu im Handlungsfeld aktiv teilzunehmen. Deshalb muss bei qualitativen Beobachtungen genau abgewogen werden, wie eine sinnvolle Balance zwischen Beobachten, Protokollieren und Handeln aussehen kann. Entlastung kann meist geschaffen werden, wenn Aufzeichnungstechnik zum Einsatz kommt.

Feldnotizen oder zusammenhängende Feldtagebücher sind unerlässlich, um auch die Betroffenheiten und Befindlichkeiten der Beobachtenden festzuhalten und die oben angesprochenen Belastungen gerade bei längeren Beobachtungen zu reflektieren. Diese Aufzeichnungen können auch methodische oder theoretische Überlegungen enthalten, welche im Anschluss an die eigentliche Beobachtungssequenz entstanden sind.

3.4.2 Beobachtungsprotokolle

Die Beobachtungsprotokolle sind das eigentliche Datenmaterial, mit dem in qualitativen Beobachtungen gearbeitet wird. Sie geben in Textform umfassend wieder, was beobachtet wurde. Sie entsprechen damit in gewisser Weise der Datenmatrix aus Variablen und Fällen in der quantitativen Beobachtung. Beobachtungsprotokolle werden meist nicht während der Beobachtung im Feld erstellt; sie tragen ihren Namen, weil sie sich auf das Beobachtungsfeld beziehen. Erstellt werden sie in mehreren Schritten außerhalb des Feldes, meist am Schreibtisch der Forschenden. Auch für Beobachtungsprotokolle existieren keine allgemeingültigen Vorgaben, wie diese verfasst werden und auszusehen haben. Ihre Art und Form richtet sich nach Forschungsfeld und Forschungsinteresse. In der Regel umfassen sie neben handlungsbezogenen auch theorie- und methodenbezogene Angaben.

Den Kern der Beobachtungsprotokolle bilden die handlungsbezogenen Angaben, mit dem die Chronologie des Geschehens dokumentiert wird. Dieser Teil der Beobachtungsprotokolle hat starken Bezug zu den W-Fragen. Im Gegensatz zu den Feldnotizen liegt der Fokus aber nicht nur auf dem „Wer macht wann wo was“. Durch die Distanz und Ruhe beim Erstellen der Beobachtungsprotokolle sowie das Nachdenken über das Geschehen werden nun auch Angaben zu dem Wieso, Weshalb, Warum Berücksichtigung finden. Die Beobachtungsprotokolle sollten möglichst umfassend sein. Ihr Verfassen weist Ähnlichkeiten sowohl zum literarischen Schreiben von Geschichten als auch zu journalistischen Berichten auf. Ziel bei qualitativen Beobachtungen sollte es sein, eine möglichst umfassende und verdichtete Beschreibung des Geschehens zu erhalten. Wenn Ton- oder Videoaufzeichnungen vorliegen, werden von diesen Teil- oder Volltranskripte angefertigt und bilden den Kern des handlungsbezogenen Feldprotokolls.

Beobachtungsprotokolle enthalten aber oft bereits Angaben, die über den Bericht des eigentlichen Geschehens hinausgehen. Von Bedeutung sind insbesondere theoretische Überlegungen, was die beobachteten Sachverhalte in Bezug auf die allgemeine Fragestellung bedeuten können und an welchen Stellen sich aus dem Beobachteten Bezüge auf bekannte theoretische Konzepte und Sachverhalte ergeben. Entsprechende Hinweise dienen dazu, das spätere Codieren der Angaben zu erleichtern und gegebenenfalls nachfolgende Beobachtungen auf bestimmte Aspekte zu fokussieren.

Darüber hinaus ist es notwendig, methodische Überlegungen in die Beobachtungsprotokolle aufzunehmen, die das weitere Vorgehen steuern. Wichtig sind hier zum einen Probleme, die während der Beobachtung aufgetreten sind und die Art bzw. Möglichkeit der Beobachtung verändert haben. Die methodischen Angaben können aber auch Ideen beinhalten, wie das Geschehen hätte besser und genauer beobachtet und protokolliert werden können, was dann bei weiteren Beobachtungen berücksichtigt werden könnte. Dementsprechend sollten die methodischen Überlegungen so gefasst werden, dass sie, wenn von einer Gruppe beobachtet wird, auch den anderen Beobachtenden dienlich sind.

3.4.3 Aufbereitung und Analyse weiterer Daten

Nicht zuletzt muss das im Untersuchungsfeld erhobene oder gesammelte weitere Material aufbereitet und analysiert werden. Die durchgeführten Gespräche und Befragungen sollten für die Analyse vorbereitet werden. Wenn nur Protokollnotizen vorliegen, müssen diese ausgearbeitet werden; wenn Aufzeichnungen vorliegen, sollten diese zumindest in den relevanten Teilen transkribiert werden. Die Transkripte und Gesprächsprotokolle werden den Beobachtungsprotokollen beigefügt und durch Angaben zu den erhobenen Personen bzw. Situationen ergänzt.

Darüber hinaus sollten die in der Feldphase gesammelten Dokumente gesichtet und inventarisiert werden. Wurden in der Feldphase auch von den Beobachteten Materialien erstellt, so ist es angezeigt, auch diese in den Materialkorpus aufzunehmen: z.B. Texte, Bilder oder Skizzen, vielleicht auch erstellte Gegenstände, Modelle oder Produkte. Auch hier muss festgehalten werden, unter welchen Bedingungen sie wann und wo von wem zu welchem Zweck hergestellt wurden.

Wenn bei den qualitativen Beobachtungen auch statistische Daten gesammelt wurden, so sind auch diese aufzubereiten. So können z.B. Kennzahlen wie das durchschnittliche Alter und Einkommen genutzt werden, um summarische Informationen über das Forschungsfeld zu gewinnen.

3.4.4 Codierung

Typischerweise findet die Codierung des gewonnenen Materials eher in der Auswertungsphase von Untersuchungen statt. Da in qualitativen Beobachtungsstudien jedoch Erhebungen und (erste) Auswertungen oft eng verknüpft sind und das im Folgenden dargestellte Theoretical Sampling prinzipiell auf dem jeweiligen Stand der gewonnenen Erkenntnisse aufsetzt, soll hier zumindest ein Überblick über einfache und komplexere Verfahren der Codierung vermittelt werden.

Mit Codierung ist die ordnende, interpretierende und systematisierende Aufbereitung und Analyse von Beobachtungsprotokollen und Feldnotizen gemeint. Die Codierung erfolgt in einer mehr oder weniger formalisierten und standardisierten Textform und nicht durch Überführung in Zahlencodes, wie der Begriff nahelegt. Dabei werden unterschiedliche Materialien codiert: zunächst vor allem die im Forschungsprozess gewonnenen Text- und Bildmaterialien bzw. deren Transkripte; im Prinzip können aber auch alle weiteren Materialien, so z.B. die eigenen Feldnotizen codiert werden.

Angesichts des hohen Aufwandes, den das Codieren erfordert, wenn es über einfache Inhaltsangaben hinausgeht, können oft nur Teile des vorliegenden Materials codiert werden. Die Auswahlentscheidungen sind nicht leicht und sollten möglichst reflektiert getroffen werden. Die Entscheidung kann z.B. aus einer spezifischen Forschungsfrage oder aus ihrer Fokussierung im Forschungsprozess hergeleitet werden. Oder sie kann mit der (vermuteten) Ergiebigkeit des Materials begründet werden; so können z.B. in einem beobachteten Konflikt oder in einer geschilderten Krisensituation viele Facetten eines sozialen Phänomens an den Tag treten. Schließlich spielt auch die Frage eine Rolle, welche neuen Informationen man sich von der Codierung eines Materials verspricht.

Entsprechend der unterschiedlichen Forschungsmaterialien, der unterschiedlichen Fragen bzw. Zielsetzungen von Beobachtungsstudien und entsprechend des Fortgangs des Forschungsprozesses können die Funktionen, die dem Codieren bzw. den Codes zukommen, variieren:

- Codes benennen Phänomene, die bislang nicht verbalisiert wurden.
- Codes können der Ordnung und Strukturierung von Materialien dienen, indem sie im Sinne der Paraphrasierung Textteile zusammenfassen und einen Überblick ermöglichen, oder indem sie im Sinne einer thematischen Verdichtung ermöglichen, ähnliche Textteile einander zuzuordnen und zu vergleichen.
- Codes können die Entwicklung von Theorien unterstützen, indem sie Ergebnisse einer eingehenden Textanalyse (z.B. der Sequenzanalyse) sichern oder indem sie in einem stufigen Prozess der Entwicklung einer Grounded Theory und ihrer Ausarbeitung dienen.

Wenn die Codes der Ordnung und Strukturierung von Materialien dienen, sollten sie möglichst systematisch angelegt sein, um genau diese Ordnungs- und Systematisierungsleistung zu erbringen. Wie das am besten gelingen kann, müssen letztlich die Forschenden entscheiden bzw. erproben. Wenn die Codes die Entwicklung einer Grounded Theory unterstützen, dann muss systematischer vorgegangen werden. Dies wird weiter unten am Beispiel der Codierverfahren aus dem Grounded Theory-Design aufgezeigt.

Wichtig ist es auch, sich zu vergegenwärtigen, woher die verwendeten Codes – verschiedentlich wird auch von Kategorien gesprochen – stammen:

- Es können eher weniger systematische Codes sein, die einzig und allein den Forschenden als Orientierungssystem dienen.
- Es können ordnende (meist thematische) Codes sein, die verschiedene Aspekte eines Phänomens zu systematisieren versuchen.
- Es können sogenannte In-vivo-Codes sein, die z.B. einem Interview entstammen und ein Phänomen treffend (in der Sprache des Feldes) auf den Punkt bringen.
- Es können eher analytische bzw. theoriebezogene Codes sein, die einer bestimmten (theoretischen) Perspektive der Forschenden entsprechen.
- Es können schließlich Codes sein, die auf dem Weg zur Generierung einer Grounded Theory entstanden sind und sich z.B. auf ein Codierparadigma (s.u.) beziehen.

Wenn die Entwicklung einer Theorie angestrebt wird, werden meist mehrere Codierdurchgänge vorgenommen, bei denen die Codes von Runde zu Runde tendenziell abstrakter werden. Im Rahmen des Grounded Theory-Designs werden offene, axiale und selektive Codierverfahren unterschieden (s.u.), die tendenziell dem Fortgang des Erkenntnis- und Verdichtungsprozesses folgen.

Die eigentliche Codierung besteht jeweils immer aus mindestens zwei Arbeitsschritten: Selektion und Kategorisierung. Unter Selektion wird die Auswahl relevanter Textteile verstanden. Die Beobachtungsprotokolle werden dabei in einzelne Abschnitte oder Aspekte unterteilt, die sich z.B. an einzelnen Personen, Handlungen, Ereignissen etc. orientieren. Dann wird entschieden, welche der identifizierten Teile für die weitere Bearbeitung relevant sind und welche zunächst unbearbeitet bleiben. Im zweiten Schritt werden die relevanten Teile codiert. Für sie werden Codes (Labels oder kurze Aussagen) vergeben, die das Selektierte auf den Punkt bringen sollen. Meist ist es sinnvoll, im Zuge der Codierung auch die Überlegungen festzuhalten, die zur Entwicklung spezifischer Kategorien führten. Oft werden diese wiederum in Feldnotizen fixiert, die dann auch Teil des Analysematerials werden können.

Wenn die Protokolle und Feldnotizen als Textdateien vorliegen, dann lässt sich die Zuordnung von Kategorien auch computergestützt vornehmen. Dafür liegen unterschiedliche Programmpakete wie z.B. ATLAS.TI oder MAXQDA vor, mit denen die Referenz zwischen Text und Kategorie sowie zwischen Kategorien gespeichert und abgebildet werden können. Wenn es hilfreich erscheint, kann die Codierung auch anhand festgelegter Zahlencodes vorgenommen werden. Die erwähnten Programme bieten hier automatisierte Möglichkeiten an, die Codierung zu hierarchisieren und in Zahlencodes zu überführen. An dieser Stelle ist im Prinzip auch ein Übergang von der qualitativen zur quantitativen Beobachtungen möglich. Grundsätzlich sollte jedoch die Bedeutung dieser Programme nicht überschätzt werden. Während sie in der quantifizierenden Analyse eine zentrale Rolle spielen, können sie in der qualitativen Analyse allenfalls eine ordnende und unterstützende Funktion – auch Standardprogramme aus dem Bereich der Text- oder Tabellenverarbeitung können das leisten – übernehmen. Die Codierung, Reflexion und Analyse der erhobenen Materialien geht vor allem auf die mühevolle gedankliche Arbeit der Wissenschaftlerinnen und Wissenschaftler zurück.

Im Rahmen dieser Publikation können die angesprochenen Codierverfahren (offenes, axiales, selektives Codieren) aus dem Grounded Theory-Design nur skizziert werden. Für eine weitere Einarbeitung ist auf die einschlägige Literatur und auf Lehrveranstaltungen oder Workshops zu verweisen, in denen solche Techniken praktisch erprobt und diskutiert werden. Darüber hinaus müssen dann mühsam eigene Erfahrungen gesammelt werden.

Offenes Codieren: Das offene Codieren dient zunächst dem Überblick und der Ordnung des gewonnenen Materials; dann geht es aber vor allem um ein „Aufbrechen" der Texte und Protokolle. D.h. die Materialien werden bearbeitet; dazu dienen die bereits geschilderten systematische W-Fragen, Vergleiche oder Techniken des Dimensionierens. Ein solches „Aufbrechen" des Materials ist erforderlich, weil insbesondere in kulturell vertrauten Kontexten das Beobachtete zunächst „normal" erscheint; so sieht man z.B. zunächst Lehrende, die „lehren", und Schüler, die „lernen". Erst durch ein systematisches Hinterfragen wird deutlich, was in der Situation tatsächlich geschieht und wie eine solche schulische Normalität von den Beteiligten hervorgebracht wird.

Die W-Fragen zwingen die Forschenden dazu, das Beobachtete zu hinterfragen, es genau zu benennen und zu strukturieren: Um was geht es in der beobachteten Situation? Welche Akteure sind beteiligt und wie agieren sie? Wie werden die Akteure bzw. die Aktionen von den anderen gesehen? Wo und wann bzw. wie lange finden die Aktionen statt? Warum wird in dieser Weise agiert bzw. reagiert? Welche Strategien werden dabei eingesetzt? Zu welchen (beobachtbaren) Konsequenzen führen die beobachtbaren Handlungen? Die Fragen können aber auch deutlich machen, was man eigentlich nicht beobachtet hat, vielleicht aber aus den anderen Materialien erfahren kann.

Vergleiche können das offene Codieren unterstützen; z.B. indem man eine beobachtete Situation mit ganz ähnlichen oder auch mit völlig anderen Situationen vergleicht: so kann man z.B. die Vermittlung bestimmter Lehrinhalte in der Institution Schule damit vergleichen, wie dies z.B. in einer Kleingruppe von Vertrauten geschieht oder man kann die Vermittlungssituation mit anderen Situationen im schulischen Betrieb vergleichen. So werden spezifische Rahmenbedingungen erkennbar, die auf das Beobachtete Einfluss haben.

Auch das Dimensionieren dient dazu, das Beobachtete oder Gehörte in einer anderen Weise zu betrachten. Es geht darum, dass man ausgehend von zentralen Konzepten überlegt, welche Dimensionen (Eigenschaften) und Subdimensionen diese haben und welche Ausprägungen eine solche (Sub-)Dimension haben kann. So kann man z.B. erwägen, welche Dimensionen ein Beratungsgespräch in der Arbeitsverwaltung haben kann: Es kann um verschiedene Themen (Dimensionen) gehen, deren Ausprägungen (typische Themen) dann zu benennen wären. Das Beratungsgespräch zeichnet sich durch seine Dauer (Dimension) aus; es kann kurz oder lang (Ausprägung) sein. Dabei wird dann vielleicht deutlich, dass neben der objektiven Dauer (in der institutionellen Zeit) auch die wahrgenommene Dauer (in der Zeit der Beratenen) wichtig ist.

Zu Beginn der Codierung werden die Kategorien noch unsystematisch sein, so dass jeder codierte Teil quasi seine eigene Kategorie bekommt. Beim Codieren werden aber relativ schnell Ähnlichkeiten auffallen, die dann zur Vergabe derselben Kategorie für mehrere Teile der Protokolle führen. Im Prinzip dienen die Kategorien als eine Art Markierung, um Protokollabschnitte zu bestimmten analytischen Aspekten zu systematisieren und besser auffinden zu können. Das „Aufbrechen" der Protokolle und Texte im Prozess des offenen Codierens führt zunächst zu einem eher komplexeren Material – das irritiert, weil man doch zu einer Verdichtung kommen möchte. Eine solche setzt erst mit dem axialen Codieren ein.

Axiales Codieren: Das axiale Codieren schließt an die Phase des „Aufbrechens" der Daten an und dient dazu, die in der Phase des offenen Codierens gewonnenen Einsichten und Codes nun (in der Perspektive einer entstehenden Theorie) zu systematisieren. Diese zweite Phase der Codierung ist nicht mehr so sehr am Geschehen und an den Beobachtungsprotokollen orientiert, sondern versucht die Angaben aus der materialnahen Codierung zu systematisieren und abstrahieren. Ziel ist es, neue Codes zu generieren, die die Verbindung zwischen den vorhandenen Codes sowie Möglichkeiten, diese zu erklären, aufzeigen.

Die Analysematerialien werden nun auf eine neue Art und Weise „zusammengesetzt". Die im Rahmen des offenen Codierens entwickelten Kategorien werden z.B. im Kontext eines einfachen Handlungsmodells (Codierparadigma) zueinander in Beziehung gesetzt; ein solches Handlungsmodell unterscheidet ausgehend von einem zentralen *Handlungsphänomen* (z.B. einer Entscheidung für einen speziellen Ausbildungsgang) die *Kontexte*, in denen die Entscheidung stattfand, ursächliche *Bedingungen*, die die Entscheidung beeinflusst haben, *Strategien* der Entscheidungsfindung und schließlich auch die *Konsequenzen* dieser Entscheidung.

Ein zentrales Moment generalisierender Codierungen sind Gemeinsamkeiten zwischen den vorhandenen Codes. Solche Gemeinsamkeiten deuten meist darauf hin, dass die zu Grunde liegenden Aspekte irgendwie zusammengehören und gegebenenfalls eine gemeinsame Ursache haben, welche Gegenstand der weiteren Analyse sein könnte. Ziel dieser Codierphase ist es, einen roten Faden im beobachteten Geschehen zu entdecken und herauszuarbeiten. Man sucht nach (möglichst einfachen aber angemessenen) Erklärungen für das untersuchte Geschehen. Eine solche erklärende Argumentation kann dann zu einem Codierparadigma verdichtet werden.

Selektives Codieren: Das selektive Codieren dient schließlich dazu, das sich entwickelnde Codierparadigma empirisch zu untermauern; d.h. die Codierung wird nun aus der Perspektive des entwickelten Modells vorgenommen. Dabei kann sich dann zeigen, dass dieses Inkonsistenzen aufweist und modifiziert werden muss.

3.4.5 Theoretical Sampling

Bislang mag der Forschungsprozess qualitativer Beobachtungen relativ linear anmuten: Feldzugang, Beobachtung, Protokollierung, Codierung, Ergebnis. Die Darstellung täuscht allerdings, da es im Forschungsprozess häufig zu Rekursionen (Schleifen) innerhalb dieses Ablaufs kommt. Spezielle methodische Ansätze wie die Ethnographie oder das Grounded Theory-Design sehen von vorneherein einen rekursiven Forschungsprozess vor. Rekursiv bedeutet in diesem Fall, dass der oben skizzierte lineare Ablauf mehrfach hintereinander ausgeführt wird und dass sich dabei die gewonnenen Erkenntnisse verdichten. Vereinfacht könnte das z.B. bedeuten, dass nach einem Beobachtungstag ein Feldprotokoll erstellt wird, das bereits grob codiert wird. Durch die Codierung werden Besonderheiten deutlich, auf deren Basis am nächsten Beobachtungstag sowohl der Feldzugang als auch die Art der Beobachtung modifiziert werden. Dabei ist es gerade nicht das Ziel, die Art der Erhebung und Auswertung konstant zu halten, sondern sie kontinuierlich auf das jeweils Interessierende hin auszurichten.

Eine Strategie ist dabei das sogenannte Theoretical Sampling, das zum Grounded Theory-Design gehört. Hier wird nach jedem Beobachtungsdurchgang reflektiert, wie der nächste Beobachtungsdurchgang bzw. der weitere Verlauf der Untersuchung aussehen sollte. Der Auswahlprozess (sampling) orientiert sich also an dem Stand der bisherigen in der Untersuchung gewonnenen Erkenntnisse bzw. der bisherigen Theoriebildung. So kann z.B. ausgehend von jeweils vorläufigen Befunden gefragt werden: Welche Untersuchungen können die bisherigen theoretischen Überlegungen bekräftigen, oder umgekehrt, welche Untersuchungen könnten die Erkenntnisse in Frage stellen und zu anderen Ergebnissen führen?

Es lassen sich drei Typen des Theoretical Samplings unterscheiden: das Sampling von Fällen, das Sampling von Erhebungsmethoden und das Sampling von Feldern bzw. Feldzugängen. Beim Sampling von Fällen geht es vor allem darum, welchen Personen oder Situationen sich die Forschung als

Nächstes zuwenden sollte. Um die beobachteten Strukturen besser zu verstehen, werden zunächst ähnliche Beobachtungskonstellationen ausgewählt, um über die Ähnlichkeiten Konstitutionsmerkmale zu identifizieren. Später wird dann zu einer Auswahl nach dem Kontrastprinzip übergegangen, um möglichst alle Spielarten und Facetten des Phänomens kennenzulernen. Idealtypisch wird diese Strategie so lange verfolgt, bis durch neue Beobachtungen keine neuen Erkenntnisse mehr erlangt werden. Das Sampling von Methoden kann sich auf Varianten der Beobachtung oder auf den Einsatz weiterer Erhebungsmethoden (s.o.) beziehen. Das Sampling von Feldzugängen bezieht sich auf Überlegungen, den Zugang zum Feld zu variieren oder auch andere Felder für die Beobachtung zu erschließen.

3.4.6 Beobachtungsbefunde

Was das Ergebnis einer qualitativen Beobachtungsstudie ist, hängt davon ab, zu welchem Zweck sie durchgeführt wurde. Hier sollen exemplarisch drei Idealtypen skizziert werden, um zu zeigen, wie die Befunde qualitativer Beobachtungsstudien verdichtet werden können.

Einige qualitative Beobachtungsstudien zielen auf sogenannte dichte Beschreibungen (ein Begriff von Clifford Geertz) der beobachteten Phänomene. Solche dichten Beschreibungen zeichnen sich dadurch aus, dass sie zunächst eine Schilderung des beobachteten Geschehens liefern, zugleich aber die Logik der Situation, also z.B. die Situierung und die Strategien der verschiedenen Akteure erkennen lassen.

In anderen Beobachtungsstudien ist eher die Rekonstruktion des beobachteten Geschehens aus der Perspektive der Beteiligten das Ziel. In solchen Studien werden neben Beobachtungen persönliche Dokumente und vor allem Befragungen der Beteiligten genutzt. So wird auch das zugänglich, was kaum durch Beobachten erfasst werden kann.

Qualitative Beobachtungen nach dem Grounded Theory-Design zielen auf die Entwicklung von Theorien ab. Dabei werden soziale Phänomene, wie z.B. der Umgang mit einer Krankheit oder rechtsextreme Jugendorganisationen untersucht, für deren hinreichende Erklärung es bislang kaum theoretische Ansätze gab. Hier sollen qualitative Beobachtungen helfen, angemessene (meist feldspezifische) Theorien mittlerer Reichweite für die entsprechenden Phänomene zu entwickeln und zu begründen. Sie sollen einen abgegrenzten Gegenstandsbereich des sozialen Lebens erschließen; ein klassisches Beispiel sind die Untersuchungen von Glaser und Strauss zum Umgang mit dem Sterben in einem Krankenhaus. Solche Theorien entstehen unterstützt durch verschiedene Codierverfahren sukzessive im Forschungsprozess; aus einzelnen Analysen gewonnene theoretische Überlegungen werden nach und nach zu konzeptionell dichteren Theorien entwickelt.

3.5 *Quantitative Beobachtung:* Konzeption

Nun wendet sich die Darstellung der quantitativen Beobachtung zu und wechselt damit in Bezug auf mehrere Aspekte die Perspektive. Zunächst wird die Logik der Arbeit mit Text bzw. sprachlichen Aussagen, welche bearbeitet und interpretiert werden, zugunsten der Operationalisierung von Zahlencodes und deren statistische Verarbeitung aufgegeben. Damit geht ein Wechsel von primär nicht-standardisierter Datenerhebung zu standardisierter Datenerhebung einher. Auch die Stellung von Theorien im Forschungsprozess ändert sich insofern, als diese oft das Ergebnis qualitativer Beobachtungen sind, wohingegen sie bei quantitativen Beobachtungen meist bereits existieren und mit den Studien überprüft werden sollen.

3.5.1 Fragestellung

Ausgangspunkt einer quantitativen Beobachtung ist die Fragestellung. Diese resultiert entweder aus praktischen oder aus theoretischen Problemen. Entsprechende praktische Probleme entstehen meist in Entscheidungssituationen, bei denen nur unvollständige Informationen vorliegen. Dann werden wissenschaftliche Studien durchgeführt, um mehr Informationen über die Entscheidungskonstellation zu erfahren. Solche Arten von Studien werden in der Regel von politischen oder gesellschaftlichen Akteuren bzw. Wirtschaftsunternehmen in Auftrag gegeben und damit von außen an die Wissenschaft herangetragen. Theoretische Probleme entstehen demgegenüber im Wissenschaftssystem selbst. Neue Ansätze werden in einen Wissenschaftsbereich integriert oder Widersprüche zwischen bestehenden Ansätzen werden identifiziert. Dann dienen die Studien dazu, die entsprechenden Bereiche näher zu explorieren und zu klären, ob Ansätze brauchbare Beschreibungsmuster liefern und welcher der konkurrierenden Ansätze größere Erklärungskraft hat.

Die Fragestellung besteht aus Komponenten, die in den seltensten Fällen selbsterklärend sind; sie müssen eingegrenzt und genauer definiert werden. Die Definitionen legen fest, welche Phänomene untersucht werden sollen und welche nicht. Typischerweise finden diese Eingrenzungen in zeitlicher, räumlicher und sachlicher Hinsicht statt. Es wird also festgelegt, welcher geographische Raum, welche Zeit und welcher gesellschaftliche Bereich Gegenstand der Untersuchung sein sollen. Oft sind weitere Definitionen nötig, um bestimmte gesellschaftliche Phänomene oder bestimmte Personengruppen genauer zu spezifizieren. Ein typisches Beispiel sind Jugendstudien, bei denen unterschiedliche Definitionen verwendet werden, wann die Jugend beginnt und wann sie endet. Hier lassen sich Unterschiede zwischen einzelnen Studien kaum vermeiden, da die Definition in jeder einzelnen Studie festgelegt wird. Wichtig ist aber, dass jede Studie einer eindeutigen Definition folgt.

Nicht zuletzt bilden auch bereits vorhandene wissenschaftliche Erkenntnisse zum zu untersuchenden Phänomen einen Ausgangspunkt für die Konzeptionen von Studien. Sie helfen, das Problemfeld einzugrenzen, die Fragestellung zu konkretisieren und Definitionen wissenschaftlich anschlussfähig vorzunehmen. Darüber hinaus zeigen sie, welche wissenschaftlichen Erkenntnisse über das zu untersuchende Phänomen bereits vorliegen. Die wissenschaftlichen Erkenntnisse lassen sich grob in theoretische und praktische Erkenntnisse einteilen. Die theoretischen Erkenntnisse bestehen in vorhandenen Theorien. Bei diesen handelt es sich um umfassende Erklärungen allgemeiner Phänomene, wie z.B. die Relativitätstheorie, die Evolutionstheorie oder um Theorien zu speziellen Phänomenen wie Kultur, Markt, Öffentlichkeit, Bildung, Politik etc. Modelle gehören auch zu den theoretischen Erkenntnissen, sie sind allerdings konkreter und vielfältiger als Theorien. So liegen oft unterschiedliche Modelle zur Erklärung des Funktionierens von Märkten, Öffentlichkeit, Bildung oder Politik vor. Weil Modelle konkreter sind als Theorien, sind Modelle vielfach hilfreicher für die Konzeption einer konkreten Studie. Noch instruktiver sind praktische Erkenntnisse. Diese beziehen sich auf die Ergebnisse vorhandener Studien und lassen sich grob in Daten und Interpretationen unterteilen. Mit Daten sind die eigentlichen Resultate der Untersuchung gemeint, die sich replizieren lassen, wenn dieselbe Studie erneut durchgeführt würde. Vorhandene Daten, die sich auf die zu untersuchenden Phänomene beziehen, sind ein guter Ausgangspunkt zur Konzeption einer neuen Studie und sollten auf jeden Fall recherchiert und genutzt werden. In günstigen Fällen ist es möglich, Zugang zu vorhandenen Daten zu erlangen. In den meisten Fällen lassen sich die Resultate vorhandener Studien allerdings nur anhand von Publikationen rekonstruieren. In den Publikationen berichten die Forscher zudem über ihre Interpretation der Resultate. Auch diese Interpretationen sind für die Vorbereitung und Konzeption einer Studie hilfreich. Sie haben allerdings nicht denselben Stellenwert wie die Resultate, denn sie basieren notwendigerweise auf individuellen

Interpretationen, die von anderen Wissenschaftlerinnen und Wissenschaftlern anders vorgenommen werden könnten. Insofern sind diese Interpretationen nicht unbedingt als verlässliche Grundlage zur Konzeption anzusehen; sie bieten aber oft Inspiration für neue oder weiterführende Fragen.

3.5.2 Untersuchungsanlage

Unter Untersuchungsanlage wird die Entscheidung verstanden, wie die Studie durchgeführt werden soll. Diese hängt sowohl von der Fragestellung ab als auch von der wissenschaftlichen Verortung der Studie. Die Kombination beider bringt Vorgaben mit sich, denen in der Anlage Rechnung getragen werden muss. Solche Aspekte der quantitativen Beobachtung sind nicht frei wählbar, sie ergeben sich nahezu zwangsläufig und haben direkte Auswirkungen auf die zu wählende Variante der Beobachtung. Andere Aspekte bleiben weiterhin frei wählbar, so dass mit ihnen das Studiendesign auf die jeweiligen Notwendigkeiten hin optimiert werden kann. Da es unmöglich erscheint, im Rahmen eines kurzen Unterkapitels alle Kombinationen von Freiheitsgraden bei der Studienanlage aufzuführen, werden nachfolgend nur einige typische Beispiele diskutiert.

Relativ verbreitet sind explorative oder interpretative Beobachtungsstudien, mit denen Alltagshandlungen untersucht werden. Solche Studien werden typischerweise vom Forscherteam selbst im Alltagsumfeld nicht-standardisiert und möglichst ohne Störung des natürlichen Handlungsverlaufs erhoben. Dazu ist dann zu entscheiden, ob wissentlich, offen oder unwissentlich, verdeckt vorgegangen wird und in welcher Form die Beobachtenden am Geschehen teilnehmen. Die nicht-standardisiert erhobenen Angaben müssen später standardisiert codiert werden, wenn sie wie eine standardisierte Beobachtung ausgewertet werden sollen. Solche meist explorativen Beobachtungen sind mit nur relativ wenigen Beobachtungsobjekten durchführbar. Legt demgegenüber die Fragestellung der Studie eine Untersuchung möglichst vieler Beobachtungsobjekte nahe, bringt das die Notwendigkeit einer standardisierten Erhebung mit sich. Andererseits wird damit meist eine aktive Teilnahme der Beobachter am Geschehen unmöglich. Es stellt sich aber die Frage, ob nur interne Beobachter des Forschungsteams zum Einsatz kommen oder auch externe Beobachter. Darüber hinaus sind groß angelegte standardisierte Beobachtungen fast nur im natürlichen Umfeld praktikabel und nicht unter kontrollierten Laborbedingungen. Diese bieten sich eher an, wenn standardisiert und apparativ Körperreaktionen oder Blickverläufe beobachtet werden sollen. Entsprechende Beobachtungen sind wissentlich und offen, da die Beobachteten automatisch merken, dass sie untersucht werden. Zudem wird man ihnen einen Stimulus setzen, um das beobachten zu können, was untersucht werden soll. Hochgradig standardisiert wird vorgegangen, wenn zum Beispiel Handlungsspuren im Internet untersucht werden. Diese Feldstudien sind zwangsläufig nicht teilnehmend, meist verdeckt und unwissentlich. Sie bringen oft erhebliche ethische Probleme mit sich, weil den Untersuchten die Entscheidung verwehrt wird, ob sie an der Studie teilnehmen wollen oder nicht. Deshalb muss bei allen Beobachtungsstudien, bei denen die Beobachteten nicht wissen, dass sie beobachtet werden, geprüft werden, ob und in welcher Form die Durchführung der Studie ethisch vertretbar ist. Diese Frage hängt auch davon ab, wie die Untersuchungsobjekte ausgewählt werden und wie sie untersucht werden sollen, was Gegenstand der beiden folgenden Unterkapitel ist.

3.6 *Quantitative Beobachtung:* Auswahl

Das Gelingen einer empirischen Studie hängt davon ab, ob für die Fragestellung relevante Merkmale an relevanten Untersuchungselementen erhoben werden. Dabei ist die Auswahl der untersuchten Elemente ebenso wichtig wie die Qualität der erhobenen Merkmale. Insofern lohnt es sich, bei der Konzeption einer quantitativen Beobachtung einen ähnlich großen Aufwand für die Auswahl der relevanten Elemente zu betreiben wie für die Datenerhebung der relevanten Merkmale. Allerdings zeigt ein Blick in die üblichen Einführungen in die Methoden der empirischen Sozialforschung sowie in methodisch orientierte Fachzeitschriften, dass meist Fragen der Erhebung relevanter Untersuchungsmerkmale deutlich mehr Aufmerksamkeit gewidmet wird als der Frage nach den zu untersuchenden Elementen. Dieses Ungleichgewicht trifft auf Beobachtungen in der Regel noch stärker zu als auf Befragungen. Zudem werden in Beobachtungsstudien oft die zu untersuchenden Elemente danach ausgewählt, wie einfach sie für die Untersuchung zu erreichen sind. Das ist verständlich, weil der Aufwand für Beobachtungen deutlich höher ist als bei anderen Erhebungsverfahren. Die Brauchbarkeit und Übertragbarkeit solcher Ergebnisse ist allerdings als gering einzuschätzen. Deshalb folgt im Weiteren zunächst ein allgemeiner Überblick zu Auswahlverfahren in der empirischen Sozialwissenschaft, unabhängig von ihrer Verwendung bei Beobachtungsstudien.

Das Auswahlverfahren regelt, welche Elemente in einer empirischen Studie untersucht werden. In den Sozial- und Verhaltenswissenschaften handelt es sich bei den zu untersuchenden Elementen oft (aber nicht notwendigerweise) um Personen. Eine Auswahl ist dann nötig, wenn die praktische Durchführbarkeit einer Studie es nicht zulässt, dass alle Elemente, die für eine wissenschaftliche Fragestellung interessant sind, untersucht werden können: z.B. alle Schülerinnen und Schüler einer bestimmten Klassenstufe, alle Wahlberechtigten, alle potenziellen Kunden oder alle Nutzerinnen und Nutzer eines bestimmten Mediums. Die Grundidee sozialwissenschaftlicher Auswahlverfahren ist, die Untersuchung auf eine handhabbare Menge von Elementen zu begrenzen. Die Auswahl dieser Elemente sollte so getroffen werden, dass alle relevanten Merkmale in ähnlicher Weise vertreten sind wie in der Gruppe, auf die sich die Fragestellung bezieht. Damit wird gewährleistet, dass auf der Basis der erhobenen Merkmale Aussagen über die Merkmale der eigentlich interessierenden Gesamtgruppe möglich sind. Das sicherzustellen ist in der Forschungspraxis nicht einfach und erfordert genaue Vorüberlegungen sowie ein komplexes Vorgehen bei der Auswahl.

Die Auswahl wird in mehreren Schritten vollzogen. Ausgangspunkt ist die wissenschaftliche Fragestellung. Sie legt fest, worüber eine Aussage getroffen werden soll. Damit lässt sich definieren, was die Elemente sind, auf die sich die Fragestellung bezieht, und was die theoretische Gruppe aller Elemente ist, die Grundgesamtheit genannt wird. Nach der Definition von Element und Grundgesamtheit wird ein Verfahren festgelegt, mit dem diejenigen Elemente ausgewählt werden, die untersucht werden sollen. Dieses Verfahren wird Auswahlverfahren genannt. Die so ausgewählten Elemente, z.B. Personen, die beobachtet werden, sind bei Beobachtungen oft nicht das eigentlich Interessierende, sondern die einzelnen Handlungen. Dann gibt es zwei Arten auszuwählender Elemente: Beobachtungsobjekte und Beobachtungsfälle. Beobachtungsobjekte sind meist einzelne Personen, die beobachtet werden und Beobachtungsfälle sind die einzelnen Handlungen, die die beobachtete Person ausführt.

3.6.1 Grundgesamtheit und Beobachtungsobjekte

Aus der Fragestellung der Untersuchung ergibt sich die *Grundgesamtheit*, also diejenige Menge von Elementen, über die in der Untersuchung eine Aussage getroffen werden soll. Selbst wenn die Grundgesamtheit vordergründig klar definiert erscheint, sollte immer zunächst reflektiert werden, ob sie wirklich so klar ist. Um Probleme zu verhindern, ist es nötig, alle Unklarheiten eindeutig zu definieren, um die Entscheidung, welche Elemente untersucht werden, nicht den Beobachtern und Beobachterinnen in der jeweiligen Situation zu überlassen, weil das zu unterschiedlichen Vorgehensweisen je nach Beobachtendem führen könnte.

Aus der Fragestellung ergibt sich nicht nur die Grundgesamtheit, sondern auch das interessierende Feld, da sich Beobachtungsstudien auf Handlungen und Reaktionen beziehen, die in einem Umfeld stattfinden und in diesem erhoben werden müssen. Insofern umfasst das interessierende Feld alle Konstellationen, in denen die zu untersuchenden Handlungen und Reaktionen auftreten könnten. Dazu muss der zeitliche, räumliche und sachliche Rahmen der Untersuchung erst festgelegt werden. Einfach ist es dann, wenn die Fragestellung einen fest definierten Rahmen mit sich bringt wie z.B. Beobachtungen von Schulklassen in Klassenzimmern, von Personen am Arbeitsplatz oder Familien im Wohnzimmer. Aber selbst in solchen definierten Settings muss zeitlich noch festgelegt werden, wann die Beobachtung beginnt und endet. In Laborstudien hat das Forscherteam die Festlegung des Beobachtungsfeldes in zeitlicher, räumlicher sachlicher Hinsicht selbst in der Hand. In Feldstudien müssen hierfür den Beobachtenden klare Definitionen vorgegeben werden, damit diese entscheiden können, welche Elemente wann beobachtet werden müssen. Die eindeutige Definition des Beobachtungsfeldes hat auch Auswirkungen auf die Grundgesamtheit und die Fragestellung, da nur Aspekte beobachtet werden können, die in dem definierten Beobachtungsfeld auftreten. Es ist also zu reflektieren, welche Einschränkung ein Beobachtungsfeld mit sich bringt und ob die Grundgesamtheit damit noch angemessen repräsentiert sowie die Fragestellung angemessen beantwortet werden kann. Aus Perspektive der theoretischen Fragestellung ist es hier sinnvoll, das Beobachtungsfeld möglichst weit zu definieren, aus Perspektive der praktischen Durchführbarkeit ist es demgegenüber angezeigt, das Beobachtungsfeld eng zu definieren.

Als letzter definitorischer Schritt muss innerhalb des Beobachtungsfeldes festgelegt werden, welche Elemente beobachtet werden sollen. Hierin unterscheiden sich Beobachtungsstudien grundlegend von Befragungsstudien. Bei Befragungsstudien werden Personen befragt und diese Person stellt das auszuwählende Untersuchungselement dar. Das ist in Beobachtungen zwar oft, aber nicht immer so. Personen handeln vielfach in Gruppen bzw. mit bestimmten Gegenständen. Insofern können auch Handlungen beobachtet werden, die in Gruppen oder an Gegenständen ausgeführt werden, so dass dann Gruppen oder Gegenstände Elemente der Auswahl wären. Wenn Fragen der Interaktion im Zentrum stehen, wird man eher Gruppen beobachten, bei Fragen zum individuellen Verhalten eher Personen und bei Fragen zum Umgang mit Gegenständen eher diese. Normalerweise kann in einer Beobachtungsstudie ein Beobachter lediglich eine Person, eine Gruppe oder einen Gegenstand zur selben Zeit beobachten. Wenn mehrere solcher Elemente parallel beobachtet werden sollen, werden entweder entsprechend viele Beobachter benötigt, oder das Beobachtungsfeld muss gefilmt und später codiert werden. In manchen Fällen lassen sich die zu erhebenden Aspekte auch automatisiert parallel an mehreren Elementen erfassen.

Grundgesamtheit und Auswahlgesamtheit

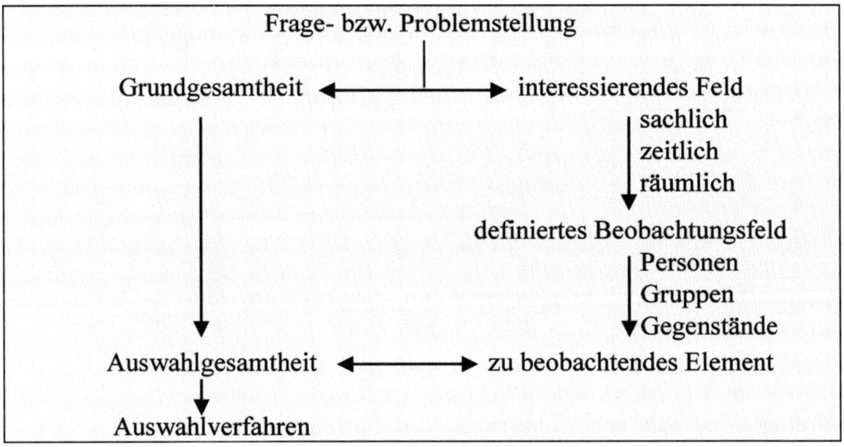

Alle zu beobachtenden Elemente, die theoretisch innerhalb des festgelegten Beobachtungsfeldes beobachtet werden könnten, bilden gemeinsam die *Auswahlgesamtheit*, also diejenige Menge von zu beobachtenden Elementen, die theoretisch untersucht werden könnten. Die Auswahlgesamtheit ist eine Teilmenge der Grundgesamtheit. Sie ist praktischen Anforderungen geschuldet, so dass Elemente der Grundgesamtheit nicht Teil der Auswahlgesamtheit sind, die praktisch nicht oder nur mit hohem Aufwand beobachtet werden können. Aber auch die Auswahlgesamtheit ist bei den meisten Fragestellungen so groß, dass nicht alle Elemente beobachtet werden können. Dann wird ein Auswahlverfahren festgelegt.

3.6.2 Auswahlverfahren

Mit dem Auswahlverfahren wird festgelegt, wie aus der Auswahlgesamtheit diejenigen Elemente ausgewählt werden, die tatsächlich untersucht werden sollen. Die folgende Darstellung orientiert sich an den üblichen wissenschaftlichen Auswahlverfahren, die in erster Linie für Befragungen konzipiert wurden. Deshalb wird zunächst davon ausgegangen, dass Personen als Untersuchungselemente ausgewählt werden, sodass in diesem Unterkapitel Personen und auszuwählende Elemente gleichgesetzt werden.

Grundsätzlich sind drei Arten von Auswahlen möglich: Vollerhebungen, anfallende Stichproben und systematische Auswahlverfahren. Bei *Vollerhebungen* werden alle Personen der Auswahlgesamtheit untersucht. Eine Vollerhebung ist entweder bei einer kleinen Grundgesamtheit möglich wie bei einer Modellschule oder die Erhebung findet apparativ z.B. anhand von Verhaltensspuren im Internet statt. Vollerhebungen sind bei Beobachtungsstudien selten. Deutlich verbreiteter ist die Untersuchung *anfallender Stichproben*, sogenannter Ad-hoc-Stichproben. Bei solchen Untersuchungen werden diejenigen Personen untersucht, die quasi natürlich und relativ problemlos zugänglich sind. Die verbreitetste Variante anfallender Stichproben sind Studierende, die an Studien teilnehmen, weil die Teilnahme als Studienleistung anerkannt wird. Andere Varianten anfallender Stichproben sind Schulklassen oder Kindergartengruppen. Es kann sich aber auch um Gruppen, Vereine, Clubs etc. handeln, zu denen Mitglieder des Forschungsteams Kontakte haben. Wissenschaftlich gesehen sind anfallende Stichproben problematisch, da bei diesen das Verhältnis zwischen tatsächlicher Auswahl und der theoretischen Auswahlgesamtheit unklar ist. Für manche Fragestellungen sind anfallende Stichproben allerdings akzeptabel, weil sie einfach und kostengünstig zu realisieren sind. Dazu zählen explorative Studien oder Studien, mit denen allgemeingültige Aussagen widerlegt werden sollen, denn diese Aussagen müssten in allen Stichproben, also auch anfallenden Stichproben gelten, so dass sich ihre Allgemeingültigkeit auch mit anfallenden Stichproben widerlegen lässt. Der typische Weg wissenschaftlicher Studien führt allerdings über ein *systematisches Auswahlverfahren.*

Eine Art systematischer Auswahlverfahren wird „bewusste Auswahl" genannt. Bei einer bewussten Auswahl ist Vorwissen über die zu untersuchenden Personen sowie die Grundgesamtheit nötig. Das Vorwissen wird genutzt, um Personen so auszuwählen, dass mit möglichst geringem Aufwand möglichst viele relevante Informationen erfasst werden können. Eine bewusste Auswahl kann entweder umfassend oder exemplarisch angelegt sein. Bei der exemplarischen Variante werden Personen untersucht, die für die zu untersuchende Fragestellung von besonderem Interesse sind. Das können zum Beispiel Extremfälle sein, bei denen das zu untersuchende Phänomen besonders häufig oder ausgeprägt vorzufinden ist wie Kauf- oder Spielsüchtige, Extremsportler oder Vielnutzer bestimmter Medien. Manchmal ist es auch gerade interessant, solche Personen zu untersuchen, die sonst übliche Dinge nicht tun, weil sie keinen Fernseher, kein Handy oder keine Kreditkarte haben. Bei anderen Fragestellungen steht demgegenüber das „normale“ Verhalten im Fokus. Dazu ist es aber nötig, vorab zu wissen, was „normal“ ist, wie lange z.B. die Deutschen im Durchschnitt pro Tag fernsehen, einkaufen, arbeiten, mit anderen reden. Es ist auch denkbar, für eine Studie prototypische Personen auszuwählen. Dazu ist allerdings relativ viel Vorwissen nötig, denn zum einen müssen die Prototypen bekannt sein und zum anderen muss Wissen über Personen vorliegen, um Vertreter der jeweiligen Prototypen zu identifizieren. Besonders interessant ist die Auswahl von Personen, die stellvertretend für eine Gruppe stehen. In einer Befragung könnte z.B. ein Lehrer über das Verhalten der gesamten Klasse oder eine Abteilungsleiterin über das Verhalten in ihrer Abteilung befragt werden. Bei Beobachtungsstudien sind solche Konstellationen allerdings extrem selten. Vom Prinzip her würde eine vormachende Person stellvertretend für die Sportgruppe beobachtet. Der Vorteil der Auswahl von extremen, normalen oder prototypischen Personen besteht darin, bei relativ wenigen Personen relativ viele relevante Informationen erhalten zu können. Deshalb wird bei nicht-standardisierten Beobachtungsstudien, bei denen wenige Personen beobachtet werden, oft auf solche Auswahlverfahren zurückgegriffen. Im Gegensatz dazu kommt bei standardisierten Studien eher die *Quotenauswahl* vor. Bei dieser muss vorab bekannt sein, wie sich für die Untersuchung relevante Angaben in der Grundgesamtheit verteilen. Als relevante Quotierungsmerkmale werden häufig soziodemographische Merkmale wie Alter, Geschlecht, Bildung oder interessierende Verhaltensweisen gewählt, die sich bestenfalls leicht erfassen lassen. Dann wird festgelegt, wie viele Personen in der Studie beobachtet werden sollen und die Verteilung aus der Grundgesamtheit auf die Personen umgerechnet. Für die einzelne zu untersuchende Person wird dann Alter, Geschlecht etc. vorgegeben. Mittels Quotenstichproben kann sichergestellt werden, dass eine große Bandbreite unterschiedlicher Personen, die in Summe der Grundgesamtheit entsprechen, in die Studie einfließen. Sie sind allerdings nicht im statistischen Sinne repräsentativ für die Grundgesamtheit.

Statistisch repräsentativ für eine definierte Grundgesamtheit ist eine Auswahl nur, wenn sie auf einer *Zufallsstichprobe* basiert. Deshalb gelten in der empirischen Sozialforschung einfache Zufallsstichproben als das Mittel der Wahl. Trotzdem basieren längst nicht alle publizierten Daten auf einfachen Zufallsstichproben. Selbst bei Befragungsstudien sind einfache Zufallsstichproben eher die Ausnahme. Bei Beobachtungsstudien kommen sie aus Gründen der Durchführbarkeit fast gar nicht vor. Einfache Zufallsstichproben sind solche, bei denen alle Elemente der Grundgesamtheit dieselbe Wahrscheinlichkeit haben, in die Stichprobe zu gelangen und untersucht zu werden. Möglich sind solche Zufallsstichproben, wenn alle Elemente der Grundgesamtheit bekannt sind, weil sie z.B. in einer vollständigen Datenbank erfasst wurden und aus diesen mit einem Zufallsverfahren so viele Elemente, ausgewählt werden, wie in der Studie untersucht werden sollen. Im Forschungsalltag hilft aber oft selbst eine vorhandene vollständige Datenbank aus Gründen des Datenschutzes für das Ziehen von einfachen Zufallsstichproben nicht. Zudem wäre es logistisch oft unmöglich, alle Personen einer einfachen Zufallsstichprobe zu untersuchen, weil diese z.B. über ganz Deutschland verteilt sein könnten. Auch deshalb werden in vielen Bereichen mehrstufige Zufallsstichproben gezogen. Ein solches Verfahren ist möglich, wenn die zu untersuchenden Personen in Gruppen eingeteilt sind und aus den Gruppen eine Zufallsstichprobe gezogen wird sowie innerhalb der Gruppe zufällig die zu untersuchenden Personen ausgewählt werden. Geschichtete Zufallsauswahlen folgen einer ähnlichen Logik. Auch sie basieren auf hintereinandergeschalteten Auswahlverfahren auf unterschiedlichen Ebenen. Im Gegensatz zur mehrstufigen Zufallsauswahl wird bei der geschichteten Zufallsauswahl allerdings auf übergeordneter Ebene nicht nach einem Zufallsverfahren ausgewählt, sondern nach Schichtvorgaben. Geschichtete Zufallsstichproben sind vor allem dann nötig, wenn kleine Einheiten wie z.B. kleine Bundesländer mit einer großen Anzahl von Elementen in der Untersuchung erfasst werden sollen, um auch über solche Einheiten statistisch brauchbare Aussagen machen zu können. Bei der Schichtung würden die entsprechenden Einheiten stärker berücksichtigt als ihr tatsächlicher Anteil, was bei Aussagen über die Grundgesamtheit durch Heruntergewichtung der entsprechenden Einheiten wieder korrigiert werden könnte. Auch *Klumpenstichproben* werden in der Regel mehrstufig gezogen. Das Charakteristikum der Klumpenauswahl besteht darin, auf einer (meist der letzten) Auswahlebene nicht einzelne Personen, sondern natürliche Gruppen von Personen auszuwählen wie Kindergartengruppen, Schulklassen, Universitätskurse oder Mannschaften. Aus praktischen Gründen basieren Beobachtungsstudien oft auf einer Klumpenauswahl. Dann werden alle Personen der jeweiligen Gruppe beobachtet, zumal der jeweilige Kontext oft das natürliche Umfeld darstellt, in dem die zu untersuchenden Handlungen typischerweise auftreten.

Systematik von Auswahlverfahren

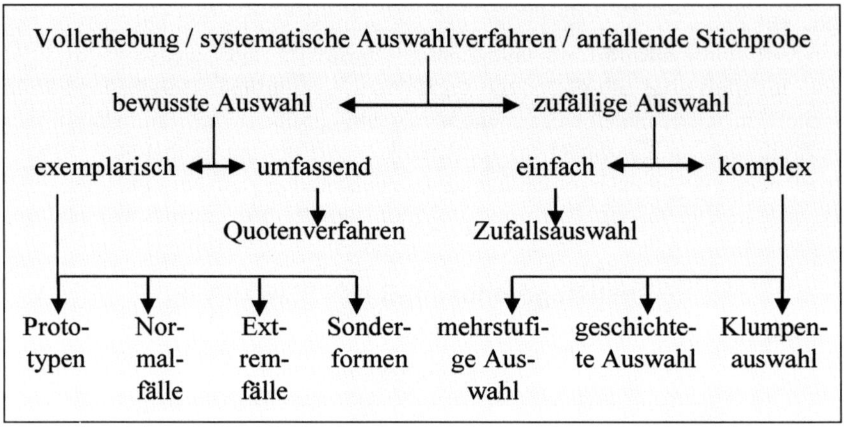

Vor allem in nicht-standardisierten Studien kommen häufig spezielle Auswahlverfahren zum Einsatz, die sich als Sonderformen der bewussten Auswahl beschreiben lassen. Besonders verbreitet ist die Auswahl nach dem *Schneeballverfahren*. Bei solchen werden zunächst wenige Personen ausgewählt, die besonders aussagekräftig erscheinen. Nach der Untersuchung werden sie gebeten, andere Personen zu benennen, die für die Untersuchung interessant wären. Die Expertise der Untersuchten wird sich also zunutze gemacht, um die Auswahl zu treffen. Ein solcher Schritt kann auch Teil des Vorgehens nach dem sogenannten theoretischen Sampling sein. Bei diesem werden neue Personen so ausgewählt, dass sie möglichst neue Informationen liefern und die Auswahl so lange fortgesetzt, bis auch neue Personen keine neuen Erkenntnisse mehr bringen. Die Schwierigkeit dabei ist abzuschätzen, wann die Auswahl gesättigt ist, da selbst wenn einige neue Personen keine neuen Informationen mehr gebracht haben, andere Personen diese bringen könnten.

3.6.3 Beobachtungsobjekt und Beobachtungsfall

Die oben skizzierten typischen Auswahlverfahren sind auf Befragungsstudien optimiert, bei denen Personen ausgewählt werden, die befragt werden. Aus zwei Gründen ist die Auswahlproblematik bei quantitativen Beobachtungsstudien komplizierter. Zum einen können nicht nur Personen beobachtet werden, sondern auch Gruppen oder Gegenstände. Die Auswahl von Gruppen lässt sich wahrscheinlich ähnlich der oben skizzierten Muster realisieren. Problematischer ist die Auswahl von Gegenständen, an denen die interessierenden Handlungen beobachtet werden sollen. Hier können die oben skizzierten Auswahlverfahren lediglich eine Anregung zum Vorgehen liefern. Denkbar wäre, festgelegte räumliche Konstellationen, in denen die zu beobachtenden Gegenstände vorhanden sind, als Elemente der Auswahl heranzuziehen. Das könnten z.B. Geschäfte, Sportplätze, Computerräume in Schulen etc. sein, die nach einem systematischen Verfahren ausgewählt werden, um in diesen die interessierenden Handlungen zu beobachten.

Zum anderen stehen meist bei Beobachtungsstudien nicht die beobachteten Personen, Gruppen oder Handlungen im Zentrum des Interesses, sondern die einzelnen ausgeführten Handlungen. Dann liegt es nahe, zwischen Beobachtungsobjekt und Beobachtungsfall zu unterscheiden. Beim Beobachtungsobjekt handelt es sich um das physische Objekt, das während der Untersuchung beobachtet wird, bzw. an oder mit dem die Erhebung vorgenommen wird. Der Beobachtungsfall ist demgegenüber die einzelne Handlung oder Reaktion, die beobachtet oder gemessen wird. Bei qualitativen bzw. nichtstandardisierten Beobachtungen tritt das Problem nicht auf, da das beobachtete Objekt und die dazugehörigen Handlungen gemeinsam und holistisch betrachtet werden. Bei standardisierten oder apparativen Beobachtungen ist die Konstellation komplizierter. Aber auch bei quantitativen Beobachtungen können Beobachtungsobjekt und Beobachtungsfall zusammenfallen. Dann werden in der Regel Handlungen bei Personen, Gruppen oder Gegenständen gezählt, z.B. wie oft sich bestimmte Kinder im Unterricht melden, wie oft innerhalb einer Gruppe gelacht wird oder wie viele Personen an einem Plakat vorbeigehen oder sich dieses ansehen. Allerdings lassen sich so keine Aussagen über die Qualität der einzelnen Handlungen oder deren zeitliche Abfolge machen.

Deshalb werden in den meisten standardisierten Beobachtungen pro Beobachtungsobjekt mehrere Beobachtungsfälle, sprich Handlungen erfasst. Dann stellt jede einzelne Handlung einen zu erfassenden Beobachtungsfall dar, so dass pro Beobachtungsobjekt im Datensatz mehrere Beobachtungsfälle vorliegen. Es gibt unterschiedliche Möglichkeiten, diese Beobachtungsfälle auszuwählen. Zwei Varianten sind gängig: Auswahl aller Handlungen oder Auswahl nach Zeitintervallen. Bei kürzeren Beobachtungen werden typischerweise alle Handlungen codiert, die während der Beobachtung auftreten. Sind aber lange Beobachtungen vorgesehen, dann ist eine Codierung aller auftretenden Handlung praktisch kaum durchzuführen. Hier ist es zweckmäßig, regelmäßige Zeitfenster wie „alle zehn Minuten" festzulegen, in denen dann z.B. die jeweils erste Handlung codiert wird, die innerhalb des Zeitfensters auftritt. Weil die Beobachterinnen und Beobachter so zwischendrin Pausen haben, sind lange Beobachtungssequenzen auf diese Weise einfacher und fehlerfreier zu erfassen. Allerdings fehlen später die Informationen über die nicht beobachteten Zeiträume. Unabhängig davon, ob das Kriterium zur Codierung die einzelne Handlung oder Zeitsequenz ist, entsteht später im Datensatz für jede Codierung ein Beobachtungsfall zur Handlung, so dass die Anzahl der handlungsbezogenen Beobachtungsfälle im Datensatz gleich dem Produkt der Anzahl von Beobachtungsobjekten mal der jeweiligen Anzahl von Handlungen oder Zeitsequenzen ist.

Auswahl von Beobachtungsfällen

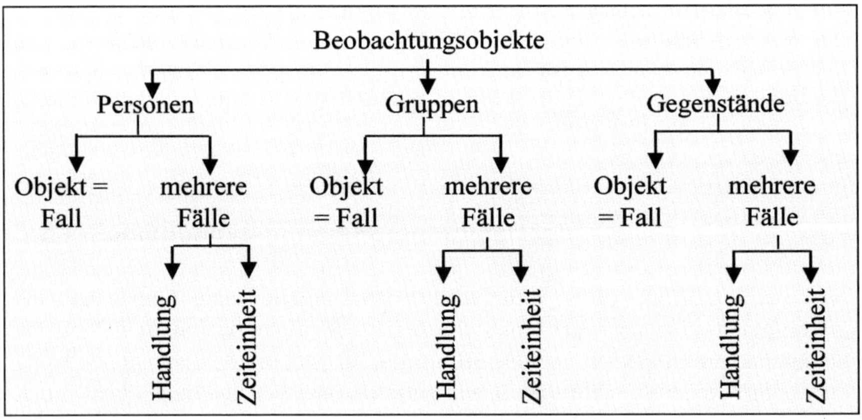

Die Art der Beobachtung hat auch Einfluss auf das Auswahlverfahren und die Festlegung des Beobachtungsfalls. Nicht-standardisierte Beobachtungen operieren in der Regel mit bewussten Auswahlverfahren. Beobachtet werden einzelne Personen oder Gruppen. Bei standardisierten Beobachtungen sind vor allem die bewusste Auswahl, die Ad-hoc-Auswahl oder geschichtete Zufallsverfahren verbreitet. Beobachtet werden meist Personen und erfasst werden die einzelnen Handlungen. Bei apparativen Beobachtungen sind unterschiedliche Auswahlverfahren möglich, oft handelt es sich sogar um Vollerhebungen. Solche Studien setzen zum Teil bei Personen an, häufiger allerdings bei Gegenständen, mit denen die Handlungen vollzogen werden, welche dann vielfach gleichzeitig Handlungsgegenstand und Erhebungsapparat sind. Typisch bei vielen apparativen Studien ist, dass die Beobachtungsfälle nach Zeitintervallen organisiert sind, also ein bestimmtes Zeitintervall widerspiegeln. Zum besseren Verständnis des Vorgehens bei der Auswahl ist es auch nötig zu berücksichtigen, nach welchem Verfahren die Datenerhebung stattfinden soll.

3.7 *Quantitative Beobachtung*: Erhebungsverfahren

Überlegungen und Festlegungen zum Erhebungsverfahren betreffen die Frage, was an den ausgewählten Untersuchungsobjekten wie untersucht werden soll. Leitend ist dabei die Fragestellung der Untersuchung. Es müssen zumindest die Informationen gesammelt werden, die zur Beantwortung der Fragestellung nötig sind. Oft ist es zudem sinnvoll, darüber hinaus weitere Informationen zu erheben, die im zu untersuchenden Problemfeld Einfluss haben könnten, selbst wenn diese nicht Gegenstand der eigentlichen Fragestellung sind. Dadurch wird sichergestellt, die durch die Untersuchung erlangten Resultate in ihrem gesellschaftlichen Kontext verorten zu können. Die eigentliche Erhebung besteht in einer systematischen Überführung von real auftretendem Verhalten in eine Abfolge von Symbolen. Die Symbole dienen dazu, das interessierende Verhalten zu dokumentieren, um später aus der Dokumentation wissenschaftliche Erkenntnisse zu ziehen. Bei quantitativen Beobachtungen handelt es sich dabei um Zahlencodes.

3.7.1 Vorüberlegungen

Mit Vorüberlegungen sind systematische Schritte und Entscheidungen gemeint, um von der allgemeinen Problemstellung, die der Untersuchung zu Grunde liegt, zu konkreten Anweisungen zu gelangen, wie die Beobachtung praktisch durchgeführt werden soll. Der Weg dahin kann von Studie zu Studie sehr unterschiedlich ausfallen. Zwei Aspekte sollten aber auf jeden Fall bedacht werden, und zwar solche, die sich aus der Fragestellung der Untersuchung ergeben, und solche, die sich aus der Tatsache ergeben, dass Handlungen von Menschen im Fokus der Erhebung stehen.

Die ersten Vorüberlegungen gehen von der Problem- bzw. Fragestellung aus. Ziel ist es, das zu untersuchende Problemfeld bzw. die zu untersuchende Fragestellung systematisch in einzelne Komponenten einzuteilen, die in der Erhebung berücksichtigt werden sollen. Durch diese Komponenten soll die Komplexität alltäglicher Handlungssituationen auf diejenige Aspekte fokussiert werden, die für die Untersuchung relevant sind. Zum einen soll durch diesen Fokus verhindert werden, dass Aufwand bei der Erhebung in Aspekte investiert wird, die nicht zur Klärung der Forschungsfrage beitragen. Zum anderen muss aber auch sichergestellt werden, dass alle relevanten Aspekte berücksichtigt werden, weil eine nachträgliche Erhebung bislang unberücksichtigter Aspekte nur möglich ist, wenn die zu beobachtenden Handlungen umfassend dokumentiert sind, z.B. durch Videoaufnahmen. Aber selbst dann ist eine Nacherhebung kaum möglich, weil alles Material erneut gesichtet werden müsste. Die grundlegenden Entscheidungen basieren auf der Problem- bzw. Fragestellung. Daraus wird abgeleitet, welche Arten von Handlungen und Reaktionen untersucht werden sollen, welche Personen oder Personengruppen eine Rolle spielen und welche Handlungskontexte bzw. Handlungssituationen dabei von Interesse sind. Über die eigentliche Fragestellung sowie die grundlegende Verortung der Studie hinaus spielen vor allem vorhandene Theorien, Ansätze und Studien bei den Vorüberlegungen eine entscheidende Rolle. Aus ihnen lassen sich Aspekte und Einflussfaktoren ableiten, die in der Untersuchung mit erhoben werden müssen, da sie im Bereich der Fragestellung einflussreich sind. Selbst wenn sie nicht im Zentrum der Fragestellung stehen, müssen sie berücksichtigt oder konstant gehalten werden. Die Studie läuft sonst Gefahr, Resultate im Sinne der Fragestellung zu interpretieren, die aber auch im Lichte von in der Studie nicht berücksichtigten Aspekten interpretiert werden könnten. Im Umkehrschluss folgt daraus aber nicht, alle Dinge und Aspekte berücksichtigen zu müssen, die in anderen Studien mit ähnlicher Problemstellung untersucht wurden. Berücksichtigt werden nur diejenigen Aspekte, die nachgewiesenermaßen oder zumindest mit hoher Wahrscheinlichkeit Auswirkungen auf die zu untersuchende Fragestellung haben. Um das entscheiden zu können, ist ein umfassendes Studium der vorhandenen Literatur nötig, auch wenn die Studienanlage später offen und explorativ angelegt sein soll.

Der zweite Punkt der Vorüberlegungen betrifft die Tatsache, dass in Beobachtungen Handlung oder Reaktionen von Menschen bzw. aus diesen resultierende Spuren untersucht werden. Daraus ergeben sich automatisch zumindest vier Dimensionen, zu denen überlegt werden muss, ob und in welcher Form sie bei der Erhebung berücksichtigt werden müssen. Im Zentrum stehen notwendigerweise die Handlungen selbst. Bei diesen ist insbesondere wichtig, welche unterschiedlichen Arten von für die Untersuchung relevanten Handlungen auftreten könnten. Wenn es z.B. um Aggression geht, kann das Aggressionsverhalten unterschiedliche körperliche, verbale und nonverbale Handlungen umfassen sowie entsprechende Reaktionen anderer. Das verweist auf die zweite Dimension. Handlungen werden von Personen ausgeführt und es muss reflektiert werden, welche Charakteristika dieser Personen in der Untersuchung erfasst werden sollen. Typischerweise werden demographische Merkmale wie Alter oder Geschlecht berücksichtigt. Darüber hinaus könnten auch Aspekte wie Motive oder Stimmungen eine Rolle spielen, die sich aber bei Beobachtungsstudien nur sehr eingeschränkt feststellen lassen. Die dritte Dimension betrifft die Handlungssituation. Diese hat Einfluss auf die stattfindenden Handlungen. Sie legt z.B. fest, welche Handlungen typischerweise auftreten können und welche nicht. Wichtig bei der Handlungssituation ist, wie typisch sie für die zu untersuchende Fragestellung ist und welche spezifischen Restriktionen sie mit sich bringt. Dabei spielen zum einen die natürlichen Gegebenheiten eine Rolle, zum anderen aber auch Aspekte der Handlungssituation, die durch die Untersuchung selbst geschaffen werden, wie z.B. die Anwesenheit von Beobachtern oder die Nutzung von Apparaten für die Datenerhebung. Nicht zuletzt muss bedacht werden, dass soziale Handlungen in einen Handlungsablauf bzw. Prozess eingebunden sind. Hier muss überlegt werden, wie und in welcher Form dem Handlungsverlauf bei der Erhebung Rechnung getragen wird.

Bei Studien, in denen Hypothesen getestet werden, helfen diese bei der Entscheidung, welche Aspekte in jedem Fall untersucht werden müssen. Hypothesen sind Aussagen über den Zusammenhang von mindestens zwei Variablen. Im einfachsten Fall wird dabei ein Zusammenhang zwischen beiden Variablen angenommen, z.B. ein Zusammenhang zwischen Frustration und Aggression. Dabei bleibt aber zunächst unklar, ob die Aggression Frustration verursacht oder die Frustration Aggression verursacht. Die meisten wissenschaftlichen Hypothesen spezifizieren Kausalzusammenhänge und differenzieren bei den Variablen zwischen unabhängigen, abhängigen und intervenierenden Variablen. Dabei geben die zu untersuchende Theorie und die daraus abgeleitete Hypothese vor, was die Gründe sind und damit die unabhängigen Variablen, was die Folgen sind und damit die abhängigen Variablen und welche zusätzlichen Einflussfaktoren, sogenannte intervenierende Variablen, noch eine Rolle spielen. Dann wäre z.B. festgelegt, dass aggressive Handlungen, die gegenüber einer beobachteten Person ausgeübt werden, als Gründe (unabhängige Variable) für nachfolgende Frustrationshandlungen (abhängige Variable) angesehen werden, wobei eine Solidarisierung mit der beobachteten Person nach der aggressiven Handlung als zusätzlicher Einflussfaktor (intervenierende Variablen) berücksichtigt wird. Wichtig ist, dass Angaben zu allen Variablen, die in der zu untersuchenden Hypothese spezifiziert wurden, erhoben werden, weil die Untersuchung sonst die Hypothese nicht testen kann.

3.7.2 Operationalisierung

Bei standardisierten Beobachtungen werden alle Festlegungen zum Vorgehen bei der Protokollierung vor Beginn der eigentlichen Beobachtung getroffen. Dieser Schritt wird Operationalisierung genannt. Ziel ist es, die Beobachtung auf relativ wenige für die Forschungsfrage wichtige Aspekte zu fokussieren und diese nach einem festgelegten Schema zu codieren. Individuelle Interpretationen der Beobachter sollen dabei durch allgemeingültige Anweisungen so weit ausgeschlossen werden, dass idealtypisch alle Beobachter zu denselben Codierungen kommen, wenn sie dieselbe Szene beobachten. Dazu ist es nötig, zwischen Variablen und Ausprägungen zu unterscheiden, beide genau zu definieren und nötigenfalls durch Beispiele zu illustrieren

Die Operationalisierung beginnt mit der Umsetzung der Forschungsfrage in einzelne Variablen. Wenn Hypothesen aufgestellt wurden, so lassen sich aus diesen zu untersuchende Variablen ableiten. Hypothesen postulieren Zusammenhänge zwischen den Komponenten unabhängige (UV), abhängige (AV) und intervenierende Variablen (IV). Um die Hypothese testen zu können, müssen zumindest Variablen für diese Komponenten erhoben werden. In der Regel werden zusätzliche Variablen untersucht, um Kontextfaktoren berücksichtigen zu können. Zur Illustration eine Beispielhypothese: Wenn einer Person gegenüber aggressive Handlungen ausgeführt werden, dann wird diese mit Frustrationshandlungen reagieren, die umso seltener auftreten, je stärker die Person von Dritten unterstützt wird. In dieser Hypothese fungieren Aggressionshandlungen als UV, Frustrationshandlungen als AV und Unterstützungshandlungen als IV. Darüber hinaus ist es zweckmäßig, zumindest Ort, Datum, Zeit und Beobachter als Kontextvariablen festzuhalten.

Typischerweise werden für jede Komponente einer Hypothese mehrere Variablen erhoben. Bei aggressivem Verhalten ist es z.B. sinnvoll, nicht nur eine Variable für die Art der Aggression vorzusehen, sondern zusätzlich für deren Urheber und deren Adressaten. Oft lassen sich diese Merkmale als typische W-Fragen beschreiben. Im Beispiel handelt es sich bei AV, UV und IV um Handlungen. Im Zentrum steht damit die Frage, was für eine Handlung vorliegt. Darüber hinaus macht es Sinn, Angaben zu „wer“ und „wie“ festzuhalten. Damit wird der Tatsache Rechnung getragen, dass Handlungen von Personen (wer) in einer bestimmten Art (wie) ausgeführt werden. Häufig werden zudem Merkmale der Personen erfasst wie z.B. ihr Geschlecht oder ihr Alter. Ähnlich ist es mit dem „Wie“ also der Art, wie die Handlung ausgeführt wird, wie intensiv oder wie lange die Handlung ausgeführt wird. Zudem sind Kontextvariablen wichtig, um Aspekte der Handlungssituation zu erfassen, wie z.B. wo und wann. Einige Kontextvariablen werden über viele erfasste Handlungen hinweg konstant bleiben. Diese müssen dann nur einmal festgehalten werden. Beginn und Ende einer Handlung variieren hingegen zwischen den erfassten Handlungen und müssen bei jeder einzelnen Handlung erfasst werden. Es lässt sich nicht allgemeingültig sagen, wie viele einzelne Aspekte in einzelnen Variablen bei einer standardisierten Beobachtung erhoben werden sollten. Fragestellung und Hypothesen geben ein Minimum an Angaben vor, die auf jeden Fall erhoben werden müssen. Darüber hinaus verlangt das Primat der Authentizität, möglichst viele Aspekte der Handlungen zu erheben, um diese möglichst authentisch rekonstruieren zu können. Dem steht aber die Praktikabilität entgegen, die zur guten Durchführbarkeit eher eine Beschränkung auf wenige Angaben nahelegt. Deshalb ist eine mittlere Anzahl von Messvariablen sinnvoll.

Auf die Festlegung der einzelnen Variablen folgt die Festlegung ihrer Ausprägung. Dabei legt die Variable das Merkmal fest, das am Untersuchungsobjekt erhoben werden soll, z.B. das Geschlecht. Mit „Ausprägung" ist demgegenüber das Charakteristikum gemeint, das das einzelne Untersuchungsobjekt aufweist, z.B. weiblich. Alle unterschiedlichen Ausprägungen einer Variable beschreiben damit den Möglichkeitsraum von Merkmalen, dem die einzelnen Untersuchungsobjekte theoretisch entsprechen könnten. Bei der Untersuchung eines Untersuchungsobjektes kann dieses allerdings nur eine Ausprägung aufweisen. Wenn eine Variable so operationalisiert ist, dass bei einzelnen Untersuchungsobjekten zwei verschiedene Ausprägungen gleichzeitig zutreffen, dann ist diese Operationalisierung unbrauchbar, da deren Anwendung auf ein Untersuchungsobjekt zu keiner eindeutigen Ausprägung führt und damit keine eindeutige Messung vollzogen werden kann. Im übertragenden Sinne entspricht eine Variable einer Frage und die Ausprägung der Variablen wäre als Antwort auf diese Frage zu betrachten. Nur dass in Beobachtungsstudien die Untersuchungsobjekte nicht selbst antworten, sondern die Beobachterinnen und Beobachter die entsprechende Antwort an geeigneten Merkmalen erkennen müssen.

Entsprechende Merkmale werden üblicherweise als Indikatoren bezeichnet. Indikatoren legen fest, welche Ausprägung bei einem konkreten Untersuchungsobjekt festzuhalten ist. Die Operationalisierung von Variablen und deren Ausprägungen umfasst deshalb genaue Anweisungen darüber, unter welchen Bedingungen bei welcher Variable welche Ausprägung zu codieren ist. Diese Bedingungen können eher allgemeiner Natur sein. In solchen Fällen spielen bei der Durchführung der Beobachtung individuelle Interpretationen und Entscheidungen der Beobachterinnen und Beobachter eine große Rolle, was oft zu problematischen Differenzen zwischen unterschiedlichen

Beobachtern führt. In solchen Fällen ist es ratsam, den Beobachtern zumindest Beispiele für die jeweiligen Ausprägungen an die Hand zu geben, um deren Entscheidungen zu erleichtern und zu vereinheitlichen. Der übliche Fall wissenschaftlicher Operationalisierung arbeitet allerdings nicht mit Beispielen, sondern mit Indikatoren. Indikatoren sind Sachverhalte, die Hinweise geben oder idealtypisch sogar festlegen, welche Ausprägung einer Variablen beim jeweiligen Untersuchungsobjekt zutrifft. Indikatoren sind wie Indizien in einem Kriminalfall, die zu dessen Aufklärung beitragen. Starke Indizien bzw. Indikatoren erlauben direkte Schlüsse, führen also allein zur Aufklärung und damit zur Entscheidung zugunsten einer bestimmten Ausprägung. Schwache Indikatoren bzw. Indizien lassen demgegenüber eindeutige Schlüsse nur im Zusammenspiel mit weiteren Indizien zu, die in dieselbe Richtung deuten. Die eigentliche Kunst der Operationalisierung liegt in dem gelungenen Zusammenspiel von Festlegungen der Variablen, deren Ausprägungen, den relevanten Indikatoren sowie den dazugehörigen Anweisungen. Je einfacher und eindeutiger diese Festlegungen sind, umso besser ist die Operationalisierung und umso besser ist sie in der Praxis umzusetzen.

Die Beziehung zwischen dem, was eine Variable untersuchen soll, und der Art der dazugehörigen Ausprägungen legt fest, welchem Skalenniveau bzw. welcher Art von Messung die Variable entspricht. Der einfachste und bei Beobachtungen häufig anzutreffende Fall sind *Nominalskalen*, die Klassenzugehörigkeit messen. Das bedeutet, die Variable hat verschiedene Ausprägungen, wobei die Ausprägungen als gleichrangig angesehen werden. Typisch für Beobachtungsstudien wären Variablen, die unterschiedliche Arten von Handlungen differenzieren, ohne diese nach Qualität oder Quantität zu charakterisieren. So könnte z.B. in Mobilitätsstudien die Variable „Art der Fortbewegung“ sein mit Ausprägungen wie Laufen, Radfahren, Autofahren, Busfahren etc. Zur Vereinfachung der Erhebung werden statt der einzelnen Ausprägung Zahlen festgehalten. Welche Ausprägung welchen Zahlencode erhält, ist bei Nominalskalen unerheblich, solange die Zuordnung eindeutig definiert ist. *Ordinalskalen* gehen einen Schritt weiter und ordnen die Ausprägungen nach einem inhaltlichen Kriterium. Die einzelnen Ausprägungen sind nicht mehr gleichrangig, sondern befinden sich in einer klaren Abfolge. Wenn bei dem Mobilitätsbeispiel die aus der Mobilität entstehende Umweltbelastung im Fokus steht, könnte man die Ausprägungen folgendermaßen ordnen: Laufen, Radfahren, Busfahren, Autofahren und diese aufsteigenden Zahlen zuordnen. Mit steigender Zahl steigt auch die jeweilige Umweltbelastung, wobei aber das mathematische Verhältnis zwischen den Zahlen nicht die realen Unterschiede abbildet. Wird 1 für Laufen, 2 für Radfahren, 3 für Busfahren und 4 für Autofahren erhoben, so bedeutet das bei Originalskalen nicht, dass Autofahren doppelt so umweltschädlich ist wie Radfahren, auch wenn die 4 doppelt so groß ist wie die 2. *Ordinalskalen* werden in Beobachtungsstudien auch benutzt, um Handlungen in ihrer Qualität grob zu differenzieren. So könnte bei der Beobachtung von Aggressionshandlungen grob eingeschätzt werden, ob die einzelne Handlung nicht aggressiv (codiert als 0), leicht aggressiv (1), aggressiv (2) und stark aggressiv (3) war. *Metrische Skalen* gehen noch einen Schritt weiter, indem die Ausprägungen das zu erhebende Merkmal genau quantifizieren. Bei *Intervallskalen* muss die codierte Zahl der festgestellten Quantität entsprechen, damit die codierten Zahlen die Verhältnisse zwischen den Untersuchungsobjekten genau abbilden. Bei *Ratioskalen* lässt sich dann sagen, dass ein Merkmal bei einem Untersuchungsobjekt dreimal so ausgeprägt ist wie bei einem anderen Untersuchungsobjekt, wenn die Objekte zum Beispiel mit drei und neun gemessen wurden. Metrische Skalen kommen bei Beobachtungsstudien beispielsweise vor, wenn die Anzahl bestimmter Handlungen gezählt wird.

Zur Vorbereitung und Durchführung einer standardisierten Beobachtung ist es nötig, alle Festlegungen in Beobachtungsanweisungen zu beschreiben. Diese haben den Charakter einer Bedienungsanleitung für das Beobachtungsverfahren, insbesondere für die Protokollierung. Dazu wird für jede Variable angegeben, welche Ausprägungen sie umfasst und wie zu entscheiden ist, wann welche Ausprägung zu protokollieren ist. Sind dazu keine eindeutigen Angaben machbar, weil das Beobachtete der Interpretation durch den Beobachtenden bedarf, ist es hilfreich, die Interpretationsgrundlagen zu beschreiben und durch Beispiele zu illustrieren. Darüber hinaus sollte in den Beobachtungsanweisungen deutlich gemacht werden, wie das Beobachtungspersonal vor Ort vorgehen soll, soweit sich dieses festlegen und explizieren lässt. Insofern besteht das Beobachtungsinstrument aus zwei Teilen: den Beobachtungsanweisungen, also einer Beschreibung aller Operationalisierungen, plus den Beobachtungsbögen, auf denen in jeder einzelnen Beobachtung die beobachteten Angaben (z.B. nach folgendem einfachem Schema) festgehalten werden.

Schema eines standardisierten Beobachtungsbogens[2]

Situation *S-Code*[3]	**Beobachter**	**Ort**	**Datum**	**Beginn**	**Ende**
13	*Gehrau*	*Münster*	*27.02.2017*	*10:12*	*11:25*
Person *P-Code*[4]	**Alter**	**Geschlecht**		**Kommentar**	
131	*1 (Kind*[5]*)*	*1 (männlich)*			
132	*2 (erwachsen)*	*2 (weiblich)*		*Mutter von 131*	
133	*3 (Jugend)*	*1 (männlich)*		*Großer Bruder von 131*	
134	...				
Handlung *H-Code*[6]	**Beginn**	**Ende**	**Handlungsart**	**Akteur** *P-Code*[7]	**Partner** *P-Code*
1301	*10:12*	*10:13*	*1 (fragen)*	*131*	*132*
1302	*10:13*	*10:18*	*2 (antworten)*	*132*	*131*
1303	*10:18*	*10:19*	*3 (kommentieren)*	*133*	*132*
1304	*10:19*	*10:20*	*4 (schimpfen)*	*132*	*133*
1305	...				

---

[2] Exemplarisch dargestellt ist eine Beobachtung, die Gehrau am 27.02.2017 in Münster zwischen 10:12 und 11:25 Uhr durchgeführt hat. Gegenstand der Untersuchung sind familiäre Interaktionsmuster. Beobachtet wurde ein kleiner Junge mit seiner Mutter und seinem großen Bruder. Der beobachtete Handlungsverlauf beginnt damit, dass der kleine Junge seine Mutter etwas fragt und diese ausführlich antwortet. Die Antwort der Mutter wird von dem großen Bruder kommentiert, woraufhin die Mutter mit dem großen Bruder schimpft.

[3] Fortlaufender Code für die einzelnen *Beobachtungssituationen*, hier die 13. Beobachtung.

[4] Fortlaufender Code für jede *Person*, beginnend mit dem Code für die Situation.

[5] Festgehalten werden die Codes, zur Erklärung sind die Ausprägungen in Klammern angegeben.

[6] Fortlaufender Code für jede *Handlung*, beginnend mit dem Code für die Situation.

[7] Zur Erhebung von Akteur und Partner wird auf die Personencodes zurückgegriffen.

3.7.3 Formatierung

Mit „Formatierung“ ist die Gestaltung des Erhebungsinstrumentes gemeint. Diese ist insbesondere bei standardisierten Beobachtungen wichtig, sollte aber auch bei nicht-standardisiertem Vorgehen bedacht werden. Sie soll sicherstellen, dass die Beobachtung möglichst einfach durchgeführt werden kann. Dazu trägt vor allem die Gestaltung der Protokollbögen bei, mit denen die Beobachtung durchgeführt wird.

Mit Protokollbogen ist dasjenige Medium gemeint, mit dem die bei der Beobachtung registrierten Informationen festgehalten werden. Für die Formatierung ist es zunächst unerheblich, ob es sich dabei um eine Papierversion handelt, in der Informationen notiert oder skizziert werden, um eine Computerdatenbank, in die Zahlen, Textangaben oder Bilder gespeichert werden, oder um andere Hilfsmittel zur Protokollierung. Zwar unterscheidet sich die Art der Eingabe von Informationen zwischen den Varianten erheblich, die Grundfragen der Formatierung müssen allerdings bei allen Varianten bedacht und gelöst werden.

Ein Grundproblem bei der Durchführung von qualitativen Beobachtungsstudien besteht darin, dass Informationen auf unterschiedlichen Ebenen erhoben werden müssen. Mit unterschiedlichen Ebenen ist hier gemeint, dass bestimmte Informationen bei vielen Beobachtungsfällen gleich bleiben, so dass es nicht zweckmäßig ist, diese für jeden einzelnen Beobachtungsfall festzuhalten, sondern übergeordnet für mehrere Beobachtungsfälle einmal zu erheben. Dieser Konstellation sollte bei der Formatierung des Beobachtungsbogens Rechnung getragen werden. Also ist es zweckmäßig, für Merkmale der Situation einen eigenen Teil im Beobachtungsbogen vorzusehen. Dieser könnte dann Kontextvariablen wie Ort, Datum, Tageszeit und Person der Datenerhebung umfassen. Hinzu kämen relevante Merkmale der Situation selbst, vor allem welche Einschränkungen sie mit sich bringt. Um solche Einflüsse zu dokumentieren, ist es oft sinnvoll, Skizzen anzufertigen oder Fotos zu machen. Auf dieser Ebene ist es auch wichtig, Störungen zu erfassen. Diese können zum einen darin bestehen, dass sich die beobachtete Situation grundlegend in eine Richtung ändert, die dem Untersuchungsziel entgegen läuft. Um so eine Störung könnte es sich z.B. handeln, wenn die ungestörte Interaktion zwischen Jugendlichen beobachtet werden soll, während einer Beobachtung aber Lehr- oder Erziehungspersonal auftritt. Zum anderen treten gerade bei Feldbeobachtungen Störungen auf, die die Durchführung der Beobachtung selbst behindern, z.B. weil etwas in der Beobachtungssituation hinzukommt, das das Sichtfeld der Beobachtung einschränkt. Entsprechende Aspekte müssen notiert werden, weil sie bei der späteren Interpretation zu berücksichtigen sind.

Die relevanten Angaben zu den zu beobachtenden Personen werden wiederum auf einem eigenen Abschnitt des Beobachtungsbogens erfasst. Typisch sind zum einen demographische Merkmale wie Geschlecht oder Alter, zum anderen Angaben über die Stellung der Person innerhalb einer Gruppe. Darüber hinaus sollten Merkmale Beachtung finden, die in Beziehung zu der zu untersuchenden Fragestellung stehen. Auch in Bezug auf die Personen ist es wichtig, untersuchungsrelevante Besonderheiten zu erfassen. Oft betreffen diese die Frage, in welcher Zeit während der Beobachtung die Person überhaupt zugegen war. Relevant sind zudem wiederum alle Einschränkungen, die entweder verhindern, dass die beobachtete Person bestimmte Handlungen überhaupt ausführen kann, oder dass die entsprechenden Handlungen beobachtet werden können, z.B. weil die beobachtete Person versucht, diese zu verbergen. Wie beim Auswahlobjekt dargestellt wurde, müssen nicht unbedingt Personen das Beobachtungsobjekt darstellen. Es können auch Gruppen oder Handlungsgegenstände beobachtet werden. Dann müssen die Beobachtungsbögen auf dieser Ebene nicht auf die Merkmale von Personen, sondern von Gruppen oder Gegenständen ausgerichtet werden. Die Logik bleibt aber dieselbe.

Die letzte Ebene von Abschnitten im Beobachtungsbogen betrifft die einzelnen Handlungen. In diesen werden alle relevanten Merkmale der Handlung erfasst. Dazu gehört, welche Personen und welche Handlungsobjekte involviert sind. Dazu zählen aber auch alle Merkmale der Handlung selbst, um was für eine Handlung es sich handelt, wann sie beginnt und endet und wie sie ausgeführt wurde. Da oft viele einzelne Handlungen zu dokumentieren sind, bei denen aber jeweils nur eine überschaubare Anzahl von Merkmalen erfasst werden kann, werden in der Regel mehrere Handlungen mit einem Beobachtungsbogen erfasst.

Zwei Aspekte müssen bei der Formatierung der Beobachtungsbögen berücksichtigt werden: der Ablauf der Beobachtung und die Verknüpfung der Ebenen. Um die Beobachtungsprotokolle zu sinnvollen Einheiten zusammenstellen zu können, muss mit einem Zuordnungssystem gearbeitet werden. In eher offenen Beobachtungsprotokollen wird man für jede Situation ein Protokoll anfertigen und in dieser auftretende Personen, Gruppen oder Gegenstände mit Kürzeln versehen, so dass jede beschriebene Handlung ihrem entsprechenden Kontext zugeordnet werden kann. Bei standardisierten oder apparativen Beobachtungen mit vielen einzelnen Handlungen muss mit Identifikationscodes gearbeitet werden. Dabei bekommt jede Beobachtungssituation einen Code, mit dem Personen, Gruppen oder Gegenständen ebenso festgehalten werden wie bei den einzelnen Handlungen. Ebenso muss bei jeder Handlung ein Code vermerkt werden, der angibt, auf welche Person, Gruppe oder Gegenstand sie sich bezieht. So lassen sich Merkmale der Situation bzw. der Person, der Gruppe oder der Gegenstände den einzelnen Handlungen zuordnen sowie umgekehrt Merkmale der Handlungen den Personen, Gruppen oder Gegenständen bzw. den Handlungssituationen zuschreiben.

Mit Ablauf der Beobachtung ist gemeint, welche Informationen typischerweise wann während der Beobachtung auftreten. Die Beobachtungsbögen sollten so gestaltet sein, dass sie diesen Ablauf widerspiegeln. Informationen, die vor der eigentlichen Beobachtung erhoben werden können, sollten am Anfang des Beobachtungsbogens zu protokollieren sein. Dann folgen alle Angaben, die im Beobachtungsverlauf auftreten werden. Wenn vorab dabei bestimmte Abläufe zu erwarten sind, sollten auch diese im Beobachtungsbogen beachtet werden. Am Ende der Beobachtungsprotokolle stehen die jeweiligen Einschränkungen, Störungen oder sonstigen Probleme. Die Widerspiegelung des natürlichen Ablaufs der Beobachtung bei der Formatierung der Beobachtungsbögen dient dazu, die Beobachtung möglichst einfach und effizient durchführen zu können.

3.7.4 Standardisierung anderer Protokollierungsformen

Quantitative Beobachtungen können auch auf Informationen basieren, die aus nicht-standardisierten Beobachtungsverfahren stammen. Es kann sich ebenso gut um Datenreihen aus apparativen Beobachtungen oder um Textprotokolle aus qualitativen Beobachtungen handeln, die entsprechend aufbereitet werden müssen. Darüber hinaus sind Befragungs- oder Inhaltsanalysedaten sinnvolle Ergänzungen zu Daten aus standardisierten Beobachtungen.

Bei apparativen Beobachtungen sind die Probleme der Operationalisierung anders gelagert, weil keine Menschen die Beobachtung durchführen, sondern Apparate. Sensoren können, wenn sie direkt am Körper der zu beobachtenden Person angebracht werden, physiologische Körperreaktionen aufzeichnen. Es lässt sich aber auch apparativ festhalten, wie ein Körper ausgerichtet ist und welche Bewegungen er ausübt. Auch Positionswechsel im Raum sowie Wege über lange Distanzen lassen sich apparativ relativ einfach beobachten. Andere Varianten operativer Beobachtungen setzen an Apparaten an, an denen Menschen Handlungen vollziehen, die diese registrieren. Andere Handlungen hinterlassen Spuren, so dass sich die Handlungen im Nachhinein anhand der Spuren rekonstruieren lassen, womit die Analyse von Handlungsspuren dann als Beobachtungsverfahren dient. Besonders verbreitet ist die Analyse von Datenspuren im Internet.

Das Grundproblem bei apparativ erhobenen Beobachtungsdaten liegt in deren Interpretation. Es wird zwar akkurat gemessen; die Frage ist allerdings, für welche menschliche Handlung oder Reaktion das Gemessene steht. Um aus apparativen Daten brauchbare Informationen über menschliches Verhalten generieren zu können, ist genaues Wissen sowohl über die verwendete Technik als auch die zu untersuchenden menschlichen Handlungen und Reaktionen nötig. Das Wissen dient dazu, um aus den Datenreihen, die die Apparate speichern, operationalisierte Daten im Sinne der quantitativen Beobachtung zu erzeugen. In den seltensten Fällen lassen sich apparative Datenreihen direkt statistisch weiterverarbeiten. Meist sind mehrere Operationalisierungsschritte nötig, um zunächst zufällige Daten, die oft als Rauschen bezeichnet werden, von den interessierenden Daten zu differenzieren und diese dann in interpretierbare Operationalisierung zu überführen. Für den ersten Schritt werden bei den meisten Messsystemen Filtertechniken verwendet, die nur solche Daten für die weitere Analyse herausfiltern, die einen gewissen Schwellenwert an Auffälligkeit oder Regelmäßigkeit überschreiten. Eine zweite wichtige Technik liegt im Aggregieren. Dabei werden die meist zu detaillierten Angaben aus den apparativen Messungen in interpretierbare größere Einheiten zusammengefasst. Oft handelt es sich dabei um Originalmessungen auf der Basis von Millisekunden, die in Einheiten von mehreren Sekunden oder Minuten aggregiert werden, je nachdem wie lange die typischen zu beobachtenden Handlungen dauern.

Auch nicht-standardisierte Beobachtungsprotokolle sowie Feldprotokolle aus qualitativen Beobachtungen lassen sich operationalisieren. Da solche Protokolle in Textform vorliegen, müssen diese durch systematische Codierung in eine Zahlenlogik überführt werden. Die Art der Codierung variiert je nach wissenschaftlichem Hintergrund der Studie und Beschaffenheit der jeweiligen Protokolle. Wenn die Protokolle vom Stil her ausreichend ähnlich sind und vorab eindeutig festlegbar ist, welche Aspekte in den Protokollen codiert werden sollen, dann ist meist eine standardisierte Codierung möglich, die vom Prinzip und Vorgehen her einer standardisierten Inhaltsanalyse nahe kommt. Schwieriger ist es, wenn dazu nicht genügend Vorwissen existiert bzw. die Protokolle so unterschiedlich sind, dass sie nicht nach einem festgelegten Verfahren codiert werden können. In solchen Fällen müssen induktive Codiervarianten zum Einsatz kommen. Dabei werden in einem ersten Schritt aus den Protokollen übergreifende Kategorien entwickelt, die in einem zweiten Schritt im gesamten Material erfasst werden. Das Vorgehen weist Ähnlichkeiten zu der oben beschriebenen materialnahen Kategorisierung bei qualitativen Beobachtungen auf. Im Gegensatz zu dieser werden die Kategorien aber als Zahlencodes erfasst und im Weiteren mathematisch-statistisch ausgewertet.

Wegen der Beschränkung der Beobachtung auf Handlungen, Reaktionen sowie Spuren beider ist es auch bei der quantitativen Beobachtung oft sinnvoll, wenn nicht sogar nötig, die Beobachtungsdaten durch Befragungsdaten oder z.B. Analysen von Dokumenten oder Handlungsgegenständen zu ergänzen. Die Befragungsdaten sollten standardisiert vorliegen, also in Form von Zahlencodes. Wenn es sich demgegenüber um Texte oder Transkripte aus nicht-standardisierten Befragungen handelt, so müssen diese codiert und damit in ein Zahlensystem transferiert werden. Das betrifft auch andere Objekte, die Gegenstand der weiteren Analyse sein sollen. Handelt es sich dabei um private Texte wie Briefe oder Tagebücher oder z.B. um Medienangebote, so bieten sich hierfür die üblichen Formen der quantifizierenden Inhaltsanalyse an. Auch diese Angaben werden dann Teil des statistisch zu analysierenden Datenkorpus.

Den Kerndatenkorpus bilden die Beobachtungsdaten, wenn sie erhoben und für die Auswertung vorbereitet sind. Liegen weitere standardisierte Daten aus Befragungen oder Inhaltsanalysen vor, dann muss bei der späteren Datenanalyse überlegt werden, wie sich die Datensätze verknüpfen lassen. Dazu müssen aber erst einmal Beobachtungsdaten erhoben werden.

3.8 *Quantitative Beobachtung:* Feldphase

Die Erhebung der Beobachtungsdaten ist Teil der Feldphase. Nachdem die Untersuchung konzipiert und das Vorgehen bei der Auswahl der Untersuchungsobjekte sowie bei der Protokollierung der Informationen festgelegt ist, beginnt die eigentliche Feldphase. Sie besteht aus einer Vorbereitungsphase und der eigentlichen Datenerhebung. Zur Vorbereitung wird ein Pretest durchgeführt, um die Eignung der geplanten Studienanlage zu überprüfen und diejenigen, die die Beobachtung durchführen, auf diese vorzubereiten. Für die Datenerhebung muss zunächst der Zugang zum Beobachtungsfeld organisiert werden, um dann die Beobachtung durchführen zu können.

3.8.1 Pretest

Der Pretest ist eine kleine Simulation der quantitativen Beobachtungsstudie, um herauszufinden, ob sich diese in der vorgesehenen Weise durchführen lässt. Stellt sich nach dem Test heraus, dass Änderungen in der Studienanlage nötig sind, dann werden diese vorgenommen und erneut getestet, bis die vorgesehene Untersuchungsanlage ein befriedigendes Ergebnis liefert. Zwei Kriterien sind dabei leitend: die Durchführbarkeit und der Aufwand. Die Durchführbarkeit gibt an, ob die vorgesehenen Informationen an den Untersuchungsobjekten in der vorgesehenen Beobachtungssituation sinnvoll erhoben werden können. Darüber hinaus liefert der Test eine Schätzung des Aufwands der Gesamtstudie. Gegebenenfalls muss die Studienanlage so revidiert werden, dass sie in der vorgesehenen Zeit mit den vorgesehenen Mitteln überhaupt durchführbar ist. Um einen Pretest sinnvoll nutzen zu können, ist es nicht nur nötig, diesen durchzuführen, sondern auch ihn auszuwerten, was oft aufwendiger ist als die Durchführung selbst. Der Pretest selbst unterscheidet sich grundlegend je nach Studienanlage.

Bei nicht-standardisierten Beobachtungen sind zwei Arten von Pretest gängig: Entweder der Pretest wird mit eingeweihten Personen z.B. aus dem Umfeld des Forscherteams durchgeführt oder die ersten tatsächlichen Beobachtungen werden wie ein Pretest behandelt und das Erhebungs- und Auswertungsverfahren nach jeder Durchführung angepasst. Bei nicht-standardisierten Beobachtungen muss zum einen herausgefunden werden, ob sich die nötigen Informationen in der vorgesehenen Weise erheben lassen oder ob mehrere Beobachter oder technische Unterstützung durch Audio- oder Videoaufnahmen nötig sind. Zum anderen muss geprüft werden, ob sich die Beobachterinnen und Beobachter in der Beobachtungssituation so verhalten können, wie zur Durchführung der Studie vorgesehen.

Letzteres spielt beim Pretest von standardisierten Beobachtungen nur eine untergeordnete Rolle, da sich die Beobachterinnen und Beobachter eher passiv verhalten. Bei standardisierten Beobachtungen geht es vor allem darum festzustellen, ob die Angaben zu den standardisierten Variablen erhoben werden können. Im Zentrum steht dabei die Frage, ob die vorgegebenen Indikatoren dem Beobachtungspersonal sinnvolle Kriterien an die Hand geben, um zu entscheiden, welche Ausprägungen bei den Variablen festzuhalten sind. Zudem muss geprüft werden, ob alle auftretenden Ausprägungen bei den Variablen berücksichtigt wurden, um das Verhalten eindeutig, umfassend und erschöpfend zu erfassen. Gegebenenfalls müssen zusätzliche Variablen oder Ausprägungen aufgenommen werden. Wichtig ist auch, die Abfolge der

Angaben im Protokollbogen auf ihre Praktikabilität zu beurteilen, da Hin-und-her-Blättern zwischen Protokollbögen Zeit und Aufmerksamkeit kostet. Nicht zuletzt sollten die nötigen Zeiten für die einzelnen Erhebungsschritte festgehalten werden, um darüber den Aufwand für die vorgesehene Gesamtstudie zu schätzen. Oft wird der nötige Zeitaufwand vorab unterschätzt, so dass die vorgesehene Anzahl der zu beobachtenden Fälle gegebenenfalls nach unten korrigiert oder der Aufwand für die Studie nach oben korrigiert werden muss.

3.8.2 Schulung

Die Schulung dient dazu, die Beobachter und Beobachterinnen auf ihre Aufgabe vorzubereiten. In Bezug auf das Beobachtungsteam soll damit sichergestellt werden, dass alle nach demselben Grundmuster vorgehen. Bei den Charakteristika von Beobachtungsstudien wird zwischen internen und externen Beobachtungen unterschieden. Bei internen Beobachtungen arbeiten nur Mitglieder des Forschungsteams als Beobachter oder Beobachterin. Externe Beobachtungen werden demgegenüber gänzlich oder zumindest zum Teil von Personen durchgeführt, die mit der Datenerhebung beauftragt werden. Vor allem bei externen Beobachtern und Beobachterinnen ist eine eingehende Schulung nötig, da die Personen praktisch kein Vorwissen mitbringen. Aber auch wenn die Beobachtung von Mitgliedern des Forscherteams selbst durchgeführt wird, ist eine Schulung nötig, um die individuell unterschiedlichen Vorgehensweisen anzugleichen. Das dient der Objektivität der Erhebung und damit der Unabhängigkeit des Erhobenem von der protokollierenden Person.

Im Zentrum der Schulung steht immer die Protokollierung der beobachteten Informationen. Den Beobachterinnen und Beobachtern muss vermittelt werden, bei welchen beobachteten Sachverhalten welche Variablen zu erheben sind und wie bei jeder einzelnen Variable anhand geeigneter Indikatoren entschieden wird, welche Ausprägung bei der jeweiligen Variable festgehalten wird. Dazu werden die Beobachtungsanweisungen eingehend besprochen. Bei der Schulung werden zudem Mitglieder des Forschungsteams an exemplarischen Beispielen demonstrieren, wie vorzugehen ist. Dann werden die Beobachter und Beobachterinnen anhand neuer Beispiele selbst versuchen, diese mit den vorgegebenen Beobachtungsbögen zu codieren. Nach jedem Probedurchgang werden dabei auftretende Probleme besprochen. Wenn sich alle ausreichend sicher sind, werden alle jeweils allein dasselbe Material erfassen, um anschließend nachzuprüfen, ob alle zu ausreichend ähnlichen

Ergebnissen gekommen sind. Solange die Ergebnisse nicht befriedigend sind, muss die Schulung fortgesetzt und gegebenenfalls sogar die Operationalisierung angepasst werden.

Die Schulung in der Protokollierung der Beobachtungsangaben betrifft das wissenschaftliche Vorgehen. In Bezug auf dieses ist es meist ratsam, die Beobachterinnen und Beobachter auch mit der wissenschaftlichen Fragestellung vertraut zu machen, ihnen also zu erklären, was der Anlass bzw. Hintergrund der Studie ist und welche Fragestellung mit ihr untersucht werden soll. Insbesondere bei Beobachtungen in alltäglichen Handlungssituationen können relevante Sachverhalte auftreten, die bei der Konzeption der Studie nicht bedacht wurden. Wenn die Beobachterinnen und Beobachter Zweck und Fragestellung der Untersuchung kennen, können sie solche Sachverhalte leichter erkennen und offen notieren, was passiert ist und warum sie das für wichtig halten.

Ebenso relevant wie das wissenschaftliche Vorgehen ist das Schulen des sozialen Vorgehens. Die Beobachterinnen und Beobachter müssen geschult werden, souverän in die Beobachtungssituation einzutreten, sich den zu Beobachtenden vorzustellen und diese um die Einwilligung zur Beobachtung zu bitten. Dazu ist es zwar hilfreich, den Personen den Zweck der Studie zu erläutern. Noch wichtiger ist allerdings das höfliche und verbindliche Auftreten der Beobachter und Beobachterinnen, da die Beobachtung Vertrauen voraussetzt und die Beobachteten in der Regel geneigt sind, netten Personen eher zu helfen, indem sie an der Beobachtung teilnehmen. Darüber hinaus ist es hilfreich, den Beobachterinnen und Beobachtern zu vermitteln, dass eine Verweigerung der Teilnahme nicht persönlich genommen wird, denn sie hat meist nichts mit dem Anfragenden zu tun, sondern mit der Ablehnung der Beobachtung. Um die zu erwartende Unsicherheit der Beobachtenden zu reduzieren, sollte darauf hingewiesen werden, dass eine ablehnende Haltung der Beobachtung gegenüber selten ist, wenn angemessen und höflich angefragt wird. Um die Beobachterinnen und Beobachter nicht nur zu schulen, sondern zu stärken, hat es sich als hilfreich erwiesen, sie auch von Verhaltens-Coaches in Selbstsicherheit und grundlegenden Verhaltensweisen zu trainieren.

Schließlich müssen die Beobachterinnen und Beobachter noch darauf vorbereitet werden, dass Unerwartetes auftreten könnte und wie sie sich dann verhalten sollten. Gerade in Beobachtungen im natürlichen Handlungsumfeld können all die Störungen auftreten, die alltäglich auch auftreten: Personen tauchen auf und fragen z.B. nach dem Weg oder Personen reklamieren aggressiv das beobachtete Feld für sich, weil sie sich dort sonst üblicherweise aufhalten. Die Durchführenden müssen dann entscheiden, ob die Beobachtung weitergeführt wird und – wenn ja – die Situation so steuern, dass weiter beobachtet werden kann. Aber selbst Laborbeobachtungen sind nicht sicher vor Störungen. Auch hier könnte jemand die Tür öffnen, um sich nach einem Raum zu erkundigen, und dadurch den Ablauf der Beobachtung unterbrechen. In der Schulung wird es um Strategien gehen, Störungen zu minimieren, vor allem aber um Strategien, mit Störungen sinnvoll umzugehen.

Die Beobachtenden müssen auch unterwiesen werden, wie sie sich in der Beobachtungssituation verhalten sollen. Wichtig ist, ob die Beobachtenden in der Beobachtungssituation offen agieren und ggf. als Beobachtender identifiziert werden dürfen, oder verdeckt und damit in der Regel verborgen vorgehen müssen. Leitend ist dabei die Frage, ob die Beobachteten während der Beobachtung wissen dürfen, dass sie beobachtet werden. Zu dem Wissen trägt auch bei, inwiefern die Beobachterinnen und Beobachter am Geschehen teilnehmen dürfen. Wenn sie nicht versteckt, sondern offen in der Situation sind, ist die Teilnahme am Geschehen oft nötig, um nicht als Beobachtender entdeckt zu werden und bei wissentlichen Beobachtungen nicht als Störfaktor wahrgenommen zu werden. Allerdings sollte die Teilnahme nicht so weit gehen, dass ein Großteil des zu beobachtenden Geschehens auf die Beobachtenden selbst zurückgeht. In der Beobachtungsschulung muss dem Beobachtungspersonal also Routine im Umgang in und mit der Beobachtungssituation vermittelt werden, damit es bei der eigentlichen Beobachtung nicht zu Problemen kommt.

3.8.3 Feldzugang

Die Vorbereitung und Organisation des Feldzugangs ist bei Beobachtungsstudien wichtiger als bei Befragungsstudien. Mit Feld ist die vorgesehene Beobachtungssituation gemeint, mit Feldzugang somit der Zugang zur jeweiligen Beobachtungssituation durch die vorgesehenen Beobachter und Beobachterinnen. Dabei spielen sowohl rechtliche und ethische Fragen eine Rolle als auch Fragen der Logistik und praktischen Durchführbarkeit.

Die wichtigste Frage bei einer Beobachtung ist die, ob in der vorgesehenen Beobachtungssituation überhaupt beobachtet werden darf. Zunächst ist z.B. zu klären, wer Hausherr der jeweiligen Situation ist. Unproblematisch ist es, wenn es sich um das Forscherteam selbst handelt. Eindeutig sind die Fälle, in denen die Beobachtung in Räumen oder an Plätzen stattfinden soll, die privat sind oder zu öffentlichen oder gewerblichen Einrichtungen gehören. Dann ist immer eine Zustimmung der jeweiligen Hausherren nötig. Problematisch ist es, wenn die Beobachtung an öffentlichen Plätzen stattfinden soll. An solchen ist die Beobachtung zwar prinzipiell möglich, sie unterliegt allerdings rechtlichen und ethischen Einschränkungen. Eine eingehende rechtliche Prüfung ist unumgänglich und eine Beratung durch etwaige Ethikkommissionen angezeigt.

Über den Zugang zur Situation hinaus ist auch der Zugang zu den beobachteten Personen zu klären. In Befragungsstudien haben die avisierten Befragten das Recht, die Teilnahme an der Befragung sowie die Angaben zu bestimmten Fragen zu verweigern. Analog dazu sollten Personen, die beobachtet werden, das Recht haben, die Teilnahme an der Beobachtung zu verweigern. In Laborstudien oder offensichtlichen Beobachtungsstudien in Räumen ist das insofern gegeben, als die Personen die Untersuchung bemerken und ihre Mitarbeit verweigern können. Bei verdeckten, unwissentlichen Beobachtungen und solchen, die an öffentlichen Plätzen stattfinden, kann die Teilnahmebereitschaft der dort anwesenden Personen nicht unterstellt werden. Wenn es die Anlage der Studie erlaubt, sollte bei den Personen in jedem Falle vorher das Einverständnis eingeholt werden. Ist das aus Gründen der Studienanlage nicht möglich, müssen die beobachteten Personen nach der Beobachtung gefragt werden, ob sie sich mit der Verwendung der beobachteten Informationen einverstanden erklären. Ist auch das z.B. aus praktischen Gründen nicht möglich, dann muss vorab von einer Ethikkommission geprüft werden, ob ethische Bedenken vorliegen. Kompliziert ist die Situation bei Beobachtungen mittels Analyse von Handlungsspuren. Diese sind unbedenklich, wenn aus den Spuren zwar Rückschlüsse auf Handlungen nicht aber auf die ausführenden Personen gezogen werden können. Viele Handlungsspuren, die im Internet oder bei der mobilen Kommunikation anfallen, können jedoch Personen zugeordnet werden. Eine Analyse solcher Daten ist höchst problematisch und sollte immer vorher von einer Ethikkommission geprüft werden. Natürlich müssen dabei die Grundsätze des Datenschutzes beachtet werden. Daher sollte man sich mit Fachleuten zum Datenschutz abstimmen, um über die Gestaltung von Suchalgorithmen und Konzepten der Datenspeicherung sicherzustellen, dass keine Daten zur Person festgehalten und mit Verhaltensdaten verknüpft werden.

Ein anderes Problem ist der praktische Feldzugang, der eine logistische und eine soziale Komponente umfasst. Logistisch muss sichergestellt werden, dass die Beobachterinnen und Beobachter sowie das dazu notwendige Material zum richtigen Zeitpunkt vor Ort sind. Gegebenenfalls muss auch sichergestellt werden, dass die zu beobachtenden Personen vor Ort sind. Insbesondere die vorgesehene Zeit der Beobachtung muss in Bezug auf die Anwesenheit der zu beobachtenden Personen optimiert werden. Nicht zuletzt muss vor Ort geprüft werden, ob sich die Beobachtung in der vorgesehenen Art durchführen lässt, z.B. ob vom vorgesehenen Platz des Beobachters aus freie Sicht auf das Beobachtungsfeld gegeben ist. Nötigenfalls müssen hier vor Beginn der eigentlichen Beobachtung Veränderungen im Beobachtungsfeld vorgenommen werden.

Ebenso wichtig wie diese logistischen Aspekte sind aber soziale Aspekte. Die Beobachterinnen und Beobachter sollten mit dem Beobachtungsfeld vertraut sein, vor allem müssen auch die Personen, die beobachtet werden sollen, Vertrauen zum Beobachtungsteam haben. Deshalb sollten sich die Mitglieder des Beobachtungsteams den Betroffenen vorstellen und ihr Vorhaben erklären. Zudem sollten sie vor der eigentlichen Datenerhebung eine gewisse Zeit vor Ort sein, damit sich die zu beobachtenden Personen an das Beobachtungspersonal sowie gegebenenfalls Beobachtungsgeräte gewöhnen. Ziel muss es sein, dass die zu beobachtenden Handlungen natürlich ablaufen und nicht ein Resultat der Beobachtung selbst sind. Wie das am besten zu bewerkstelligen ist, muss von Fall zu Fall entschieden werden. In vielen Beobachtungsstudien wird die erste Zeit der eigentlichen Beobachtung als Eingewöhnungsphase betrachtet und die entsprechenden Daten nicht ausgewertet.

3.8.4 Datenerhebung

Die eigentliche Datenerhebung besteht in der Anwendung des festgelegten Erhebungsverfahrens auf die ausgewählten Untersuchungsobjekte. Damit beginnt die Datenerhebung mit dem Auffinden des Untersuchungsobjektes (also einer zu beobachtenden Person, einer Gruppe oder einem zu beobachtenden Handlungsgegenstand) im festgelegten Beobachtungsfeld. Dabei sind die festgelegten Schritte zur Auswahl der Beobachtungssituation sowie zur Auswahl des Beobachtungsobjektes zu beachten, also z.B. Quotenvorgaben oder Zufallsverfahren. Wenn einzelne Personen oder Gruppen von Personen beobachtet werden sollen, dann ist grundsätzlich vorher deren Einverständnis einzuholen. Ausnahmen von diesem Grundsatz können gemacht werden, wenn dafür schwerwiegende Gründe vorliegen, z.B. die Notwendigkeit der unwissentlichen Beobachtung, weil sich die Beobachteten unnatürlich verhalten würden, wenn sie wüssten, dass sie beobachtet werden. Problematischer ist demgegenüber, wenn das Beobachtungsobjekt ein Gegenstand ist, an dem Handlungen ausgeführt werden, wie zum Beispiel eine Spielekonsole oder ein Sportgerät, weil nicht vorherzusehen ist, welche Personen an oder mit dem Objekt Handlungen ausführen. Trotzdem sollte auch hier der Grundsatz gelten, möglichst ein Einverständnis einzuholen. Die Erfahrung zeigt, dass es Beobachtern gerade zu Anfang der Feldphase eher unangenehm ist, ein Einverständnis einzuholen, weil sie mit negativen Reaktionen rechnen. In den allermeisten Fällen ist das aber unbegründet. Wenn es sich um sinnvolle Studien handelt, die den Belangen der Privatsphäre angemessen Rechnung tragen, werden die wenigsten Personen ihr Einverständnis verweigern. Aber selbst eine Verweigerung ist kein Problem und sollte von den Beobachtern nicht als Niederlage wahrgenommen werden.

Im Zentrum der Datenerhebung steht die Protokollierung selbst. Wie dabei vorzugehen ist, legen die Anlage der Studie, die Festlegungen zur Protokollierung sowie die dazugehörigen Anweisungen fest. Diesen sollten die Beobachterinnen und Beobachter so weit wie möglich folgen, damit Unterschiede zwischen den Beobachtungsprotokollen von Unterschieden bei den beobachteten Sachverhalten herrühren und nicht rein durch Unterschiede in der Art der Protokollierung entstehen. Bei nicht-standardisierten Beobachtungsprotokollen werden diese bei verschiedenen Beobachtern zwar unterschiedlich ausfallen; sie sollten aber inhaltlich trotzdem ähnlich sein und nach demselben standardisierten Verfahren in Zahlencodes überführt werden. Standardisierte Beobachtungen sollten so durchgeführt werden, dass unterschiedliche Beobachterinnen und Beobachter bei Beobachtungen desselben Sachverhaltes zu demselben Ergebnis kommen. Bei apparativen Beobachtungen sind zwar Fehler bei der Erstellung der Protokolle sehr unwahrscheinlich. Bei apparativen Beobachtungen entstehen die Probleme eher dadurch, dass die Apparate in unterschiedlichen Beobachtungssituationen unterschiedlich angewendet werden, z.B. Sensoren unterschiedlich am Beobachtungsobjekt angebracht sein können. Probleme bei der Anwendung apparativer Beobachtungen lassen sich bei Durchführung im Labor minimieren, aber nicht gänzlich ausschließen. Das würde auch dazu führen, dass die Beobachtungssituation extrem künstlich würde, so dass sich die dort erhobenen Informationen kaum auf den normalen Handlungskontext übertragen lassen.

Bei der Datenerhebung ist auch zu beachten, wie sich die Beobachtenden zu verhalten haben, ob sie ihre Beobachtungstätigkeit bzw. sich selbst verbergen und wie sie agieren sollen. Dabei muss zwischen Authentizität und Praktikabilität vermittelt werden. Das Verhalten der Beobachtenden muss dazu beitragen, dass das beobachtete Geschehen möglichst natürlich abläuft, um authentische Beobachtungsprotokolle zu erhalten. Gleichzeitig muss die Beobachtung möglichst gut durchzuführen sein, das heißt vor allem, es muss volle Aufmerksamkeit für das zu beobachtende Geschehen zur Verfügung stehen. Zudem müssen Protokollmedien plus ggf. weitere Technik vorhanden und in der Beobachtungssituation benutzbar sein.

Nach Abschluss der Beobachtung im engeren Sinne folgt ein *Debriefing*. In diesem werden die Beobachteten über den Hintergrund und die Durchführung der Studie aufgeklärt, soweit es nicht schon vorher stattgefunden hat. Spätestens an dieser Stelle muss auch das Einverständnis zur Verwendung der erhobenen Daten eingeholt werden. Zudem sollte den Beobachteten angemessen gedankt werden, nicht zuletzt damit diese weiterhin bereit sind, an entsprechenden Studien teilzunehmen. Anschließend muss geprüft werden, ob alle notwendigen Informationen in den Beobachtungsbögen vermerkt sind. Manchmal werden Angaben zu Ort, Datum bzw. Zeit vergessen sowie die Zuordnungscodes zwischen unterschiedlichen Erhebungsbögen. Akribisch erhobene Angaben zu einzelnen Handlungen sind später aber weitgehend wertlos, wenn sie sich nicht Handlungsobjekten bzw. Handlungssituationen zuordnen lassen. Darüber hinaus ist es sinnvoll, abschließend die Beobachtungssituation noch in Fotos oder Videos festzuhalten sowie Eindrücke der Beobachter oder der Beobachterin zu protokollieren, weil sich damit im Nachhinein Probleme oft gut rekonstruieren lassen.

3.8.5 Auswertung und Darstellung

Die Auswertung einer Beobachtungsstudie beginnt mit der Zusammenstellung und Sichtung aller Beobachtungsprotokolle sowie des zusätzlichen Materials wie Notizen, Skizzen oder Fotos. Bei der Sichtung ist die zentrale Frage, welches Material sich für die weitere Bearbeitung eignet. Was offensichtlich unbrauchbar ist, wird nicht weiter ausgewertet, sondern lediglich archiviert. Alles, was zwar grundsätzlich brauchbar erscheint, wird dann darauf geprüft, wie gut es sich für die Bearbeitung der zu untersuchenden Fragestellung eignet. Dabei sind zumindest die folgenden Qualitätskriterien zu berücksichtigen.

a) Das erste Kriterium ist die Vollständigkeit der Angaben. Es muss überprüft werden, ob alle nötigen Angaben zur Beobachtungssituation, zu den Beobachtungsobjekten sowie zu den beobachteten Handlungen vorliegen. An einzelnen Stellen werden dabei immer lückenhafte Angaben auftreten. Solche bilden bei der weiteren Auswertung meist kein Problem, zumal sich fehlende Angaben oft anhand von Kontextinformationen rekonstruieren lassen. Fehlen demgegenüber Angaben zu kompletten Bereichen, z.B. einzelnen zu beobachtenden Personen, Gruppen oder Handlungsgegenständen, so muss entschieden werden, ob die anderen Angaben aus dieser durchgeführten Beobachtung verwendet werden können oder ob die komplette Beobachtung aus der Beobachtungsstudie herausgenommen wird.

b) Die Zuverlässigkeit bei der Erhebung der Beobachtungsangaben ist das zweite relevante Kriterium. Im Kern gibt es an, wie gut sich die Beobachterrinnen und Beobachter an die Regeln der Beobachtungsdurchführung gehalten haben. Praktisch dreht es sich meist um die Frage, ob die Beobachterin und der Beobachter auf dieselbe Weise vorgegangen sind, also idealtypisch dieselben Beobachtungsprotokolle bei denselben Beobachtungsobjekten angefertigt haben und ob eine einzelne beobachtende Person am Ende der Beobachtungsstudie noch genauso vorgeht, wie er oder sie es zu Anfang der Studie getan hat. Hintergrund des Zuverlässigkeitskriteriums ist es sicherzustellen, dass Unterschiede, die zwischen Untersuchungsobjekten beobachtet wurden, tatsächlich auf Unterschiede zwischen den Objekten zurückzuführen sind und nicht auf Unterschiede beim Beobachten selbst, verursacht z.B. durch Ermüdung oder Unachtsamkeit der beobachtenden Person oder Unstimmigkeit zwischen unterschiedlichen Personen bei der Protokollierung. Insbesondere Schulung und Training des Beobachtungspersonals dienen dazu, die Zuverlässigkeit der Datenerhebung zu erhöhen. Beobachtungsprotokolle, bei denen die Zuverlässigkeit der erhobenen Angaben nicht in ausreichendem Umfang gegeben ist, müssen in der Regel von der Auswertung ausgeschlossen werden, weil im Nachhinein nicht mehr unterschieden werden kann, was zuverlässige und was unzuverlässige Angaben sind. In quantitativen Beobachtungen wird die Zuverlässigkeit meist in Form von Reliabilitätskoeffizienten gemessen. Dazu sind Mehrfachcodierungen derselben Beobachtungsfälle nötig. *Die Intercoder-Reliabilität* gibt an, wie gut mindestens zwei Beobachter oder Beobachterinnen bei ihrer Erfassung der Ausprägungen von Variablen übereinstimmen. Entsprechende Koeffizienten geben den Anteil von Übereinstimmungen an. Je höher die entsprechenden Werte ausfallen, umso zuverlässiger sind die Ergebnisse. Liegt das Beobachtungsmaterial als Aufnahme z.B. als Video vor, so kann auch *Intracoder-Reliabilität* bestimmt werden. Bei dieser protokolliert dieselbe Person eine Beobachtungssequenz zweimal, einmal zu Beginn und einmal zum Ende der Laufzeit der Datenerhebung. Auch hierbei lassen sich die oben genannten Koeffizienten zur Übereinstimmung der Protokolle berechnen. Eine dritte, eher selten durchgeführte Variante der Übereinstimmungsüberprüfung findet zwischen einem idealen Beobachtungsprotokoll, das von denjenigen erstellt wurde, die die Operationalisierung konzipiert haben, und den Protokollen des sonstigen Beobachtungspersonals statt. Auch hier können die oben genannten Koeffizienten berechnet werden. Fraglich ist allerdings, ob sie etwas über die Zuverlässigkeit oder die Gültigkeit der Beobachtungsangaben aussagen.

Die Gültigkeit oder Validität gibt an, wie gut die Informationen in den Beobachtungsprotokollen das erhoben haben, was gemessen werden sollte, um die Fragestellung der Untersuchung zu klären. Die Validität von Beobachtungsangaben ist oft deutlich schwerer zu beurteilen als deren Zuverlässigkeit, zumal die Validität nicht nur von der Art der Protokollierung bestimmt wird, sondern auch von der Authentizität der Beobachtungssituation. Probleme bei der Datenerhebung führen dazu, dass relevante zu beobachtende Aspekte nicht entsprechend erfasst werden. Probleme bei der Authentizität entstehen demgegenüber dadurch, dass beobachtete Sachverhalte zwar richtig erfasst werden, diese aber in der eigentlich interessierenden Situation so gar nicht aufgetreten wären. Die Validität lässt sich kaum an den Daten selbst erkennen. Allenfalls Inkonsistenzen innerhalb der Angaben zur selben Handlung oder zum selben Beobachtungsobjekt geben Hinweise auf mangelnde Gültigkeit dieser. Ansonsten dient meist der Vergleich mit externen Kriterien zur Prüfung der Validität. So gibt z.B. die *Konstruktvalidität* an, wie gut in den Beobachtungsprotokollen auftretende Konstellationen mit solchen korrespondieren, die entweder aus der Theorie her bekannt sind oder in anderen empirischen Studien entsprechend gefunden wurden. *Prognosevalidität* beschreibt demgegenüber, wie gut bei den Beobachtungen festgestellte Zusammenhänge realen Zusammenhängen entsprechen und damit Prognosen für extern überprüfbare Zusammenhänge ermöglichen. Wurden in einer Studie Daten mit unterschiedlichen Verfahren erhoben, dann lassen sich die Beobachtungsangaben kreuzvalidieren, wenn zum Beispiel Informationen aus der Beobachtung mit Angaben aus Befragungen korrespondieren. In vielen quantitativen Studien sind entsprechende Ergänzungen der Beobachtung durch Befragung oder Dokumentenanalyse üblich und werden als Triangulationsstudien bezeichnet.

Die Auswertung standardisierter oder apparativer Beobachtungsstudien findet quantifizierend statt, also nach den Regeln statistischer Auswertungsverfahren. Üblicherweise werden dabei die erhobenen Daten zunächst deskriptiv dargestellt. Das beginnt meist mit der Darstellung der Verteilung einzelner Variablen. Haben die Variablen eher wenige Ausprägungen, so kann das anhand der Häufigkeiten der Ausprägung oder ihres Prozentanteils geschehen. Sind die Variablen metrisch skaliert, wird die Darstellung über den größten und den kleinsten vorkommenden Wert, den Mittelwert, die Standardabweichung, den Median oder Quantilen vorgenommen oder deren grafischen Äquivalente als Balkendiagramm bzw. als Boxplot.

Vielfach zielen standardisierte oder apparative Beobachtungsstudien auf die Identifikation von systematischen Zusammenhängen zwischen Variablen ab. Welche Zusammenhänge dabei im Fokus stehen, hängt von den postulierten Hypothesen ab. Statistisch lassen sich Zusammenhänge anhand von Korrelationen identifizieren. Oft geben die Hypothesen aber auch vor, wie der Zusammenhang beschaffen ist, was Grund und was Folge ist. Dann lassen sich unabhängige und abhängige Variablen differenzieren. Die Analyse von Verteilungs- und Mittelwertunterschieden sind statistische Verfahren, um Hypothesen zu prüfen, die Gruppenunterschiede vermuten. Dann legt die UV die Gruppenzugehörigkeit fest, nach der die Mittelwerte und Verteilungsparameter innerhalb der jeweiligen Gruppe berechnet und die Aussagekraft der Unterschiede zwischen den Gruppen geschätzt werden. Vermutet die Hypothese demgegenüber stetige Zusammenhänge, ist es einfacher, auf regressionsanalytische Auswertungsverfahren zurückzugreifen. Dabei wird statistisch geprüft, wie stark sich die jeweilige Veränderung in mehreren UVs auf Veränderungen innerhalb einer AV auswirkt.

Da zu beobachtende Handlungen in Handlungsverläufe integriert sind, handelt es sich bei Beobachtungsdaten in der Regel um dynamische Prozessdaten. Dem sollte bei der statistischen Datenanalyse Rechnung getragen werden. Das kann durch Analyseverfahren mit Messwiederholung geschehen. Dabei werden die Messungen zu einzelnen Handlungen dem jeweiligen Beobachtungsobjekt zugeordnet und der Handlungsverlauf abgebildet. So können Regelmäßigkeiten und Auffälligkeiten im Handlungsverlauf bei mehreren Beobachtungsobjekten analysiert werden. Vor allem apparative Beobachtungen liefern Beobachtungsdaten, bei denen es sich um regelmäßige Zeitreihendaten handelt, die am besten mit den üblichen Verfahren der Zeitreihenanalyse bearbeitet werden können. Dabei werden sowohl Strukturen innerhalb der individuellen Zeitreihe analysiert als auch das Verhältnis zwischen Zeitreihen oder deren gemeinsame Reaktion auf zeitbezogene externe Variablen.

Zeitbezogene Daten lassen sich oft auch grafisch gut aufbereiteten. In Koordinatensystemen wird dann die x-Achse als Zeitachse benutzt, und mit Bezug auf eine darzustellende Variable auf der y-Achse bei Ereignissen als Punkt und bei dynamischen Verläufen als Linie abgetragen. Oder typische Verläufe werden in Sequenzdiagrammen dargestellt, so dass über mehrere Beobachtungen abzulesen ist, ob zur selben Zeit ähnliche Handlungen vollzogen wurden. Oft wird erst durch solche Darstellungen der Alltagsbezug von Beobachtungsdaten deutlich. Um zu einem möglichst authentischen Bild zu gelangen, sollten diese auch durch Fotos oder Videos der beobachteten

Prozesse illustriert werden. Insbesondere so kann die Beobachtung ihr volles Potenzial als wissenschaftliches Verfahren der Datenerhebung alltäglicher Handlungsverläufe ausspielen, weshalb sie in vielen sozial- und verhaltenswissenschaftlichen Disziplinen zum Einsatz kommt.

Um einen fachspezifischen Eindruck solcher Studien zu erhalten, werden im folgenden Abschnitt beispielhaft einige aktuelle Beobachtungsstudien vorgestellt.

4 Beobachtungsverfahren in der Soziologie

Im fachspezifischen Teil dieses Buches soll aufgezeigt werden, wie Beobachtungsverfahren im Kontext einer sozialwissenschaftlichen Disziplin, der Soziologie, diskutiert und verwendet werden. Max Weber hat die Soziologie als eine Wissenschaft begriffen, „welche soziales Handeln deutend verstehen und dadurch in seinem Ablauf und seinen Wirkungen ursächlich erklären will“ (1972: 1). Damit spannt er ein weites Feld von Phänomenen auf, die für die Soziologie von Interesse sind. Auch in der heutigen stärker disziplinierten Wissenschaftswelt kann die Soziologie nur als eine Disziplin mit fließenden Grenzen begriffen werden. Es gibt zunächst einen disziplinären Kern, der über die Institutionalisierung an den Hochschulen (soziologische bzw. sozialwissenschaftliche Institute und Studiengänge) und im wissenschaftlichen Feld (soziologische Berufs- Fachverbände) abgegrenzt ist. Durch die unterschiedliche institutionelle Einbindung an den Hochschulen (z.B. im Kontext unterschiedlicher Fakultäten), durch disziplinübergreifende Forschungsinstitute und -programme und durch die transdisziplinäre Verwendung von Forschungsmethoden aber auch von theoretischen Paradigmen werden die Grenzen dann jedoch unscharf.

Am Anfang dieser Darstellung stehen einige grundsätzliche Überlegungen, welche Bedeutung der disziplinäre Kontext für die Forschungsmethoden hat (4.1); danach soll aufgezeigt werden, wie sich die methodischen Diskurse in der Soziologie entwickelt haben und gegenwärtig gestalten (4.2). Schließlich wird dargestellt, wie Beobachtungsverfahren im Kontext verschiedener Forschungsfelder und Forschungsstile eingesetzt werden und welche theoretischen Bezüge und Erkenntnisse damit verbunden sind (4.3).

4.1 Forschungsmethoden im disziplinären Kontext

Den ersten Teilen dieses Buches liegt, wie auch anderen Methodenlehrbüchern, eine zunächst *einfache methodische Ordnung* zu Grunde. Diese folgt der Idee, dass man im Kontext der empirischen Sozialforschung verschiedene Techniken der Datengewinnung unterscheidet (vor allem Befragung, Beobachtung und Inhaltsanalyse), die verschiedene Typen von Daten (insbesondere Datenmatrizes oder Texte) hervorbringen, die schließlich mit daran angepassten Analyseverfahren (statistischer oder interpretativer Art) ausgewertet werden. Entlang der verschiedenen Datentypen (z.B. zählbare standardisierte Daten und zu interpretierende Textdaten) sind dann aber verschiedene Forschungsparadigmen entstanden. Üblicherweise spricht man von quantitativen und qualitativen Verfahren, die meist als je eigene methodologische und methodische ‚Kosmen' begriffen werden. D.h. mit den unterschiedlichen Erhebungs- und Analyseverfahren werden oft auch unterschiedliche wissenschafts- und erkenntnistheoretische Konzepte verknüpft. Zudem haben sich forschungspraktisch bestimmte Forschungsstile herausgebildet: so spricht man von hypothesentestender, explorativer, evaluativer Forschung oder von Fallanalysen, Feldforschung oder Aktionsforschung. So ist nach und nach eine komplexere methodische Ordnung zu entstanden.

Solche methodischen Ordnungen rücken zunächst die Themen der sozialwissenschaftlichen Forschung, die Forschungsfelder und Disziplinen, in deren Kontext an solchen Themen gearbeitet wird, in den Hintergrund. Auch die Frage, mit welchen theoretischen Konzepten und Begriffen man die soziale Welt modelliert und welche Modi des Erklärens (vgl. Reckwitz 2006: 91) genutzt werden, wird im Kontext der methodischen Ordnung nicht systematisch betrachtet. Nur so wird eine disziplinenübergreifende methodische Darstellung von Beobachtungsverfahren möglich.

Wenn es nun im fachspezifischen Teil dieses Bandes um die Diskussion und Verwendung von Beobachtungsverfahren in der Soziologie geht, wenn also die *disziplinäre Ordnung* in den Blick rückt, muss diese Einbettung der Methoden systematisch beleuchtet werden, das Bild kompliziert sich. Es geht mithin nicht nur darum, das zuvor in der methodischen Abstraktion Entwickelte nun in der Anwendung zu betrachten, sondern es geht auch um die Verknüpfung von inhaltlichen, theoretischen und methodischen Fragen. Das erweitert den Blick auf Methoden (und theoretische Konzepte), indem diese nicht nur als neutrale Instrumente der Analyse der sozialen Welt begriffen werden; sie sind systematisch mit den sozialwissenschaftlichen Konstruktionen dieser sozialen Welt verbunden.

Eine sozialwissenschaftliche Disziplin zeichnet sich zum einen dadurch aus, dass sich im Rahmen der wissenschaftlichen Entwicklung bestimmte Gegenstandsbereiche und bestimmte (disziplinäre) Forschungsperspektiven (theoretische, methodische Zugänge) abgegrenzt haben, die sich von denen anderer Disziplinen unterscheiden. Dabei bilden sich dann auch innerhalb der Disziplinen Strukturierungen z.B. nach Forschungsfeldern heraus. Zum anderen sind Disziplinen als ein Ensemble von Akteuren und Institutionen zu begreifen, die sich disziplinär von anderen Forschenden abgrenzen und die untereinander in Auseinandersetzung um inhaltliche, theoretische und methodische Fragen bzw. um wichtige Ressourcen stehen.

D.h. ausgehend von der Frage, wie in der Soziologie Methoden wie die Beobachtung verwendet werden, muss man sich zum einen dafür interessieren, wie der disziplinspezifische Methodendiskurs geführt wird und welche Auseinandersetzungen damit verbunden sind; zum anderen muss die Frage nach der forschungspraktischen Verwendung im Kontext ihrer (gewachsenen) Teildisziplinen bzw. Forschungsfelder begriffen werden, z.B. der Arbeits- und Industriesoziologie, der Stadtsoziologie, der Jugend- oder der Bildungssoziologie. Diese Forschungsfelder zeichnen sich aber nicht nur durch einen spezifischen Gegenstandsbereich aus; meist sind damit auch ganz spezifische (oder konkurrierende) Forschungspraktiken und theoretische Bezüge verknüpft. Das impliziert typische Selbstverständnisse der Forschenden, spezifische Forschungstraditionen (und damit verbundene Referenzstudien), Infrastrukturen und Institutionen, in denen über Forschungsergebnisse und methodische Entwicklungen kommuniziert wird; damit sind aber auch typische Erwartungshaltungen der Rezipienten von Sozialforschung verknüpft, was z.B. als wissenschaftliche Forschung anerkannt wird.

Man könnte sich eine ideale Sozialwissenschaft vorstellen, in der all diese Fragen keine Bedeutung haben, umgekehrt sind solche Auseinandersetzungen aber für die Herausbildung und Weiterentwicklung von wissenschaftlichen Disziplinen sehr bedeutsam.

4.2 Beobachtungsverfahren im methodischen Diskurs

Bereits lange vor der disziplinären Formierung und Abgrenzung der verschiedenen Sozialwissenschaften und vor ihrer akademischen Institutionalisierung hat sich eine breite Palette von Forschungspraktiken herausgebildet, die in ganz unterschiedlichen Kontexten für die Konstruktion und empirische Erforschung der sozialen Welt genutzt wurden. Eine methodische Systematisierung der dabei verwendeten Forschungspraktiken setzt jedoch meist erst mit der Formierung spezifischer sozialwissenschaftlicher Disziplinen ein.

4.2.1 Beobachtungsverfahren in der Formierungsphase der Soziologie

In den 1950er- und 1960er-Jahren beschleunigen sich die disziplinäre Formierung und die akademische Institutionalisierung der deutschen Soziologie.

In diesem Rahmen setzt auch die Etablierung von soziologischen bzw. sozialwissenschaftlichen Studiengängen mit einer zunehmend systematischen Methodenausbildung ein (vgl. Weischer 2004). Zu den ersten systematischen deutschsprachigen Darstellungen der Methoden der empirischen Sozialforschung kommt es mit der zunächst zweibändigen Abhandlung „Praktische Sozialforschung", die von René König herausgegeben wurde. Der erste Band befasste sich mit der Befragung, der zweite Band trug den Titel „Beobachtung und Experiment in der Sozialforschung". König, der an anderer Stelle die Befragung als den ‚Königsweg' der Sozialforschung bezeichnet hatte, macht sich in seiner Einführung des zweiten Bandes für eine *„systematisch gelenkte und kontrollierte Beobachtung*" stark, die sich für *„Regelmäßigkeiten* und *Wiederholungen*" (1956: 31) interessiert. Im Folgenden finden sich dann Überblicksdarstellungen zu Beobachtungsverfahren, zur teilnehmenden Beobachtung, zu Einzelfallstudien und zur Beobachtung in Kleingruppen. Diese erste Darstellung wurde später durch das von König herausgegebene Handbuch der empirischen Sozialforschung abgelöst; 1967 erschien eine zweibändige, später eine vierzehnbändige Ausgabe. Hier findet sich auch ein eigener Beitrag Königs (1967) zu Beobachtungsverfahren.
In den 1970er-Jahren entstanden dann mit der Expansion der sozialwissenschaftlichen Studiengänge und dem Ausbau der Hochschulen einführende Lehrbücher, die eine Einführung in die Methoden der empirischen Sozialforschung geben sollten. Exemplarisch sei hier auf die Darstellungen von Peter Atteslander und Jürgen Friedrichs verwiesen, die erstmals 1969 bzw. 1973 erschienen und über viele Jahre neu aufgelegt wurden. Beide Autoren bemühen sich um eine Abgrenzung von wissenschaftlichen gegenüber anderen Beobachtungsmethoden. So heißt es bei Atteslander:

> „Beobachtung kann nur dann als wissenschaftliche Methode angesehen werden, wenn sie 1. einem bestimmten Forschungszweck dient, also innerhalb eines theoretischen Bezugsrahmens vollzogen wird, zweckgerichtet und zusammenhängend durchgeführt wird; 2. systematisch geplant und nicht dem Zufall überlassen wird; 3. wenn sie ebenso systematisch aufgezeichnet, und 4. wenn sie grundsätzlich wiederholten Prüfungen und Kontrollen hinsichtlich der Gültigkeit und Genauigkeit unterworfen werden kann." (1975: 141)

Dabei wird zwischen offenen und verdeckten Beobachtungen, zwischen Beobachtungen mit hohem und geringem Partizipationsgrad und zwischen strukturierten (Erfassung zu quantifizierender Merkmale) und unstrukturierten Beobachtungen (Erfassung qualitativer Merkmale) unterschieden. Den unstrukturierten Beobachtungen wird dann vor allem eine vorbereitende (Vorbereitung von strukturierten Beobachtungen) und eine ergänzende (Er-

gänzung von Befragungen) Rolle zugewiesen. Im Weiteren folgen ausschließlich Ausführungen zu strukturierten Beobachtungsverfahren – ein gesonderter Abschnitt ist dem Einsatz dieser Verfahren in der Interaktionsanalyse in Kleingruppen gewidmet. Bei Friedrichs findet sich eine ähnliche Vorgehensweise; er unterscheidet systematische und unsystematische Vorgehensweisen; Letztere folgten ausschließlich „dem spontanen Interesse des Beobachters“ (1973: 273). Die anschließenden Ausführungen konzentrieren sich dann vor allem auf systematische und standardisierte teilnehmende und nichtteilnehmende Beobachtungen.
An diesen Beispielen wird ein gewisser Trend in der methodischen Pluralität der empirischen Sozialforschung erkennbar: Während die ersten übergreifenden Darstellungen noch ein relativ breites Spektrum quantitativer und qualitativer Forschungsansätze – die Begriffe waren noch nicht systematisch eingeführt – boten, verengt sich der Horizont in den folgenden Jahrzehnten; das gilt auch für die später erscheinenden Lehrbücher, z.B. Helmut Kromrey (ab 1980), Rainer Schnell et al. (ab 1988), Andreas Diekmann (ab 1995) oder Michael Häder (2006). Manfred Dechmann konstatiert für die Beobachtungsforschung 1978, die bisherige Literatur behandele die „unstandardisierte Beobachtung mit wenigen Ausnahmen wie ein Gebrechen“ (13). In ähnlicher Weise forderten Bourdieu et al. bereits 1968 angesichts der Dominanz von Befragungsverfahren den „wissenschaftstheoretischen Primat der methodisch-systematischen Beobachtung wiederherzustellen“ (1991: 51); sie wenden sich „gegen eine restriktive Definition der Verfahren der Datenerhebung, die ohne weiteres dem Fragebogen den Vorrang einräumt und ebenso kodifizierte und erprobte Methoden der ethnographischen Forschung [...] lediglich als näherungsweise Substitute“ gelten lässt.

Vor dem Hintergrund dieser Kritiken erschienen dann in den 1970er-Jahren mehrere Monographien, die sich speziell mit Beobachtungsverfahren befassten, so die Darstellungen von Jürgen Friedrichs und Hartmut Lüdtke (1973), Karl-Wilhelm Grümer (1974) und von Dechmann (1978). Insbesondere die Einführungen von Grümer und Dechmann enthalten auch zusammenhängende Darlegungen zu unstandardisierten Beobachtungsverfahren.

Ab den späten 1970er- und den 1980er-Jahren setzte schließlich eine Renaissance und Re-Formierung der Qualitativen Sozialforschung ein. Nach und nach entstehen dann auch einschlägige Einführungen in die Qualitative Sozialforschung und ihre Methoden. Während bei Thomas Heinze (1987) und Walter Spöhring (1989) noch Kapitel zu Beobachtungsverfahren fehlen, werden sie in den Lehrbüchern von Siegfried Lamnek (1988) bzw. Uwe Flick (1995) und später bei Aglaja Przyborski und Monika Wohlrab-Sahr (2010) bzw. Jan Kruse (2014) systematisch behandelt. Parallel erscheinen Publikationen, die sich, mit vorwiegend soziologischem Bezug, der ethnographischen Methode bzw. der Feldforschung widmen; exemplarisch sei hier auf die Darstellungen von Manfred Lueger (2000), Roland Girtler (2001) und Georg Breidenstein et al. (2013) verwiesen. Nur in wenigen Einführungen wird eine Integration von quantitativen und qualitativen Forschungsmethoden angestrebt (vgl. Christian Seipel & Peter Rieker 2003 und Weischer 2007).

Für den Diskurs um Beobachtungsverfahren kommt auch den regelmäßig stattfindenden „Fuldaer Feldarbeitstagen" und dem „Berliner Methodentreffen Qualitative Forschung" eine große Bedeutung zu.

4.2.2 Beobachtungen im jüngeren Methodendiskurs

Derzeit gibt es in der Soziologie kein konsistentes Methodenverständnis und damit verbunden keinen kohärenten Methodendiskurs (vgl. Weischer 2006); so finden sich in der Fachgesellschaft, der Deutschen Gesellschaft für Soziologie, mindestens zwei Sektionen, die sich mit methodischen Fragen befassen: eine ältere Sektion „Methoden der empirischen Sozialforschung" und eine 2003 konstituierte Sektion „Methoden der qualitativen Sozialforschung", die aus einer 1997 gebildeten Arbeitsgruppe hervorging. Eine entsprechende Struktur findet sich auch bei methodischen Zeitschriften, bei Qualifizierungsangeboten im methodischen Bereich oder bei Datenarchiven.

Die in Methodenlehrbüchern propagierte eher problem- und kontextorientierte Wahl von Forschungsdesigns, Erhebungs- und Analyseverfahren wird so nicht eingelöst. In vielen deutschsprachigen Lehrbüchern werden mehr oder weniger deutliche Präferenzen für bestimmte wissenschaftstheoretische Konzepte und Forschungsdesigns, für qualitative oder quantitative Methoden, aber auch für bestimmte Theorietypen erkennbar. Jennifer Platt (1996: 129) hat diese Präferenzstrukturen in der Wahl von Methoden und theoretischen Konzepten einmal als *packages* bezeichnet, die dem methodologischen Ideal einer freien Methodenwahl entgegenstehen.

So wird im Kontext der soziologisch-ethnographischen Forschung typischerweise von nicht-standardisierten und teilnehmenden Verfahren der Beobachtung ausgegangen, die dann in spezifischen Forschungsdesigns eingesetzt (z.B. theoretical sampling) und mit spezifischen Analyseverfahren (z.B. Codierverfahren der Grounded Theory) ausgewertet werden. In der industrie- oder in der organisationssoziologischen Forschung werden typischerweise Fallanalysen verwandt, die dann unter spezifischen Fragestellungen mit Beobachtungs- aber auch mit anderen Erhebungsverfahren verknüpft werden. Im Kontext hypothesentestender Forschungsansätze werden nur solche Beobachtungsverfahren eingesetzt, die die Genese standardisierter statistisch analysierbarer Daten ermöglichen und an die damit verbundenen Modellwelten anknüpfen. Es ist wie Bourdieu vermerkte ein „methodologischer Monotheismus“ entstanden; neben den „Monomanen der statistischen Verteilung“, finden sich auch Monomanen der „Diskursanalyse oder der teilnehmenden Beobachtung oder des offenen Interviews [...] oder der ethnographischen Beschreibung“ (1996: 260).

Wissenschaftssoziologisch lässt sich diese aus methodologischer Perspektive nicht angemessene Praxis recht einfach erklären; Forschungsmethoden sind stets mehr als wissenschaftliche Handwerkszeuge. Sie sind in Prozesse der wissenschaftlichen Sozialisation und Orientierung eingebunden, sie werden innerhalb der *scientific communities* für Zurechnungen und Abgrenzungen genutzt, sie werden für die Konstruktion von Traditionen oder von Standards verwendet, sie erfüllen gegenüber Auftraggebern und Rezipienten wichtige legitimierende Funktionen. „Jeder Forscher gesteht nur einem ganz kleinen Bruchteil des Gegebenen den Status von Daten [...] zu, und zwar nicht, wie er müsste, jenem Bruchteil, der durch seine Problemstellung zur wissenschaftlichen Existenz gebracht wird [...], sondern dem, und nur dem, der von der Lehrtradition, in der er steht, für gültig und gesichert erklärt wird“ (Bourdieu 1996: 259).

Zudem haben sich mit der Entwicklung der Methodendiskurse theoretische und empirische Diskurse voneinander gelöst. Dies wurde insbesondere von Bourdieu kritisiert, der davon ausgeht, „dass sozialwissenschaftliche Forschung und analytische Durchdringung ohnehin immer und in allen Phasen zugleich empirisch und theoretisch sind. Es kommt also nicht auf eine bessere Kooperation von Theorie und Empirie an, sondern darauf, ihre unvermeidbare Durchdringung auf allen Stufen des wissenschaftlichen Arbeitens anzuerkennen und mit zu reflektieren“ (Werner Fuchs-Heinritz und Alexandra König 2005: 218).

Im Folgenden sollen nun drei dieser Forschungsstile (Hypothesentest, Fallstudie und Ethnographie), in deren Rahmen Beobachtungen eingesetzt werden, genauer vorgestellt werden. Während sich bei hypothesentestenden Designs ein ausgeprägter Theoriebezug findet, können Theorien in Fallstudiendesigns eine unterschiedliche Rolle spielen; in ethnographischen Designs spielen sie als Ausgangspunkt der Forschung typischerweise keine herausgehobene Rolle.

4.2.3 Beobachtungen im Kontext hypothesentestender Designs

In der Darstellung von Häder (2006) werden Beobachtungsverfahren neben Befragungen und Inhaltsanalysen als eine wesentliche Erhebungsmethode eingeführt. Als Merkmale wissenschaftlicher Beobachtung streicht Häder mit Bezug auf verschiedene andere Autoren heraus, dass diese hypothesengeleitet, methodisch kontrolliert, streng systematisch und zielgerichtet erfolgen und dass sie eine systematische und nachvollziehbare Auswertung ermöglichen müsse. Die Vorteile von Beobachtungen werden im unverfälschten, nicht über verbale Bekundungen vermittelten Zugang, in der zeitlichen Unmittelbarkeit der Beobachtung und im Zugang zu Mimik, Gestik bzw. zu unbewussten Verhaltensweisen gesehen. Nachteile liegen in den hohen Forschungsaufwendungen, in den Grenzen des Beobachtbaren und in der unzureichenden methodologischen Reflexion des Verfahrens.

Dementsprechend formuliert Häder mit Bezug auf Jürgen Bortz und Nicola Döring (2002) fünf Modellierungsregeln, denen eine wissenschaftliche Beobachtung zu folgen habe: eine gezielte Selektion von zu untersuchenden Reizen, eine Abstraktion bzw. Herauslösung des Beobachteten aus dem konkreten Umfeld, eine Zuordnung des Beobachteten zu Ereignisklassen, eine Systematisierung der beobachteten Einzelereignisse und schließlich eine Relativierung, bei der es zu klären gilt, ob die Beobachtungen in einen theoretischen Rahmen integriert werden können oder eher den Charakter von Ausnahmen haben.

Bei den Formen der Beobachtung wird zwischen teilnehmenden und nichtteilnehmenden, Feld- und Labor-, offenen und verdeckten, Selbst- und Fremd-, (teil)standardisierten und nicht-standardisierten, direkten und indirekten und zwischen technisch vermittelten und unvermittelten Beobachtungen unterschieden. Forschungsethische Fragen werden erwähnt, aber nicht systematisch diskutiert. Einen großen Raum nimmt dann die Darstellung von Fehlern ein, die den Beobachtenden, dem Beobachtungsprozess bzw. den Rahmenbedingungen zugerechnet werden können.

Dem Anspruch nach wird mit dieser Darstellung die ganze Breite von Beobachtungsverfahren und forschungspraktischen Einbettungen abgesteckt, de facto erfolgt jedoch eine Fokussierung auf jene Beobachtungsverfahren und Forschungsdesigns, die sich an der Logik der quantifizierenden Analyse und des Hypothesentests orientieren.

4.2.4 Beobachtungen im Kontext von Fallstudien

Fallstudien weisen grundsätzlich manche Ähnlichkeiten zu den unten besprochenen Feldforschungen auf; sie haben sich jedoch forschungspraktisch oftmals als ein eigener Forschungstyp herausgebildet. Das geht zum einen auf die damit verbundenen oft stärker gerichteten Zielsetzungen bzw. theoretischen Implikationen und zum anderen auf das eingesetzte Methodenspektrum zurück.

(Einzel-)Fallstudien sind als ein Forschungsdesign zu begreifen, in dem verschiedene Erhebungsmethoden – darunter auch Beobachtungen – genutzt werden, um einen Fall oder eine Gruppe von Fällen zu untersuchen. Fälle sind zumeist einzelne Personen, aber auch Aggregate von Personen – eine Gruppe oder eine Organisation bzw. einzelne Organisationsteile; es finden sich aber durchaus noch weiterreichende Abgrenzungen[1]. Lamnek unterscheidet den Einsatz von Fallstudien im Kontext von quantitativen und qualitativen Forschungsdesigns. In der quantitativen Forschung haben sie eher einen ergänzenden Charakter, indem sie im Vorfeld von Forschungen für die Exploration des Forschungsfeldes, für die Entwicklung von Hypothesen, für die Operationalisierung einzelner Konzepte bzw. im Sinne von Machbarkeitsstudien eingesetzt werden, oder indem sie nach der Durchführung einer quantitativen Studie für die Plausibilisierung und Illustration von Befunden genutzt werden (2010: 283). Im Rahmen der qualitativen Forschung stellen Einzelfallstudien nach Lamnek eine Art Elementareinheit dar, die dann z.B. im Rahmen der Auswertung von qualitativen Interviews analysiert und zu Typen zusammengefasst werden.

Für die hier interessierenden Fragen sind Fallstudien als ein typisches Forschungsdesign von Interesse, in dem mehrere sowohl quantitative wie qualitative Erhebungsverfahren – darunter auch verschiedene Beobachtungsverfahren – kombiniert werden, um einen in der Forschung fokussierten (überschaubaren) Ausschnitt der sozialen Welt zu untersuchen.

> Pflüger, Pongratz und Trinczek begreifen Fallstudien „als eine Forschungsstrategie, welche durch die Kombination verschiedener sozialwissenschaftlicher Erhebungs- und Auswertungsverfahren bei der

[1] Lamnek führt mit Verweis auf andere Autoren dazu aus: „In der Regel handelt es sich bei den Untersuchungsobjekten von Fallstudien um Personen, doch können auch andere soziale Einheiten als Forschungsgegenstände betrachtet werden, z.B. eine soziale Gruppe, Familie oder Kultur [...], Betriebe, Organisationsstrukturen im Rahmen von Evaluationen, aber auch Treatments oder Realisierungen von Interventionen [...]" (2010: 273). In der Politikwissenschaft werden auch Länderfallstudien durchgeführt.

> Analyse eines sozialen Prozesses (des Falls als Untersuchungsgegenstand) dessen Kontext systematisch zu berücksichtigen in der Lage ist. Diese strategische Ausrichtung auf den Kontextbezug des Falles erfordert zum einen die präzise Eingrenzung des zu untersuchenden sozialen Prozesses und zum anderen (auf dieser Grundlage) die Ermittlung und Auswahl relevanter Kontextfaktoren. Fall und Kontext bilden eine Dualität, in welcher der Kontext aus der Fallkonstruktion resultiert. Der Fall als Untersuchungsgegenstand ist nicht von vornherein gegeben, sondern entsteht erst als Konstruktion der Forschung, indem der zu untersuchende soziale Prozess anhand der Untersuchungsfrage bestimmt und von seinem Kontext abgegrenzt wird. Der Kontext setzt sich aus all jenen Faktoren zusammen, die in Verbindung mit dem Fall stehen, ohne selbst Bestandteil des zu untersuchenden sozialen Prozesses zu sein.“ (2010: 30)

Die Forschungsstrategie wird im Folgenden über vier Merkmale charakterisiert: (a) durch den bereits eingeführten *Kontextbezug*; (b) durch die *Multiperspektivität*, die darauf zielt, „Erfahrungs- und Handlungsperspektiven verschiedener Akteure (oder Akteursgruppen) systematisch“ (31) zu erfassen und zu interpretieren; (c) durch die *Methodenkombination* und (d) durch die *Offenheit* des Forschungsdesigns, die Variationen der Erhebungs- und Auswertungsverfahren erlaubt, „um Kontextfaktoren, deren Bedeutung erst der empirische Forschungsprozess erweist, noch systematisch in die Analyse einbeziehen zu können“ (31).

Mit dem Fallstudiendesign hat sich vor allem in der organisations-, arbeits- und industriesoziologischen Forschung ein ganz spezifischer Forschungsmodus herausgebildet, bei dem Verfahren der teilnehmenden Beobachtung in Kombination mit Interviews verschiedener Art eine zentrale Bedeutung zukommt. Die Forschungssituation weist viele Parallelen mit der ethnographischen Feldforschung auf, ist aber durch die Einbindung in Arbeitsorganisationen und die damit verbundenen Machtverhältnisse, durch die spezifische theoretische Einbindung der Forschung und schließlich durch die feldspezifischen Standards von dieser auch deutlich unterschieden. Ein anderes Verständnis von Fallstudien findet sich bei Brüsemeister (2008), der unter dem Etikett „qualitative Einzelfallstudien“ (55) eher Forschungsmethoden rubriziert, die in dieser Darstellung im Kontext der ethnographischen Ansätze dargestellt wurden.

4.2.5 Beobachtungen im Kontext von ethnographischen Ansätzen

Soziologie und Ethnographie haben stets in einer engen, oft auch schwierigen Wechselbeziehung gestanden (vgl. dazu Bourdieu 1993: 51-52 und Hörning 2008). Spätestens die breite Rezeption der Bourdieu'schen Forschungen, in denen soziologische und ethnographische Zugänge in einem engen Zusammenhang stehen, haben die ethnographischen Methoden und Wirklichkeitsperspektiven für die Soziologie interessant werden lassen. Im Folgenden soll am Beispiel einer einführenden Darstellung (Breidenstein et al. 2013), die sich auch an die Soziologie richtet, aufgezeigt werden, welche Rolle hier Beobachtungsverfahren spielen.

> „Die teilnehmende Beobachtung bildet [...] das Zentrum der Ethnografie. Sie stiftet die soziale Form, in der alle möglichen Daten erst gewonnen werden können. Auf der Basis einer Begleitung von Praktiken an einem Ort über längere Zeit werden Vertrauensbeziehungen aufgebaut, informelle Gespräche geführt, Dokumente aller Art erhoben, Fotos geschossen, Gespräche der Teilnehmer aufgezeichnet. Es gibt also keine Beschränkung auf einen bestimmten Datentyp, man geht vielmehr sehr offen und gelegenheitsgetrieben vor und nimmt alles an Eindrücken und Daten mit, das gewinnbringend scheint." (34)

Die Ethnographie wird von den Autoren über vier Markenzeichen charakterisiert:

(a) Es geht um einen spezifischen Gegenstandsbereich, der – nach der Kritik am Konzept der Ethnie und der Kultur – als eine analytische Einheit „zwischen den Individuen der Biographieforschung und der Bevölkerung der Demographie" (32) umschrieben wird. Sie erschließt verschiedene Sinnschichten, „wenn sie kulturelle Phänomene aus ihrem Kontext heraus zu verstehen versucht: mit Mythen, Vokabularien, Filmen, Ritualen und Artefakten" (33).

(b) Die Feldforschung, das „persönliche Aufsuchen von Lebensräumen" (33), zeichnet sich zum einen durch ihre Unmittelbarkeit aus, man ist in einer sehr direkten Weise mit den Lebenswelten und sozialen Wirklichkeiten in einem Forschungsfeld befasst. Zum anderen ist sie über ihre Dauer charakterisiert, die über kurze Forschungsaufenthalte hinausgeht. Erst die anhaltende räumliche Kopräsenz und zeitliche Synchronität ermöglichen es, die Situativität zu rekonstruieren: „Ethnographen betrachten den Menschen nicht als Sinnzentrum, sondern als eingebettet in soziale Situationen" (42).

(c) Das methodische Instrumentarium reicht über die teilnehmende Beobachtung hinaus und umfasst informelle und formelle Gespräche mit den

Akteuren, mit Informanten oder lokalen Experten. Dabei wird ein „feldspezifischer Opportunismus“ betont, der nicht bestimmten Methodenpräferenzen folgt, sondern sich an den vorherrschenden Kommunikationsformen im Feld orientiert (Erzählungen, stumme Praktiken, visuelle Kommunikation, Akten und andere Dokumente). Diese werden in verschiedener Weise dokumentiert: über Protokolle, Tagebücher, Transkripte, audiovisuelle Aufzeichnungen, Genealogien etc.

(d) Eine zentrale Bedeutung hat schließlich neben der Beobachtung des Sozialen die Versprachlichung. Neben dem in sprachlicher Form unmittelbar Zugänglichen gibt es auch vieles, was unaussprechlich ist, was stimmlos, sprachlos oder stumm geschieht; dies müsse durch die Forschenden und Beobachtenden erst „sozialwissenschaftlich *zur Sprache gebracht* werden“ (35).

Obwohl der Begriff der Feldforschung eine Gegebenheit des Feldes und der damit zu untersuchenden Fälle suggeriert, wird beides als ein Konstruktionsakt begriffen. Felder können über lokale Gemeinschaften, über Szenen, über Personengruppen, über Berufsfelder abgegrenzt sein, die dann in ihrer Spezifik aber auch vergleichend oder in ihren Kontexten analysiert werden. Es können aber auch Artefakte (Daten, institutionelle Praktiken) sein, die in verschiedenen Kontexten verfolgt werden. Dementsprechend ist Feldforschung nur bedingt an Ort und Zeit einer Beobachtung gebunden. Für die Datengewinnung werden neben Gesprächen und Dokumenten vorrangig Praktiken des Teilnehmens und Beobachtens genutzt. Die Teilnahme und die damit verbundene Ko-Präsenz erschließt die Nutzung der Körpersensorik der Forschenden „das Riechen, Sehen, Hören und Ertasten sozialer Praxis“, aber auch den „soziale Sinn der Forscherin, ihre Fähigkeit zu verstehen, zu fokussieren“ (71).

Die teilnehmende Beobachtung kann dann durch spezifische Strategien weiter qualifiziert werden:

Die *Wiederholung* impliziert zum einen das wiederholte Beobachten unter verschiedenen Rahmenbedingungen. Hierbei geht es darum, dass über den Regelbetrieb (z.B. einer Organisation) hinaus genau das Irreguläre (z.B. Akteure oder Klienten, die sich nicht an die Regeln halten, eine Krisensituation) bedeutsam sein kann, um das Reguläre zu verstehen. Zum anderen ermöglichen technische Aufzeichnungen des Geschehens eine Wiederholung der Beobachtung unter veränderten Forschungsbedingungen, was neue Perspektiven und Erkenntnisse eröffnen kann.

Zu einer räumlichen oder zeitlichen *Mobilisierung* der Beobachtung kommt es, wenn die Beobachteten in verschiedenen räumlichen Kontexten bzw. über eine längere Zeit verfolgt werden. Über die Situationen hinaus geraten dann eher Prozesse in ihrer räumlichen Einbindung in den Blick.

Auch wenn sich die teilnehmende Beobachtung von der Informationsselektion distanziert, erfordert auch dieses Verfahren eine *Fokussierung*; diese kann thematischer, zeitlicher, räumlicher oder personaler Art sein. Dabei ist auch das stets begrenzte Aufmerksamkeitspotenzial der Beobachtenden zu bedenken; fokussierte, d.h. selektierende Beobachtungen führen eher zu besseren Daten. Zudem können *Perspektivwechsel* die Qualität von Beobachtungen verbessern, indem Situationen und Prozesse aus der Sicht verschiedener Akteure (z.B. Vorgesetzte und Untergebene) besehen und verfolgt werden.

Eine wichtige Rolle spielt dann neben den eigentlichen Erhebungsverfahren (Teilnahme, Beobachtung und Gespräch) das Dokumentieren dieser Erhebungen durch das Sammeln vorhandener Dokumente, durch technische (meist audio-visuelle) Aufzeichnungen und durch die Verschriftlichung von Beobachtetem und Gehörtem, aber auch von Erfahrenem; das impliziert auch die dabei gewonnenen Eindrücke und Empfindungen. Daraus entsteht dann ein Datenkorpus von Aufgeschriebenem (Feldnotizen verschiedener Art, Protokolle), Aufgezeichnetem (Mitschnitte) und Aufgelesenem (textliche und andere Artefakte). Dabei wird deutlich, dass neben der technischen und materiellen Vermittlung dem Schreiben eine ganz zentrale Bedeutung zukommt; so kann „Nichtsprachliches" versprachlicht werden. Es findet ein multipler Übersetzungsprozess statt: „Ethnografen schreiben Ereignisse nieder, die sie gerade noch erlebt und beobachtet haben, sie wechseln von der körperlichen Teilnahme und der Mündlichkeit zur Schriftlichkeit, von der Interaktion Vieler zu einer einsamen Interaktion mit den eigenen Notizen" (95). Das Schreiben hat damit eine dokumentierende, eine versprachlichende und eine analytisch explizierende Funktion.

Während Beobachtungsverfahren im Kontext dieser Einführung vorwiegend als Verfahren der Datengewinnung begriffen werden, an die sich dann verschiedene Verfahren der Datenanalyse anschließen, findet sich in der Feldforschung eine weitaus stärkere Verschränkung von Datengewinnung und -analyse. Der Forschungsablauf gestaltet sich nicht als lineare Folge von Erhebung und Auswertung, sondern als rekursive Folge verschiedener sich bedingender Erhebungs- und Analyseschritte; so werden die vorläufigen analytischen Befunde im Sinne des *theoretical sampling* wiederum für die Auswahl neuer Erhebungsoperationen und Erhebungsfelder genutzt. Grundsätzlich kann die Feldbeobachtung mit ganz unterschiedlichen Verfahren der Analyse qualitativer Daten verknüpft werden. Nicht selten werden jedoch insbesondere die verschiedenen Ansätze (Glaser, Strauss, Charmaz & Clarke) aus der Grounded Theory genutzt (vgl. Equit & Hohage 2016 und Fernandez 2016).

Die Logik der Feldforschung impliziert *erstens* die Teilnahme; d.h. im ethnographischen Design reduziert sich die breite Palette von Beobachtungsverfahren auf die teilnehmenden Varianten. Teilnehmende Beobachtung ist dann aber mehr als Beobachtung, es ist Teilnahme und Beobachtung mit den damit jeweils verbundenen Erkenntnispotenzialen und Erfahrungen. *Zweitens* ist es oft aufwendig, ins Feld zu gelangen, weil es sprachlich, organisatorisch bzw. sozial verschlossen oder räumlich entfernt ist. Das bedingt dann wiederum, dass es naheliegt, Beobachtungen mit anderen feldspezifischen Verfahren zu verknüpfen: offene Befragungen, Expertengespräche formeller und informeller Art, Dokumentensammlungen etc. *Drittens* impliziert die Logik der Feldforschung in der Regel eine Entscheidung für rekursive und gegen lineare Forschungsdesigns, die dann wiederum eine enge Verschränkung von Erhebung und Analyse implizieren.

In der Zusammenschau der hier dargestellten Forschungsstile, in denen Beobachtungsverfahren genutzt werden, wird deutlich, dass der Stellenwert von Beobachtungen variiert und dass neben den *expliziten Beobachtungen* im Sinne der Datenerhebung, vor allem bei Feldforschungen und Fallanalysen *implizite Beobachtungen*, die mehr oder weniger systematisch im Feldkontakt gemacht werden, eine wichtige Rolle spielen.

4.3 Beobachtungsverfahren in der soziologischen Forschungspraxis

Nun soll aufgezeigt werden, wie Beobachtungen in der soziologischen Forschungspraxis eingesetzt, welche Themen damit typischerweise bearbeitet und welche Erkenntnisse gewonnen werden. Nach einem kurzen Überblick wird dies insbesondere entlang von Fallbeispielen geschehen.

In der langen Vorgeschichte der empirischen Sozialforschung wurden implizit oder explizit immer auch Beobachtungsverfahren genutzt. Einige Studien haben den Status von Klassikern erlangt; Thomas Kuhn (1976: 198) spricht von *exemplars* – Musterbeispiele, an denen vor allem in der akademischen Ausbildung disziplinäre Perspektiven, Forschungs- und Denkstile erlernt werden.

Im Folgenden seien einige dieser klassischen Studien benannt, in denen Beobachtungsverfahren von zentraler Bedeutung sind. Relativ unumstritten, weil multiparadigmatisch angelegt, sind „Die Arbeitslosen von Marienthal". In der ethnographischen Forschung gehört die Studie von William Foot Whyte (1943) über die „Street Corner Society" in Boston zu einem Klassiker.

In der stadtsoziologischen Forschung sind das die Studien vor allem der ersten Chicagoer Schule, z.B. Nels Andersons (1923) Studie „The Hobo". In der industriesoziologischen Forschung rechnen die Arbeiten von Marie Bernays (1910) über „Auslese und Anpassung der Arbeiterschaft der geschlossenen Großindustrie" oder von Fritz Roethlisberger und William Dickson (1939) über „Management and the Worker" dazu. Einflussreich waren auch die alltagssoziologischen Forschungen im Anschluss an Alfred Schütz, Erving Goffman und die Ethnomethodologen Harold Garfinkel bzw. Harvey Sacks (vgl. Breidenstein et al. 2013: 13).

4.3.1 Beobachtungen in der jüngeren soziologischen Forschung – Überblick

Friedrichs konstatierte bereits in den frühen 1970er-Jahren eine geringe Verwendung von Beobachtungsverfahren (1973: 269). Einen genaueren Aufschluss über die Nutzung von Beobachtungsverfahren in der Soziologie geben dann die Forschungserhebungen der GESIS, sie bezogen sich zunächst jedoch nur auf Projekte mit einem quantitativen Design. Demnach wurden zwischen 1968 und 1978 in 16-25% aller gemeldeten quantitativen Projekte Beobachtungsverfahren eingesetzt, es waren Mehrfachangaben möglich (vgl. Zentralarchiv 1979: XXI). Ende der 1980er-Jahre liegt der Beobachtungsanteil bei 16% in der quantitativen Forschung und bei 24% in „sonstigen empirischen Projekten" (vgl. Zentralarchiv 1988: XVI). In den einschlägigen soziologischen Fachzeitschriften waren Beobachtungsverfahren jedoch weitaus weniger präsent; so gingen zwischen 1989 und 1993 im Durchschnitt nur 6% der Beiträge auf Beobachtungen zurück, diese waren ausschließlich qualitativer Natur (Diekmann 1995: 373).

Einen groben Überblick über die jüngere Nutzung von Beobachtungsverfahren in der Soziologie kann die von der GESIS betriebene Datenbank Sofis (Sozialwissenschaftliches Forschungsinformationssystem) geben[2]. Der Anteil von Beobachtungsverfahren in den gemeldeten empirisch arbeitenden Projekten liegt im Zeitraum von 2000 bis 2017 bei 14%; dabei gilt es zu beachten,

[2] Der Datenbestand geht vor allem auf die Meldungen von Forschenden und Forschungsinstitutionen zurück. Somit ist die Verteilung nach Disziplinen und Forschungsgebieten in erheblichem Maße vom Meldeverhalten und den methodischen und thematischen Selbstverortungen der Beteiligten abhängig. Das Verständnis von Forschung ist dabei recht weit gefasst, es umfasst Gutachten, Qualifikationsarbeiten und Forschungsprojekte verschiedener Art.

dass Mehrfachnennungen möglich waren. Es zeigen sich jedoch erhebliche Unterschiede zwischen verschiedenen soziologischen Arbeitsfeldern. In der Entwicklungs-, der Wissens- und der Religionssoziologie liegt der Anteil der Beobachtungsverfahren über 20%; auch in der Kommunikations-, der Stadt-, der Kultur-, der Jugend- und der Agrarsoziologie liegt der Anteil von Beobachtungen mit 15 bis 20% über dem Durchschnitt. Leicht unterdurchschnittliche Anteile (10-14%) finden sich in der Wissenschafts-, der Organisations-, der Industrie- und Betriebs-, der Bildungs- und Erziehungs-, der Verkehrs-, der Medizin- und der Wirtschaftssoziologie. In der Kriminal-, in der Familiensoziologie, in der Sozialstrukturanalyse und in der allgemeinen Soziologie liegen die Anteile schließlich bei weniger als 10%.

Es ist zu vermuten, dass diese Verteilung durch mindestens zwei Effekte bedingt ist; zum einen scheint es Gegenstandsbereiche zu geben, in der typischerweise eher makrosoziologische Fragestellungen vorherrschen, das würde den relativ niedrigen Anteil von Beobachtungen im Bereich der Sozialstrukturanalyse erklären; zum anderen scheinen dann vor allem die feldspezifischen Forschungstraditionen einen wichtigen Einfluss auszuüben. Nicht zu vernachlässigen sind schließlich die möglichen Unschärfen, die auf das Meldeverhalten der verschiedenen Akteure zurückgehen.

Betrachtet man die feldspezifische Verteilung der Studien, die mit Beobachtungsverfahren arbeiten, so entfallen knapp ein Drittel auf die Entwicklungs-, die Stadt- bzw. die Industrie- und Betriebssoziologie. Ein weiteres Drittel entfällt auf die Medizin-, die Religions-, die Jugend-, die Bildungs- und Erziehungs- bzw. die Kultursoziologie.

In mehr 64 % der gemeldeten Projekte (mit Angaben zum quantitativen oder qualitativen Charakter der Forschung) werden Beobachtungsverfahren im Kontext rein qualitativer Forschungsdesigns eingesetzt, in 28% waren es Mixed-Methods-Designs, nur in 8% waren es rein quantitative Forschungsdesigns[3].

Die Daten legen zum einen nahe, dass Beobachtungsverfahren in der Soziologie keine zentrale, aber auch keine unbedeutende Rolle spielen. D.h. die

[3] Nicht zu klären ist dabei, ob sich die Zurechnung qualitativ bzw. quantitativ auf die Beobachtungs- oder auf andere Erhebungsverfahren bezieht. Ein überdurchschnittlicher Anteil von qualitativ eingebetteten Beobachtungen findet sich in der Allgemeine Soziologie, in der Sozialstrukturanalyse, in der Organisations-, der Familien-, der Jugendsoziologie, der Kommunikations-, der Religions-, der Wissens- und der Wissenschaftssoziologie. Beobachtungen im Kontext von Mixed-Methods-Designs finden sich verstärkt in der Industrie- und Betriebs-, der Bildungs- und Erziehungs-, der Entwicklungs-, der Agrar- und der Stadtsoziologie. Beobachtungen im Kontext rein quantitativen Designs finden sich vor allem in der Verkehrs-, der Kriminal- und der Medizinsoziologie.

bereits früher beobachteten Gewichtungen zwischen den verschiedenen Erhebungsverfahren scheinen stabil zu sein. Zum anderen wird deutlich, dass Beobachtungsverfahren vor allem im Kontext von qualitativen und Mixed-Methods-Designs eingesetzt werden. Die nicht erheblichen Unterschiede zwischen den verschiedenen soziologischen Forschungsfeldern indizieren, dass Beobachtungsverfahren in ganz unterschiedlichen thematischen Kontexten in der Soziologie sinnvoll eingesetzt werden können.

Typischerweise sind Beobachtungen eher mit einem meso-soziologischen Horizont verknüpft; man beobachtet mehr oder weniger überschaubare Ensemble von Akteuren informeller (z.B. Gruppen, Szenen, Milieus) oder formeller Art (z.B. Betriebe, Verwaltungen, NGO´s). Dann ist es aber grundsätzlich offen, wie die auf der Meso-Ebene gewonnenen Informationen interpretiert und gesellschaftlich verortet werden; d.h. sie können durchaus auch für makrosoziale Argumentationen genutzt werden, indem man sie als typische oder exemplarische Phänomene oder als Indikatoren von Trends begreift. Umgekehrt finden sich Studien, wo die makrosozialen Bezüge systematisch ausgeblendet werden, um die mikrosozialen Praktiken in den Fokus zu rücken.

Die zuvor besprochenen Verfahren der apparativen Beobachtung oder der Logfileanalyse spielen in der Soziologie derzeit nur eine nachgeordnete Rolle; das ist vermutlich der Skepsis gegenüber eher „naturwissenschaftlichen" Methoden geschuldet; zudem werden Praktiken wie „Surfen im Internet" weniger als ein zusammenhängendes Phänomen begriffen, sondern als differente soziale und kulturelle Praktiken, die im Rahmen ganz unterschiedlicher Felder (z.B. der Arbeit, der Haushaltspraktiken oder der Freizeit) zu verorten sind.

Im Folgenden soll an *exemplarisch* ausgewählten Forschungsfeldern und Beispielen aufgezeigt werden, wie Beobachtungsverfahren in der Soziologie genutzt werden und welche Erkenntnisse sich daraus gewinnen lassen. Dabei wurden zumeist Studien herangezogen, die entweder im Rahmen soziologischer Forschungsprojekte oder als akademische Qualifizierungsarbeiten entstanden sind.

4.3.2 Beobachtungen in der arbeits- und industriesoziologischen Forschung

Die arbeits- und industriesoziologische Forschung ist typischerweise als Feldforschung angelegt. Von den ethnographischen Ansätzen unterscheidet sich das Vorgehen aber durch einen spezifischen Forschungsgegenstand

(Erwerbsarbeit und die damit verbundenen Arbeitsbedingungen und Arbeitsbeziehungen), durch eine spezifische Perspektive auf den Gegenstand, durch einen dezidierten Theoriebezug der Forschung und schließlich durch die grundsätzliche Offenheit gegenüber qualitativen und quantitativen Methoden. Dabei kommt Fallstudien eine zentrale Bedeutung zu. So wurden in der sich formierenden deutschen Industriesoziologie seit den 1950er-Jahren Fallstudien durchgeführt, die sich typischerweise auf wenige Betriebsteile, Betriebe oder Unternehmen (im Produktions-, später auch im Dienstleistungsbereich), manchmal auch auf Branchen, fokussieren. Pongratz spricht von einem methodologischen Basiskonsens, der ein wichtiges Moment des „Sonderweges der deutschen Industriesoziologie" gewesen sei, mit dem sie sich „als institutionelles Arrangement erfolgreich verselbstständigt, und sich gleichzeitig von allgemeinen theoretischen und methodischen Entwicklungen der Soziologie abgekoppelt" (2005: 22) hat.

Ein weiteres Charakteristikum ist ein eher induktives Vorgehen, „ausgehend vom empirisch erforschten (Einzel-)Phänomen, seiner detaillierten Darstellung, zur soziologischen Analyse und schließlich zu verallgemeinernden Schlussfolgerungen" (Weltz 2010: 244). Dabei wird in den Fallstudien der Arbeits- und Industriesoziologie eine breite Palette von Erhebungsverfahren genutzt; vornehmlich sind das Experteninterviews, die dann aber in enger Verbindung mit Beobachtungsverfahren, Dokumentenanalysen und Beschäftigteninterviews stehen.

Beobachtungsverfahren werden als explizite Verfahren in der industriesoziologischen Forschung nur in etwa 40% der Studien genutzt (Pflüger et al. 2010: 40); da es sich jedoch zumeist um Feldforschungen handelt, kommt es weitaus häufiger zu einer Integration von teilnehmenden Beobachtungen und vor allem Interviews. Martin Kuhl (2002) hat dieses integrierte, über die Feldforschung vermittelte Forschungsverfahren als Beobachtungsinterview bezeichnet. Das Verfahren geht bereits auf frühe industriesoziologische Studien zurück; eine Systematisierung erfolgte dann in der erstmals 1970 publizierten Studie von Horst Kern und Michael Schumann „Industriearbeit und Arbeiterbewußtsein", in der die Analysen zum Niederschlag des technischen Wandels in der industriellen Arbeit vornehmlich auf Arbeitsplatzbeobachtungen gründen. Die Autoren argumentieren, dass Interviews mit Arbeitern und Arbeiterinnen für eine Analyse der Industriearbeit wenig geeignet seien. Die Vorteile von Beobachtungen werden darin gesehen, „durch einen selbständigen Auswahlakt aus einer vieldimensionalen Wirklichkeit diejenigen Aspekte herauszulösen, die für die eigene Problemstellung als wichtig erscheinen". Diese Beobachtungen müssten aber durch „systematische Planung", „wiederholte Überprüfung und genaue Protokollierung" validiert werden (Kern & Schumann 1985: 45).

Das Beobachtungsinterview wird auch in der arbeitspsychologischen Forschung eingesetzt, indem über Leitfäden eine strukturierte Beobachtung von Arbeitssituationen erfolgt, die durch gezielte Fragen an die Beschäftigten ergänzt wird.[4] In der arbeits- und industriesoziologischen Forschung werden Beobachtungsinterviews typischerweise in weniger standardisierten Varianten eingesetzt. Kuhlmann streicht heraus, dass die Leistungsfähigkeit von Beobachtungsinterviews darauf zurückgeht, „dass sie auf zwei Ebenen der sozialen Wirklichkeit zugleich ansetzen. Aufgrund des Beobachtungscharakters und der Tatsache, dass das Beobachtungsinterview vor Ort, während der Arbeit durchgeführt wird, sind zunächst faktische, quasi-objektive Bestimmungsmomente der Arbeit direkt erfahrbar": die räumlichen und technischen Gegebenheiten der Arbeit, aber auch Kontrollinstrumente und schließlich die wichtigsten Schritte des Arbeitsprozesses. Auf der zweiten Ebene „zielt der verstehende Charakter der Arbeitsanalyse [...] auf eine sinnhafte Analyse der Arbeit" (2002: 145).

Während des möglichst mehrtägigen Beobachtungsinterviews folgen die Forschenden den Untersuchungspersonen bei ihrer Arbeit zeitlich und räumlich; dabei werden immer wieder kurze – den Handlungsablauf möglichst nicht störende – Fragen zum Arbeitsablauf und zu seiner Einordnung gestellt. Das setzt natürlich das Einverständnis der Beobachteten und eine genaue Explikation der Zielsetzungen der Untersuchung und schließlich auch ein gewisses Vertrauensverhältnis voraus (ebd. 147). Im Rahmen des Beobachtungsinterviews soll auch „die doppelte Wirklichkeit von Organisationen" (Weltz 1988) in den Blick geraten; so z.B. auch jene Verhaltensweisen, die „gegen betriebliche Vorschriften verstoßen und im Einzelfall nicht einmal den jeweiligen Vorgesetzten bekannt sind" (Kuhlmann 2002: 147). Zudem werden die Untersuchten über Nachfragen zum Arbeitsprozess aktiv in den Untersuchungsprozess eingebunden. Auch die vergleichende Beobachtung von verschiedenen Beschäftigten und die Nutzung von Problemsituationen (Abstimmungsbedarf, Konflikte) kann wichtige Erkenntnisse bringen (ebd. 150f).

[4] „Bei dieser Erhebungsform beobachtet der Verfahrensanwender den Beschäftigten bei der Ausübung seiner Tätigkeit in einer halbstandardisierten Form und stellt währenddessen gezielte, ebenfalls halbstandardisierte Fragen an die arbeitende Person zu den Arbeitsaufgaben, den Anforderungen sowie den Belastungen und Beanspruchungen." (Nerdinger et al. 2014: 354)

Die im Beobachtungsinterview verwandten Fragen zielen auf die verfügbaren Handlungs- bzw. Entscheidungsalternativen, auf die Rahmenbedingungen und Voraussetzungen bestimmter Situationen, auf die möglichen und wahrscheinlichen Folgewirkungen von Handlungen, auf den Zusammenhang mit den Handlungen anderer und auf die zeitliche und inhaltliche Verortung von beobachteten Situationen (vgl. ebd. 149).

> „Letztlich sind alle Entscheidungen hinsichtlich der Vorgehensweise dem zentralen Ziel unterzuordnen, möglichst viele Aspekte der Tätigkeit direkt zu beobachten und mittels kurzer Gesprächssequenzen in ihrem Bedeutungsgehalt, möglichen Unterschieden in der Ausführung sowie in ihren Wirkungen auf die Arbeitssituation einschließlich der hierfür relevanten Einflussfaktoren zu verstehen.“ (148)

Wie auch in der Feldforschung bedingt der Einsatz von Beobachtungsinterviews in der Regel eine enge Verschränkung von Datenerhebung und -interpretation. Für die Steuerung dieses Prozesses und für die Analyse, Verdichtung und Dokumentation des gewonnenen Materials werden typischerweise Verfahren aus dem Grounded Theory-Design (s. 3.2.1) genutzt.

In der Entwicklung der Arbeits- und Industriesoziologie hat über die wissenschaftliche Forschung hinaus der Gestaltungsanspruch eine wichtige Rolle gespielt. Wichtige Forschungsarbeiten wurden als Begleitforschungsprojekte zum Aktions- und Forschungsprogramm „Humanisierung des Arbeitslebens“ angesiedelt. Damit veränderte sich auch die Rolle der Forschenden: Aus teilnehmender Beobachtung wurde beobachtende Teilnahme. Das erfordert „daß der Sozialforscher seine Rolle als außenstehender Beobachter aufgibt und auch bereit ist, sich aktiv an betrieblichen Gestaltungsprozessen zu beteiligen, dabei seinen industriesoziologischen Sachverstand einzubringen und in der Auseinandersetzung mit der ‚Praxis‘ zu vertreten“ (Weltz 1997, S. 40f). In diesem Kontext wurden dann auch Konzepte der Aktionsforschung (vgl. Fricke 2010) entwickelt und eingesetzt.

Wenn man sich nun für den Ertrag von Beobachtungen in industriesoziologischen Fallstudien interessiert, wird zum einen deutlich, dass die Spannweite von Beobachtungen erheblich ist: „von der teilnehmenden Beobachtung [...], der begleitenden Beobachtung [...] oder [...] Arbeitsplatzbeobachtung [...] auf der einen Seite bis zu zufälligen Beobachtungen während des Forschungsaufenthalts oder bei Betriebsführungen auf der anderen Seite. Die Differenz im Erhebungsaufwand und im analytischen Ertrag ist enorm.“ (Pflüger et al 2010: 42). Zum anderen wird deutlich, dass auch in Studien, wo ein erheblicher Aufwand in die Beobachtung geflossen ist, deren Erträge – zumindest in

Forschungsberichten – nur am Rande erkennbar werden. Dies soll an einer Studie über Dienstleistungsarbeit in Call-Centern verdeutlicht werden.

Dienstleistungsarbeit in Call-Centern: Die Studie von Matuschek, Arnold und Voß (2007) wurde in sechs Callcentern durchgeführt; ergänzend wurden aber noch weitere Call-Center einbezogen, in denen mehrere eintägige Forschungsbesuche erfolgten. In den sechs Call-Centern wurden von jeweils drei Forschenden einwöchige Arbeitsplatzbeobachtungen und Interviews mit Managern, Teamleitern, Agenten und betrieblichen Interessenvertretern durchgeführt (40). Die Arbeitsplatzbeobachtungen wurden protokolliert.

Die Forschungsarbeit interessiert sich dann neben einer Darstellung der Unternehmen und der Unternehmensumwelten zum einen für die Arbeitsorganisation in den untersuchten Call Centern (Arbeitszeitmodelle, Spezialisierung der Aufgabenstruktur, Teamstrukturen bzw. Hierarchien) und schließlich für Ziele, Kontrolle und Anerkennungsformen. Im Ergebnis wird eine flexibilisierte Standardisierung diagnostiziert, „ein Formwandel tayloristischer Arbeitsorganisation [...], der (bei Beibehaltung von zentralen Kernpunkten) sich insbesondere derjenigen Komponenten der Betriebsführung entledigt, die von Subjekten selbst bearbeitet werden können“ (195).

Zum anderen interessieren sich die Forschenden für das „Handeln der Arbeitenden in ihren verschiedenen Arbeitswelten, ihre Zwänge ebenso wie ihre Autonomie in der Arbeitsausführung“ (315); so geht es um berufliche Positionierung und Identität, um Arbeitsorientierung, um alltägliche Arbeitspraktiken und um das Verhältnis von Dienstleistung und Kommunikationsarbeit. Dabei wird eine doppelte Funktion der Subjektivierung in der informatisierten Kommunikationsarbeit erkennbar: „In fremdstrukturierter Selbstorganisation effektivieren die Arbeitenden bei Beachtung der Globalziele die Dienstleistungsprozesse und verschaffen sich selbst notwendige Autonomie“ (313).

In der Zusammenschau der Befunde aus den beiden Untersuchungsteilen wird eine „subjektivierte Taylorisierung“ rubriziert, „ein besonderes Passungsverhältnis arbeitsorganisatorischer Prämissen [...], mit dem Unternehmen die Vorteile einer fremdbestimmt-industrialisierten Dienstleistung mit Momenten einer verstärkt selbstorganisierten Arbeit vereinen“ (316).

In den beiden zentralen analytischen Kapiteln wird die Argumentation der Forschenden durch ausführliche Zitate aus den geführten Interviews belegt bzw. illustriert. Die Ergebnisse der Beobachtungen fließen zumindest explizit nicht in den Bericht ein. Implizit spielen die Beobachtungen vermutlich vor allem für die Rekonstruktion der Arbeitspraxis eine wichtige Rolle, wenn deutlich wird, dass trotz vielerlei „Versuche, die Arbeitskraft im Sinne des idealtypisch geplanten Arbeitsprozesses zu disziplinieren und im Hinblick auf die betrieblichen Ziele zu konditionieren, [...] Regelverletzungen, mehr oder weniger bewusste Überschreitungen wie auch manifeste Hintertreibungen die Normalität des betrieblichen Alltags“ (281) sind.

Das hier geschilderte Vorgehen scheint nicht untypisch zu sein, so bezeichnen Pflüger et al. nach einer umfassenden Analyse verschiedenster Fallstudien Experteninterviews und Beschäftigteninterviews als die wichtigsten Instrumente, „weil sie vom Aufwand und vom Ertrag her in der Regel die größte Intensität erzielen“ (2010: 41). Demgegenüber dienen „Dokumentenanalysen und Beobachtungsverfahren in den meisten Studien der Ergänzung und Überprüfung der aus den Interviews gewonnenen Erkenntnisse“ (41-42); die methodischen Angaben zu diesen Verfahren bleiben häufig ungenau (40). Auch Kuhlmann (2002: 158) geht in diese Richtung, wenn er auf die Probleme und Grenzen von Beobachtungsinterviews verweist, die auf den hohen zeitlichen Aufwand (insbesondere in Forschungsteams), die hohen Anforderungen an die Beobachtenden, auf die geringe Strukturierung und auf das „Risiko unproduktiver Umwege“ zurückgehen. Ein weiterer Einflussfaktor könnte auch in den durchgängig knapperen Budgets vieler Projekte liegen. Im Unterschied zu den gut ausgestatteten industriesoziologischen Projekten der 1970er-Jahren müssen heute nicht selten „Kurzfallstudien“ (Pflüger et al. 2010: 25) durchgeführt werden.

Dass diese Dezentrierung von Beobachtungsverfahren nicht einem systematischen Problem der Beobachtung geschuldet ist, zeigen die einschlägigen Forschungen von Arlie Hochschild, in denen verschiedene Verfahren der Beobachtung neben Interviews und Dokumenten eine große Bedeutung haben, um z.B. Gefühlsarbeit von Erwerbstätigen (1990) oder das Verhältnis von Erwerbsarbeit und familiären Anforderungen (2002) zu eruieren.

4.3.3 Beobachtungen in der organisationssoziologischen Forschung

Die Organisationssoziologie bzw. die organisationssoziologische Forschung hat sich in Deutschland als ein von der Arbeits- und Industriesoziologie unterschiedenes Feld herausgebildet (vgl. Pohlmann & Hiller 2015). Das impliziert unterschiedliche Forschungsperspektiven, theoretische Bezüge und Forschungsmethodiken (Büschges & Lütke-Bornefeld 1977, Kühl & Strodtholz 2002). Die im Folgenden herangezogenen Forschungsbeispiele beziehen sich auf einen spezifischen Aspekt organisationssoziologischer Forschung, auf das Verwaltungshandeln von sozialstaatlichen Institutionen.

Beratung von Arbeitssuchenden: Insbesondere seit der Reorganisation der Arbeitsagenturen im Kontext der sogenannten Hartz-Gesetze ist deren Vermittlungs- und Beratungsarbeit in den Fokus des Forschungsinteresses geraten; es finden sich aber auch ältere Studien (vgl. die Übersicht bei Sowa et al. 2013). Die 2006 fertiggestellte Konzeptstudie „Neue soziale Dienstleistungen nach SGB II“ wurde vor allem von Mitarbeitern des Soziologischen Forschungsinstituts (SOFI) in Göttingen erstellt. Es geht darum, die Blackbox in der arbeitsmarktpolitischen Wirkungsforschung zwischen einer Analyse der „‘Inputs‘ (z.B. Aktivitäten der Fachkräfte oder eingesetzte Eingliederungsmittel)“ und einer statischen Analyse der „‘Outcomes‘ wie etwa Übergänge in Beschäftigung“ (Baethge-Kinsky et al. 2007) zu erhellen. Diese Blackbox der Fallbearbeitung bzw. -beratung wird im Sinne der soziologischen Dienstleistungsforschung als Interaktion bzw. Koproduktion zwischen Fachkräften und Adressaten in einem spezifischen organisationalen Setting verstanden. Im Unterschied zu anderen Dienstleistungen ist diese Beziehung jedoch weitaus hierarchischer gestaltet; so geht es neben vermittlungsnahen und sozialintegrativen Dienstleistungen eben auch um die Anspruchsprüfung für Geldleistungen.

Für die Konzeptstudie wurden im Rahmen von Fallbeobachtungen 20 Leistungsberechtige bei ihren Kontakten mit der Arbeitsagentur, aber auch mit anderen Institutionen (z.B. Schuldnerberatung) möglichst weitgehend begleitet. D.h. die einzelnen Kontakte wurden beobachtet, aufgezeichnet und transkribiert; zudem wurden Nachgespräche mit den Beteiligten geführt. Zusätzlich wurden weitere Fallbeteiligte (wenn möglich auch die Bedarfsgemeinschaft) hinzugezogen. Ergänzend fanden in den Organisationseinheiten der Bundesagentur Gespräche mit Leitungskräften und Experten statt. Zudem wurden Falltagebücher geführt, die wenn möglich auch Aktenvermerke u.Ä. enthielten.

Für die Auswertung wurde (im Sinne des offenen Codierens der Grounded Theory) ein „Gesprächsinventar“ erstellt, das dann zu einem fallspezifischen Beachtungsprotokoll verdichtet und bewertet wurde. Danach wurde (ansatzweise) eine selektive Codierung vorgenommen, um „zentrale Probleme der Fallbearbeitung“ (Baethge-Kinsky et al. 2007: 20) eruieren zu können. Schließlich werden die Beobachteten „nach der Intensität ihrer Arbeitssuche, nach ihrer Arbeitsmarktnähe bzw. ihrem Unterstützungsbedarf“ drei Gruppen zugeordnet: den „Vermittlungsorientierten“, denen mit „Vermittlungshemmnissen“ und schließlich einer kleinen Gruppe von „Resignierten“ (30).

Im Forschungsbericht (Baethge-Kinsky et al. 2006) analysiert das Autorenteam auch eine Reihe von Problemen, die sich bei der nichtteilnehmenden

Beobachtung stellten. Neben Zeit- und Terminproblemen angesichts der flexiblen Vereinbarung von Vorsprachen sind dies zum einen „Zugangsprobleme", z.B. auch andere mit dem Fall befasste sogenannte passive Leister (z.B. in der Leistungssachbearbeitung) und fallbeteiligte Dritte außerhalb der Arbeitsverwaltung in die Beobachtung einzubeziehen. Zum anderen wird von „Beziehungsproblemen" berichtet, die sich z.B. aus der Ansprache der Beobachtenden in den Gesprächen und aus den doch häufigeren Kontakten mit den Fachkräften wie mit den Adressaten ergaben. Zu Letzteren wird konstatiert, dass angesichts der gemeinsamen Warte- und Wegezeiten „eine Begleitung [...] ohne Kommunikation [...] undenkbar ist" (107). Abschließend wird vermerkt, es sei zwar nur ausnahmsweise zu Grenzüberschreitungen gekommen; dennoch waren „die Beobachterinnen in der Fallbearbeitung mit Situationen konfrontiert, in denen es ihnen schwer fiel, sich persönlich oder fachlich unbeteiligt zu verhalten. Nicht zu intervenieren und dabei nicht gleichgültig zu erscheinen, verlangt immer wieder eine bewusste Reflexion der Beobachtungsrolle" (109).

In anderen Studien, in denen die Beratungs- und Vermittlungspraxis von Arbeitslosen untersucht wird, werden teilstandardisierte Beobachtungen eingesetzt. So berichtet Stefanie Ernst (2010: 94) über eine Serie von 80 teilstrukturierten Beobachtungen in der Beratung und Qualifizierung von Langzeitarbeitslosen. Ein besonderer Fokus der Beobachtungen liegt auf den Begrüßungs- und Verabschiedungssequenzen und zum anderen auf den Fragen zur Arbeitssuche und zum Erhalt der Beschäftigungsfähigkeit. Sowa et al. (2013) skizzieren ein Forschungsdesign, bei dem die Beobachtungen in Beratungsgesprächen zu Situations- und Raumbeschreibungen wie auch zu Personenbeschreibungen (der Vermittlungsfachkräfte und der Arbeitssuchenden) verdichtet werden. Zudem wird das Transkript der Beratung durch Beobachtungen zu den nonverbalen Äußerungen ergänzt; diese werden nach Beobachtungen zur Mimik, zur Gestik, zur Proxemik (Raumverhalten) und zu den Handlungen der Beteiligten unterschieden.

Anhörungen im Asylverfahren: Die Studie von Thomas Scheffer (2001) versteht sich als eine ethnographische Analyse der administrativen Verfahren, die zu einer Gewährung oder Verweigerung von Asyl führen; ein besonderer Fokus liegt dabei auf der Asylanhörung. In Anlehnung an Michael Bommes zielt Scheffer dabei auf eine „differenztheoretische Reformulierung des Migrationsprozesses" (12) und grenzt sich gegenüber Ansätzen ab, die eine stärkere Positionierung der Forschenden im Feld der Migrationspolitiken beinhalten. Für die ethnographische Analyse wird dann jedoch ein anderes theoretisches Spektrum, insbesondere die Ansätze Goffmans, der Ethnomethodologie und schließlich Foucaults, genutzt. Dementsprechend wird die Untersuchung als „eine praxeologische Mikroskopie“ (21) begriffen. Im Zentrum der Studie stehen teilnehmende Beobachtungen, die im Sinne der Feldforschung verschiedene Etappen von Asylverfahren in den Blick nehmen. So wurden eine Grenzpolizeistelle, eine Aufnahmeeinrichtung für Asylsuchende, eine Außenstelle des damaligen Bundesamtes für die Anerkennung ausländischer Flüchtlinge, die einschlägige Kammer eines Verwaltungsgerichts, eine mit ‚freiwilligen Ausreisen‘ befasste Ausländerbehörde und schließlich eine Abschiebehaftanstalt untersucht – in einer früheren Studie hatte sich Scheffer (1997) mit dem „Gebrauch des Passes“ in einer ostdeutschen Ausländerbehörde befasst. In diesen Einrichtungen wird der Beobachtende nach Einholung von Genehmigungen der jeweiligen Leitungsebenen mit jeweils unterschiedlichen Rollenzuweisungen (z.B. Anzulernender, Praktikant, Referendar) institutionell eingebunden. Die verschiedenen Rollenkonzepte ermöglichten dann Zugang zu Anhörungen, Verhandlungen, Sitzungen, Zellentrakten und Archiven, aber auch zu den Kaffeerunden (2001: 25). So werden auch die kulturellen Gepflogenheiten in den verschiedensten Kontexten erfahrbar. Aus den angeführten Rohdaten (vor allem Beobachtungsprotokolle, Transkripte, amtliche Protokolle und Bescheide) lässt sich schließen, dass neben der teilnehmenden Beobachtung, formelle und informelle Gespräche und Dokumente analysiert wurden. Kurz werden auch die Verhältnisse von Beobachtendem und Beobachteten angesprochen; so wird der Ethnograph von den Professionellen als Vertrauter, als Berater, aber auch als „‚rotes Tuch‘“ (25) wahrgenommen.

Für die Verdichtung und Präsentation der Analysen erfolgt eine Fokussierung auf die Asylanhörung:

> Das impliziert einen „große[n] Zeit- und Materialverschleiß im Zuge der ethnographischen Forschung. In der fertigen Studie treten der Grenzübergang, das Gericht, die Haftanstalt oder die Erstaufnahmeeinrichtung in den Hintergrund [...], dienen nur noch als Kontrastfolien oder Kontextinformationen.“ Die der Anhörung vorgeschalteten Verfahren werden als Vorläufe begriffen. „In der Anhörung entsteht der Fall, der vor dem Verwaltungsgericht oder in der Ausländerbehörde vorausgesetzt wird. Die Umstände seiner Herstellung werden von den Amtsschriften geschluckt und idealisiert.“ (26)

In der Analyse der Asylanhörung wird zum einen der aufwendige Prozess der Fallherstellung rekonstruiert. Dazu werden die verschiedenen Übersetzungprozesse und die daran beteiligten Akteure (Entscheider, Dolmetscher und Bewerber) und die Praktiken der „dialogischen Produktion von Übersetzungsvorlagen“ (55) untersucht. Anschließend wird mit Instrumenten der

Konversationsanalyse insbesondere die Eingangssituation der Anhörung analysiert. Schließlich geht es um Prozesse der Verschriftlichung, die am Ende zu einem Anhörungsprotokoll führen, das im weiteren Verfahrensverlauf von zentraler Bedeutung ist; dementsprechend „stellt der Entscheider das Protokoll mittels systematischer Modifikationen auf das Verfahren ein. Das gelungene, aussagekräftige Protokoll schreibt dem Bewerber ‚als Autor' die volle Verantwortung für die Prüfungsleistung zu" (30). Zum anderen wendet sich die Analyse den verschiedenen Strategien der Glaubwürdigkeitsprüfung zu, die wie eine Testreihe in der Anhörung genutzt werden. Im letzten Schritt der Analyse geht es dann über den Prozess der Anhörung hinaus um die Techniken der Identifizierung, der Verbindung von Fall und Person; dabei interessieren die Prozesse der Ausstellung und der Verwendung von Papieren. Resümierend werden die Befunde der Mikroanalysen unter der Perspektive der Darstellungsmacht verdichtet: „während der Entscheider in der Anhörung [...] zum Verfahrensmanagement ermächtigt wird, wird der Bewerber als Selbst-Darsteller entmachtet. Er wird über weite Strecken von den Wirkungen seiner Präsentation abgeschnitten" (31).

Die Darstellung der Analyse wird systematisch mit den verschiedensten Feldmaterialien belegt; dabei werden neben anonymisierten Gesprächsauszügen und Dokumenten vor allem die Beobachtungsprotokolle genutzt. Die teilnehmenden Beobachtungen spielen in diesen Studien eine zentrale Rolle: Sie eröffnen zum einen den Zugang zu den informellen Welten der beteiligten Institutionen; zum anderen erschließen sie vor allem in der mehrsprachigen Anhörung den Zugang zu den komplexen Übersetzungsprozessen und zu den situativen Strategien der Beteiligten.

4.3.4 Beobachtungen in der jugend- und bildungssoziologischen Forschung

Als Beispiele für den Einsatz von Beobachtungsverfahren in der jugend- und bildungssoziologischen Forschung sollen zwei Studien eingehender vorgestellt werden, die sich mit Schülern und Schülerinnen an Hauptschulen und an Internatsschulen befassen. Vorab soll jedoch auf eine weithin rezipierte Referenzstudie für die Verwendung von Beobachtungsverfahren in der jüngeren jugend- und bildungssoziologischen Forschung hingewiesen werden. Es ist die Anfang der 1970er-Jahre entstandene vergleichende Fallstudie über die Hammertown-Boys (Willis 1979). In dieser Studie wird eine Hauptgruppe von zwölf Arbeiter-Jugendlichen in der Schule, in der Freizeit und dann später am Arbeitsplatz begleitet. Die teilnehmende Beobachtung wird durch

Gruppendiskussionen, informelle Interviews und Gespräche mit Lehrenden und Eltern ergänzt. Für die Analyse werden dann auch die Materialien aus fünf Vergleichsgruppen (Freundschaftsgruppen aus anderen Schulen, sozialen Lagen bzw. anderen Subkulturen) herangezogen. Ein zentrales Thema ist das Zusammenspiel von Herkunftsmilieu, Schule und männlich geprägter manueller Arbeitswelt: „Die Schule ist es, die den Widerstand gegen die geistige Arbeit und die Vorliebe für die körperliche Arbeit begründet" (160). Der Autor der Studie Paul Willis war Mitarbeiter am Centre of Contemporary Cultural Studies der Universität Birmingham – Stuart Hall wurde 1968 Direktor des Instituts. Die Studie wurde 1977 in Großbritannien und 1979 in Deutschland publiziert; 2011 erschien eine Neuauflage.

Hauptschüler: Die 2012 veröffentlichte Studie „Hauptschüler" von Stefan Wellgraf befasst sich zunächst mit dem schulischen und außerschulischen Alltag von Hauptschülerinnen und Hauptschülern. Der Untertitel „Zur gesellschaftlichen Produktion von Verachtung" macht dann aber deutlich, dass es vor allem um Fragen der sozialen Positionierungen und der Selbst- bzw. Fremdwahrnehmung solcher Positionierungen geht. Es wird untersucht, „wie Machtverhältnisse mittels Formen der Verachtung im Alltag reproduziert werden" (9). Verachtung wird dabei als ein Zusammenspiel von materiellen Benachteiligungen und symbolischen Abwertungspraxen begriffen.

Die empirische Basis wurde in einer 1,5-jährigen Phase ethnographischer Feldforschung an Berliner Hauptschulen gewonnen. Der Autor begleitete eine Gruppe von 18 Schülern und Schülerinnen in ihrem letzten Schuljahr und in den ersten Monaten nach Verlassen der Schule. Die Begleitung erstreckte sich dabei auf den Unterricht und auf schulnahe Aktivitäten (z.B. Ausflüge, Feierlichkeiten) aber auch auf die außerhäusige Freizeit der Jugendlichen. Neben der teilnehmenden Beobachtung wurde die Schul- und Lebenswelt durch mehr oder weniger formalisierte Interviews mit den Jugendlichen ergänzt; dabei wurden auch weitere Dokumente genutzt, wie z.B. private Fotos, die die Jugendlichen bereitstellten. Die Untersuchungsgruppe der Hauptschüler aus drei Berliner Bezirken wurde durch eine Vergleichsgruppe von zwölf Gymnasiasten aus einem dieser Bezirke kontrastiert; die Erhebung gestaltete sich in dieser Gruppe jedoch weniger intensiv. Zudem wurden Interviews mit Professionellen an diesen Schulen (Direktoren, Lehrende und Sozialarbeiter) geführt. Die Dokumentation der Feldphase erfolgte – soweit zu ersehen – vor allem über Mitschnitte und Transkripte und über ein Feldtagebuch. Zur Rolle im Feld merkt Wellgraf an, dass er von den Schülern zumeist in einem Zwischenstatus von Lehrer und Schüler wahrgenommen wurde (vgl. dazu auch Kalthoff 1997b). Darüber hinaus variierten die Motivation der Schüler und ihr Interesse an der Studie erheblich; einige haben auch Teile des Manuskripts gelesen und kommentiert. Auch bei den Lehrenden findet sich eine große Spanne von Reaktionen, die von wohlwollender Unterstützung, über die Wahrnehmung als Kontrollinstanz bis hin zum Abbruch der Zusammenarbeit reichte.

Den theoretischen Rahmen der Studie liefert die Praxistheorie, insbesondere die Ansätze von Pierre Bourdieu und Anthony Giddens. Darüber hinaus wird für die Analyse des Materials auf ein breiteres theoretisches Programm z.B. von Ansätzen der britischen Cultural Studies, des Poststrukturalismus und des Postkolonialismus Bezug genommen. In der Analyse und Darstellung der Ergebnisse fließen dann empirische Befunde und theoretische Überlegungen eng zusammen; auf die klassische Ordnung akademischer Arbeiten wird zugunsten der Lesbarkeit verzichtet.

In einem ersten Schwerpunkt der Darstellung geht es zum einen um die Selbstwahrnehmung der Jugendlichen, um ihre sozialen Beziehungen, um Körper- und Konsumpraktiken und zum anderen um die Bedeutung von Klasse, Geschlecht und Ethnizität für die Strukturierung der schulischen Praxis bzw. der nachschulischen Phase. In einem zweiten Schwerpunkt steht der zumeist medial vermittelte Blick auf die Hauptschule im Zentrum und es wird die Umgangsweise der SchülerInnen mit diesen Etikettierungen und Stigmatisierungen untersucht. Hier ermöglicht insbesondere der über die langwährende Beobachtung erreichte Einblick in die schulischen Alltagssituationen eine Rekonstruktion der Hidden Transcripts (Schott 1990), „jene Ansichten und Bemerkungen von Lehrern, die nur heimlich, privat oder in der Vertrautheit des Lehrerzimmers geäußert werden und auf diese Weise vom offiziellen Diskurs ausgeschlossen sind. Lehrer waren erstaunlich offen, mir gegenüber ihre ausnahmslos negativen Meinungen über das Schulsystem und die Hauptschule mitzuteilen“ (295). In allen Teilen der Darstellung findet sich eine gelungene Zusammenstellung von theoretischen Überlegungen, ausgewähltem Originalmaterial und präziser Interpretation.

Feldforschungen erschließen durch ihre Anlage zumeist ein außerordentlich komplexes empirisches Material, dass sich kaum in seiner Gänze erschließen lässt; die Forschenden stehen daher vor dem Problem, wie sie sinnvolle Auswahlen treffen und wie sie dieses Material zu einer zusammenhängenden Argumentation verdichten können. Wellgraf trifft hier zwei miteinander verbundene Entscheidungen; die eine ist eher theoretischer Art, indem er mit der Entscheidung für die Praxistheorie und für die Analyse symbolischer Gewaltverhältnisse einen klaren, aber auch begrenzenden Rahmen setzt. Die andere Entscheidung wird am Material getroffen, indem er sich darauf konzentriert, wie die in Schule und Gesellschaft erfahrenen Zuschreibungen von den Jugendlichen reflektiert und verarbeitet werden. Damit rücken die Jugendlichen und ihre soziale Positionierung ins Zentrum; die Logik der Schule und der Lehrenden und die Logik der Familien, denen die Jugendlichen entstammen, geraten eher in die Peripherie.

InternatsschülerInnen: Mit der Studie „Wohlerzogenheit" legt Herbert Kalthoff (1997a) eine ethnographische Analyse deutscher Internatsschulen vor. In Abgrenzung zu bildungssoziologischen Studien, die sich stark an Bourdieu'schen Perspektiven orientieren, wird nur einleitend auf das Konzept der Habitusbildung Bezug genommen; es soll vielmehr um Fragen der Entstehung sozialer Identität gehen und um die „Konstitutionslogik der pädagogischen Praxis und das pädagogische Wissen" (14). So wird gefragt, wie „die innerschulische Sozialität beschaffen sein [müsse], dass sie so etwas wie erzogene Individuen hervorbringen kann" (14). Von besonderem Interesse waren dabei die lokalen Kontexte, in denen soziale Ordnungen hergestellt werden (16). Einen wichtigen theoretischen Bezugspunkt liefern die Ansätze von Goffman und Geertz sowie die sogenannten Laborstudien von Latour, Woolgar und Knorr-Cetina; so werden die Internatsschulen an verschiedenen Stellen auch als Laboratorien verstanden. Das empirische Material wurde im Rahmen ethnographischer Beobachtungen in drei Internatsschulen gewonnen. Neben den Beobachtungen (innerhalb und außerhalb der Schulen) wurden zwei Formen von Interviews durchgeführt: ethnographische Interviews, in denen eine Verständigung über das Beobachtete erfolgte, und narrative Interviews, um auch das Unbeobachtete erschließen zu können. Zudem wurden Interviews mit Lehrkräften in zwei weiteren Internatsschulen durchgeführt.

Nach Ausführungen zur Geschichte der pädagogischen Praxis in Internatsschulen geht es im ersten analytischen Teil um den *Schulbetrieb* in den Einrichtungen. Hier stehen die Raum- und vor allem die Zeitorganisation sowie der Umgang mit dem Lehr- bzw. Lernstoff und schließlich die Praktiken der Bewertung im Vordergrund. Hierzu wird auf die Beobachtung in 150 Unterrichtsstunden zurückgegriffen, die zur Hälfte aufgezeichnet und großteils transkribiert wurden; darüber hinaus konnten auch Lehrende bei der Korrekturarbeit und bei Konferenzen und Prüfungen beobachtet werden. Für die Analyse wurden Verfahren der Konversationsanalyse nach Sacks und Schegloff verwendet. Dabei wird deutlich, dass die „Gesprächsmaschinerie" des Unterrichts nicht unbedingt auf Lernprozesse zielt; sie will den „Schülern adäquate Antworten [...] entlocken". „Die Sprechaktivitäten der Lehrperson bündeln sich in ihrer schulstündlich erzeugten und wiederholten Klassifikation von Schüler-Individuen" und „in ihrer thematischen Reduktionsarbeit" (151). Die Bewertungsarbeit wird nicht im Sinne einer Leistungsmessung begriffen, sondern (mit Foucault) als ein „System der Fremd- und Selbstbeobachtung [...]. Schüler erzielen durch die Darstellung ihres Wissens und dessen nachträglicher Bewertung Wissen über sich selbst; Antwort für Antwort, Klausur für Klausur wird ihr (schulisches) Selbst- und Fremdbild zusammengefügt“ (152).

Der zweite Teil der Analyse fokussiert auf den *Internatsbetrieb*: auf die sozialen und geschlechtlichen Beziehungen, auf die Konstitution und die Durchsetzung von Regeln (und Ausnahmen) und wiederum auf die Raum- und Zeitordnungen. Die enge institutionelle Koppelung zwischen beiden Einheiten bildet das Spezifikum der Internatserziehung; es kommt zu einer Intensivierung, indem die verfügbare Zeit der Schüler zur „Formung ihres Selbst“ (240) genutzt wird. Neben dem impliziten Selbst wird auch das explizite Selbst geformt, es entsteht ein „gemeinsam geteilter Lebenslauf, eine feste Bande der Kollektivität“, die in den Schülern weiterlebt und sie von anderen unterscheidet (243).

Die Argumentation der Studie wird systematisch mit Feldmaterialien (z.B. transkribierte Unterrichtssequenzen, Interviewausschnitte oder rekonstruierte Prüfungssituationen) unterfüttert. Darüber hinaus spielen die Beobachtungen aber auch eine zentrale Rolle für die Rekonstruktion der zeitlichen und räumlichen Ordnungen des Unterrichts- und des Internatsalltags. Erst durch die Anwesenheit vor Ort wird die hoch kontrollierte Institution Internat erfahrbar; so wird an verschiedenen Stellen auf Goffmans Konzept der Totalen Institution oder auf das von Foucault verwendete Bild des Bentham‘schen Panoptikums verwiesen.

Ähnlich wie bei Wellgraf findet sich auch hier eine starke Fokussierung der Perspektive, jedoch mit umgekehrten Vorzeichen: Während bei dem einen die sozialräumliche Situierung des Beobachteten in den Vordergrund rückt, wird sie bei dem anderen in die Peripherie verbannt.

4.3.5 Beobachtungen in der Rechtsextremismusforschung

Die Rechtsextremismusforschung befasst sich etwa seit den 1980er-Jahren zunehmend systematisch mit der Untersuchung von (zeitgenössischen) rechten Parteien, Bewegungen und Gruppen sowie mit rassistischen Einstellungen und Praktiken. Dabei sind auch zentrale Konzepte wie z.B. der Begriff des Rechtsextremismus durchaus umstritten.

In der Rechtsextremismusforschung spielen quantitative Forschungen über verschiedene Dimensionen rechtsextremer, nationalistischer oder rassistischer Einstellungen eine wichtige Rolle. Qualitative Forschungen auf der

Mikro- und Meso-Ebene sind demgegenüber relativ wenige zu finden. Das ist zum einen den Problemen des Feldzugangs geschuldet: Rechte Gruppen stehen der Wissenschaft eher abneigend gegenüber; persönliche Kontakte, die Feldzugänge eröffnen können, fehlen in der Regel. Demnach finden sich relativ selten qualitative Interview oder teilnehmende Beobachtungen. „In der Folge untersuchen Analysen häufig ökonomische, soziale oder kulturelle Umgebungen, die für die extreme Rechte förderlich sind, und sind daher oft ‚externalist' wie Matthew Goodwin es genannt hat" (Schedler 2016: 288). Eine weitere Ursache für die Bedeutung der quantifizierenden Einstellungsforschung liegt jedoch in der theoretischen Perspektive, wenn z.B. in der Tradition der Autoritarismusforschung eher individualtheoretische Ansätze verwendet werden (Virchow 2016: 22).

Eine andere Perspektive eröffnen Ansätze, die sich für die Einbettung rechter Positionierungen und Praktiken in politische Kulturen und regionale bzw. lokale Milieus interessieren (Held et al. 2008: 20). Dieser im Rahmen von Regionalstudien verfolgte Ansatz soll an drei Beispielen, die jeweils auch Beobachtungsverfahren verwenden, genauer vorgestellt werden.

Regionalstudien zum Rechtsextremismus: Die Regional-Studie von Josef Held et al. (2008) untersucht Rechtsextremismus in einem prosperierenden Kreis in Baden-Württemberg. Theoretisch wird davon ausgegangen, dass rechte Orientierungen und Praktiken im Zusammenhang von regionalen politischen Kulturen stehen; diese werden als Zusammenspiel vieler Faktoren begriffen: „Status und Disposition der Akteure, Milieuzugehörigkeit, Motive, Bedürfnisse, Erfahrungen, materielle Bedingungen" (29). Das Forschungsdesign umfasst ethnographische Beobachtungen, quantitative Befragungen bzw. Gruppendiskussionen mit Jugendlichen, Experteninterviews mit Multiplikatoren und schließlich Daten der amtlichen Statistik. Der ethnographische Untersuchungsteil wurde einem Mitarbeiter übertragen, der durch Erfahrungen in der Jugendarbeit das Milieu gut kennt. Die Ergebnisse werden zunächst entlang der vornehmlich genutzten Datenbasis vorgestellt: So geht es auf Basis der ethnographischen Beobachtungen und der Experteninterviews um das „politische Klima im Untersuchungsgebiet"; auf Basis der standardisierten Befragung werden „Einflussfaktoren für rechte Orientierungen" rekonstruiert und die Gruppendiskussionen werden genutzt, um „Beziehungen zwischen Umfeld und Rechtsextremismus" zu analysieren. Diese Befunde werden zu einem Bild der regionalen politischen Kultur verdichtet. In den materialnahen Untersuchungsteilen werden die quantitativen Interviews bzw. die Befunde aus den Experteninterviews und Fokusgruppen intensiv genutzt;

die Befunde der ethnographischen Forschungen werden jedoch kaum erkennbar.

Die Untersuchung von Peter Schulz und Matthias Quent (2015) liefert Fallstudien zu vier Regionen in den neuen Bundesländern. Die lokalen Ausprägungen des Rechtsextremismus werden dabei in Abhängigkeit von drei Faktorenbündeln begriffen: Prägungen durch lokale Kontexte (sozioökonomischer und politischer bzw. soziokultureller Art), durch die Angebotsstrukturen des Rechtsextremismus (Organisationen, Subkulturen und deren mediale Vermittlung) und schließlich Machtgewinne des Rechtsextremismus (in Anlehnung an Heitmeyer sind dies Provokations-, Räumungs-, Raum- und Normalisierungsgewinne). Ausgehend von Burawoys Konzept der Public Sociology wurde vor allem durch Leitfadeninterviews mit lokalen Experten, durch Aggregatdaten und öffentliche Dokumente, durch Gruppendiskussionen mit potenziellen Opfergruppen und schließlich durch „ethnographische Begehungen öffentlicher Sozialräume" (51) Materialien für eine „interventionsbezogene und sozialraumorientierte Analyse lokaler Potenziale" (30) gewonnen. Im Rahmen der ethnographischen Untersuchungen wurden Beobachtungsprotokolle von Veranstaltungen, Gremien und Straßenprotesten angefertigt; zudem wurden in einem Lehrforschungsprojekt drei Milieureportagen erstellt. Der Schwerpunkt der Analyse liegt in den vier Fallstudien, die entlang der oben skizzierten Faktorenbündel strukturiert werden. Diese Studien werden von einem lokalen Praktiker kommentiert und abschließend verglichen. Auch hier dominieren in der Auswertung die aus den Interviews gewonnenen Materialien; die Spuren der Beobachtungen finden sich allenfalls in der Dokumentation von Graffitis, die die Geländegewinne von Rechtsextremen illustrieren.

Die von Dierk Borstel (2010) durchgeführte Studie über rechtsextreme Strukturen in Dresden steht in Verbindung mit einer weiteren Studie, die auf eine standardisierte Befragung am selben Ort zurückgeht. Rechtsextremismus wird im Rahmen der Studie von Borstel nicht nur als politische und kulturelle Bewegung, sondern in Anlehnung an Wagner auch als Raumordnungsbewegung begriffen, dabei wird auf die oben erwähnte Unterscheidung Heitmeyers verwiesen. Zu den Kernmethoden der Untersuchung zählen teilnehmende Beobachtungen, die in 32 Gedächtnisprotokollen festgehalten werden, leitfadengestützte Interviews, zwei Gruppengespräche sowie informelle Gespräche. Die Fallanalyse befasst sich zum einen mit dem parteigebundenen Rechtsextremismus und zum anderen mit den Strukturen und Subkulturen des bewegungsförmigen Rechtsextremismus. Dabei wurde vergeblich versucht, Zugang zu einer Kameradschaftsgruppe zu erlangen. Insbesondere in dem letzten Teil werden dann vor allem die Beobachtungen genutzt, um einen Treffpunkt der rechten Szene, rechte Insignien in einem Fanblock oder Erfahrungen bei der An- und Abreise zu einem Fußballspiel zu dokumentieren.

In der Zusammenschau der Studien zum Rechtsextremismus wird deutlich, dass es nur begrenzt gelingt, das Phänomen auch über Beobachtungsverfahren zu erschließen. Schedler (2016: 288) geht davon aus, dass angesichts der Grenzen des Beobachtbaren, Lokal- bzw. Milieustudien, wie sie hier dargestellt wurden, „zwar wichtige Erkenntnisse in Hinblick auf solche positiven Kontextbedingungen für Erfolge der extremen Rechten [liefern], aber [...] nur begrenzte Aussagekraft für die Erklärung ihres periodischen Auftretens" haben. Bezüglich der Nutzung von Beobachtungen zeigt sich wiederum die Tendenz, dass diese in den abschließenden Berichten hinter anderen Materialien zurückstehen. Auch hier sei darauf verwiesen, dass die Grenzen des Beobachtbaren durchaus verschoben werden können, wie eine Studie von Hochschild (2016) über das Tea-Party-Milieu in den Südstaaten der USA zeigt.

4.3.6 Beobachtungen in der stadtsoziologischen Forschung

Beobachtungen haben in der stadtsoziologischen Forschung stets eine große Rolle gespielt. So wird Robert Park, einem wichtigen Vertreter der Chicagoer stadtsoziologischen Forschung in den 1920er-Jahren, der Ausspruch zugeschrieben, „daß das erste, was Soziologiestudenten zu tun hätten, herauszugehen sei, zu beobachten und die Beobachtungen exakt aufzuzeichnen" (Lindner 1990: 117). Bevorzugtes Objekt solcher Beobachtung war die umgebende Stadt: „The city, in short, shows the good and evil in human nature in excess. It is this fact [...] which justifies the view that would make of the city a laboratory or clinic in which human nature and social processes may be conveniently and profitably studied" (Park 1925: 46). Vor diesem Hintergrund entstanden in der Chicagoer stadtsoziologischen Forschung Studien über spezifische soziale und kulturelle Orte bzw. spezifische Personengruppen in der Stadt. Noch heute wird das Beobachten von Menschen in der Stadt als „Grundidee jeder Stadtforschung" (Eckardt 2014: 177) begriffen. Exemplarisch soll die Bedeutung von Beobachtungen in der stadtsoziologischen Forschung am Beispiel zweier recht unterschiedlicher Studien aufgezeigt werden: in der einen wird im Sinne der Chicagoer Schule soziologische Feldforschung betrieben; in der anderen werden standardisierte Beobachtungen im Stadtraum durchgeführt.

Zuwanderung in Stadtgesellschaften: Die Studie von Alexander Mewes zielt darauf, die „Funktionslogik lokalräumlichen Integrationshandelns“ (2013: 12) in einem Stadtteil zu rekonstruieren. Eine zentrale Rolle in der Analyse spielt die Kontrastierung von zwei Maßnahmetypen (Integration top-down vs. Integration bottom-up), die jeweils im Rahmen einer Fallstudie untersucht werden.

Die Studie nutzt zunächst verschiedene Typen von Interviews. In leitfadengestützten problemzentrierten Interviews werden Situationsdeutungen und Handlungsorientierungen wichtiger Akteure untersucht. Experteninterviews dienen der Erschließung von Strukturdaten und Hintergrundinformationen; neben kommunalen und zivilgesellschaftlichen Akteuren werden auch die örtlichen Unternehmen in den Untersuchungshorizont eingebunden. Biografische Interviews und Gruppeninterviews werden schließlich zur Analyse der Intergruppenbeziehungen und ihrer biografischen Einbindung durchgeführt. Die Interviews werden zumeist inhaltsanalytisch, mitunter aber auch hermeneutisch ausgewertet werden.

Teilnehmende Beobachtungen werden eingesetzt, um alltägliche Interaktionssituationen zu untersuchen und „Hinweise zum Zusammenleben von Herkunftsgruppen in der Nachbarschaft“ (29) zu erhalten. Die Beobachtungen wurden zum einen an öffentlichen Orten bzw. Plätzen und zum anderen im Kontext der in den Fallstudien fokussierten Maßnahmen (des Programms „Soziale Stadt“ bzw. eines Nachbarschaftszentrums) durchgeführt und im Forschungstagebuch festgehalten.

In der Darstellung wird zunächst das Städtebauförderungsprogramm „Soziale Stadt“ bzw. seine politische bzw. diskursive Verortung analysiert; anschließend wird die Siedlungsgeschichte der Stadt insbesondere mit Blick auf die Geschichte der Zuwanderung und der damit verbundenen städtebaulichen Entscheidungen beleuchtet. Zudem wird die Geschichte der Industrie und der industriellen Beziehungen analysiert. Dabei wird deutlich, dass durch die räumliche Separierung der verschiedenen Zuwanderergruppen „Rangordnungskämpfe“ keine Rolle spielen; es komme zu einem „Gruppennebeneinander“, das vom „Ethos der gewerkschaftlichen Solidarität durchwirkt“ (69) sei.

In zwei Fallstudien werden dann unterschiedliche Strategien von Integration einander gegenübergestellt. Hierzu wird auch auf die teilnehmenden Beobachtungen zurückgegriffen: Zum einen wird damit ein Eindruck städtischer Strukturen und städtischen Alltagslebens vermittelt. Zum anderen werden die Interviewpartner und -partnerinnen der verschiedenen Akteure auch in ihrer nahräumlichen Umgebung und an ihren Arbeitsplätzen erfahrbar.

Das Programm „Soziale Stadt“ zielt neben (partizipativen) städtebaulichen Verbesserungen des Wohnens und des Wohnumfeldes auf die Verbesserung von Lebenschancen und die Aktivierung zivilgesellschaftlicher Strukturen; dementsprechend werden z.B. Beratungen und Qualifizierungen angeboten und vor allem soziokulturelle Projekte unterstützt. Nachdem die Beteiligung der Bewohner selten gelingt, setzt man eher auf die Vernetzung bestehender korporativer Stadtteilakteure. Ausgehend von organistischen Vorstellungen des Zusammenlebens diagnostiziert man räumliche Grenzen, die durch die Beobachtung auch in ihrer kartographischen Repräsentation erkennbar werden, sowie ein mangelndes „lokales Zusammengehörigkeitsbewusstsein“ (79). Die im Rahmen des Städtebauförderungsprogramms unterstützten Maßnahmen nehmen sich „wie ein Einbruch in das etablierte lokale Raumordnungsfüge aus“ (106).

Demgegenüber kann in der zweiten Fallstudie gezeigt werden, wie es im Rahmen eines Nachbarschaftszentrums, in dem sich „die herkunftskulturellen Kreise kreuzen“ und einer Verhärtung von „Konfliktlinien entgegengewirkt“ (136) wird, gelingt, ein Integrationsmodell zu entwickeln, das sich von den sozialtechnologischen Top-down-Projekten unterscheidet. Gemeinschaftssinn wird hier verstanden als „gegenseitige Hilfsbereitschaft unter Nachbarn und anderen Quartierbewohnern“; man „kümmert sich nicht um Identitäten, sondern setzt an den Fähigkeiten, Kompetenzen und Interessen der Bewohner an“ (132). Durch die teilnehmenden Beobachtungen werden auch das soziale Leben des Nachbarschaftszentrums, die Räumlichkeiten und die Gerüche zugänglich.

Im Anschluss an die Fallstudien werden in verschiedenen Feldern (im Betrieb, im Vereinsleben, in Jugendtreffs) vergesellschaftende Praktiken untersucht, die sich trotz der residenziellen Separation einstellen. Migrationsbedingte Differenzierungen haben im Alltag, der durch ein räumlich separiertes, „unaufgeregt passives Nebeneinander“ (208) geprägt ist, nur eine geringe Bedeutung. Auch im Betrieb spielen angesichts der dominanten institutionellen Machtstrukturen „Herkunftsidentitäten [...] keine Rolle“; nach Feierabend verfällt man dann aber wieder in einen „Modus gegenseitig indifferenter Kopräsenz“ (208). Der Autor kommt in kritischer Auseinandersetzung mit den Diskursen um Segregation, Multikulturalität und Zivilgesellschaft, die sich auch in der Programmatik der „Sozialen Stadt“ niederschlagen, zu dem Schluss, dass die Zurechnung zu „sedimentierten Gruppenkategorien“ mit Gelassenheit betrachtet werden sollte, solange unterhalb dieser Oberfläche soziale Beziehungen „möglich sind und gepflegt werden“ (216).

Homogenität von Lebensstilen in einem Wohnviertel: Die von Michael Häder durchgeführte Studie zielt auf die Beobachtung von Sozialprestige in einem Wohngebiet. Sie wurde als Lehrforschungsprojekt in Dresden durchgeführt; im Vordergrund stand eher ein didaktisches Anliegen. Die Studie wird hier aufgenommen, um die methodische Brandbreite von stadtsoziologischen Feldforschungen aufzuzeigen. Im Rahmen der Untersuchung wurden standardisierte nichtteilnehmende Feldbeobachtungen durchgeführt.

Im Zentrum des Interesses stand die Klumpung von Lebensstilen in verschiedenen städtischen Wohnquartieren; dementsprechend wurden zwei Hypothesen formuliert: „In einem Wohngebiet leben vor allem Personen mit gleichem sozialem Status“ und „Je höher beziehungsweise je niedriger der soziale Status von Personen ist, desto homogener ist das Wohngebiet, in dem sie leben“ (2006: 309). In einer Operationalisierungsphase wurden dann zwei standardisierte Beobachtungsbögen und entsprechende Codierschemata entwickelt, um Informationen zu den einzelnen Häusern und zum jeweiligen Wohngebiet bzw. Wohnumfeld zu gewinnen. Der Hausfragebogen umfasste z.B. eine Charakterisierung der Häuser, der Außenanlagen, der Fenster, der Briefkästen, der Klingelschilder und der Art der geparkten Autos.

In einer bewussten Auswahl wurden fünf Stadtviertel mit unterschiedlichen sozialen Spezifika ausgewählt; anschließend wurden nach Angaben aus dem amtlichen Straßenverzeichnis in jedem Viertel vier Straßen zufällig selektiert. In diesen Straßen wurden nach dem Random-Route-Verfahren beginnend mit der kleinsten Hausnummer 50 Wohneinheiten untersucht; dazu wurden eine Reihe von Sonderregeln vereinbart: für kurze Straßen, Sackgassen, Geschäftshäuser etc. Nach einem Pretest erfolgte die Haupterhebung in einem festgelegten Zeitfenster am Wochenende.

Um das Sozialprestige der Wohneinheiten zu ermitteln, wurden über eine Reliabilitätsprüfung sieben Indikatoren (z.B. Hausgröße, Zahl der Haushalte oder Angaben zum Sanierungszustand) ausgewählt, die zu einem additiven Index zusammengefasst wurden. Für diesen Index wurden dann stadtteilspezifisch Mittelwerte und Standardabweichungen ermittelt. So konnte gezeigt werden, dass sich die Stadtviertel in ihrem Sozialprestige deutlich unterschieden und dass die Viertel mit den hohen und den niedrigen Prestigewerten jeweils sozial homogener sind als die übrigen Viertel.

Verglichen mit Beobachtungen in Betrieben und Organisationen, bei denen eher soziale Räume im Vordergrund stehen, geht es in der Stadt- und Regionalsoziologie auch um topologische Räume, die gleichwohl sozial gestaltet sind. Während man lange Zeit von einer „‚Raumvergessenheit‘ der Soziologie“ (Rothfuß & Dörfler 2013: 22) sprechen konnte, hat sich nach dem sogenannten *spatial turn* eine neue Raumsoziologie etablieren können; Räume werden als sozial produziert und die Gesellschaft strukturierend begriffen. In Anlehnung an Anthony Giddens werden „Räume als relationale (An)Ordnungen von Lebewesen und sozialen Gütern an Orten“ (Löw u.a. 2007: 63) verstanden.

4.4 Fazit

In der Durchsicht der Studien aus dem soziologischen Feld ist deutlich geworden, dass sich neben den formalen Typisierungen von Beobachtungsverfahren bzw. -konstellationen, noch weitere Unterscheidungen ergeben, die sich eher aus den Einbindungen in verschiedene Forschungsdesigns bzw. -stile ergeben. Das betrifft *erstens* die Frage, ob Beobachtungen eher als explizite Verfahren begriffen werden und wie sie mit anderen Erhebungsverfahren kombiniert werden. So ist ersichtlich geworden, dass sowohl bei den Feldforschungen wie bei den Fallstudien implizite Beobachtungen, welche sich aus der Kopräsenz in Situationen ergeben, eine wichtige Rolle spielen.
Zweitens ist anhand der Forschungsberichte deutlich geworden, dass in der Art und Weise, wie Befunde der Beobachtungen in die dokumentierte Analyse eingehen, große Unterschiede bestehen. Die hier gewonnenen Eindrücke korrespondieren mit einer Typologie, die Sowa et al. (2013: Absatz 8) für Studien zu Beratungssituationen genutzt haben. Sie unterscheiden Studien, bei denen die Beobachtungen eher als Eindrücke der Forschenden wiedergegeben werden, Studien, bei denen Beobachtungen zwar vorliegen, aber im Bericht ausschließlich transkribierte Gespräche genutzt werden, und Studien, in denen Beobachtungen (neben anderen Erhebungsverfahren) systematisch in der Auswertung verwendet werden.
Drittens wurde erkennbar, dass sich aus den unterschiedlichen theoretischen Rahmungen der Studien – von nicht-explizierten Theorien, über feldspezifische Theorien zu elaborierten sozialwissenschaftlichen Theorien – große Variationen ergeben, die sich auch in der Art und Weise der Nutzung der über die Beobachtung gewonnenen Befunde niederschlagen.

Nun sollen abschließend wesentliche Stärken, aber auch Probleme des Einsatzes von Beobachtungsmethoden in der soziologischen Forschung gegenübergestellt werden; zunächst zu den Stärken:

- Viele Beobachtungsverfahren sind mit einem Feldkontakt verbunden. Beschäftigte verschiedenen Rangs werden an ihren Arbeitsplätzen, Schüler und Schülerinnen und zu Beratende werden auf den Fluren einer In-

stitution und rechtsextrem Orientierte werden in einem lokalen Milieu erfahrbar.
- Die Kopräsenz bietet in Verbindung mit offenen Erhebungsverfahren die Chance, eine Vielzahl von Faktoren zu erfassen, welche eine Situation charakterisieren. Auch wenn der Begriff der Ganzheitlichkeit diese Potenziale überschätzt, bieten sich viele Möglichkeiten, situativ spezifische Kontextfaktoren zu fokussieren; das betrifft insbesondere Momente, die in den verbalen Stellungnahmen der Akteure typischerweise nicht erkennbar werden.
- Beobachtungen sind – bei allen Einschränkungen, die hierzu zurecht vorgebracht wurden – ein eher nichtreaktives und unmittelbares Verfahren; d.h. soziales Handeln kann (in einem gewissen Raum- und Zeitfenster) unmittelbar erfasst werden. Man ist nicht auf den Umweg über verbale Bekundungen (Befragungen) oder über Spuren symbolischen Handelns in Texten oder Bildern (Inhaltsanalysen) angewiesen; insbesondere die mit den Befragungen verbundenen Instrumenteneffekte entfallen.

Im Zusammenspiel dieser Faktoren wird es möglich, dass über die Beobachtung verborgene Wirklichkeiten sichtbar werden, welche über andere Erhebungsverfahren kaum zugänglich sind, so z.B.: die „doppelte Wirklichkeit der Unternehmen“ (Weltz), die „Hidden Transcripts“ des Schulsystems (Wellgraf) oder das „Inaudible acting“ und die „Hintertreibung der Realität“ im Call-Center (Matuschek et al. 2007: 253 bzw. 281).

Diesen Stärken steht aber auch eine Reihe von Problemen gegenüber:
- Der Zeithorizont, über den mit Beobachtungen Informationen gewonnen werden können, ist zumeist zu kurz, um soziale Entwicklungsprozesse in einem Unternehmen, einem Milieu oder einer Biografie erfassen zu können. Verglichen mit Befragungen, die auch retrospektiv arbeiten können und mit Inhaltsanalysen, die auf archivierte Materialien zugreifen können, ist das Potenzial, Beobachtungen retrospektiv durchzuführen begrenzt, solange man nicht über einen gewachsenen Pool von Bild- und Videomaterial verfügt. Hier gilt es, den Zeitrahmen durch andere Erhebungstechniken zu erweitern.
- Bereits in der frühen Beschäftigung mit Beobachtungen (Friedrichs 1973) wurde darauf verwiesen, dass man bei Beobachtungen in der Regel keinen Zugang zu den Situationsdeutungen der Beobachteten, zum subjektiven Sinn, hat. Das ist insbesondere für die Soziologie, die soziales Handeln deutend verstehen will, ein systematisches Problem, das nur über ergänzende Befragungen und Dokumentenanalysen angegangen werden kann.

- Der hohe Aufwand und der nicht immer kalkulierbare Ertrag von langfristigen Beobachtungen machen das Verfahren in einer rationalisierten und evaluierten Forschungslandschaft zu einem eher riskanteren Verfahren. Nicht zufällig werden längerfristige Beobachtungen insbesondere im Kontext von akademischen Qualifizierungsarbeiten genutzt, wenn Forschende die hohen Investitionen auch als Investitionen in ihren wissenschaftlichen Werdegang begreifen.

Diese Probleme lassen sich jedoch beherrschen und sollten dem Abenteuer beobachtender Forschung und den damit verbundenen nachhaltigen Felderfahrungen nicht entgegenstehen.

Literatur

Anderson, Nels (1923). *The Hobo. The Sociology of the Homeless Man.* Chicago: University of Chicago Press.

Atteslander, Peter (1975). *Methoden der empirischen Sozialforschung.* Berlin & New York: Walter de Gruyter.

Baethge-Kinsky, Volker, Bartelheimer, Peter, Henke, Jutta, Wolf, Andreas, Land, Rainer, Willisch, Andreas & Kupka, Peter (2007). Neue soziale Dienstleistungen nach SGB II. *IAB Forschungsbericht* Nr. 15/2007.

Baethge-Kinsky, Volker, Bartelheimer, Peter, Henke, Jutta, Land, Rainer, Willisch, Andreas & Wolf, Andreas (2006). *Neue soziale Dienstleistungen nach SGB II* (Konzeptstudie). Forschungsbericht, Göttingen.

Bernays, Marie (1910). *Auslese und Anpassung der Arbeiterschaft der geschlossenen Großindustrie.* Leipzig: Duncker & Humblot.

Borstel, Dierk (2010). Rechtsextreme Strukturen in Dresden. Erscheinungsformen und Relevanz. Heitmeyer, W. et al. (Hrsg.) *Rechtsextreme Strukturen, Gruppenbezogene Menschenfeindlichkeit und bürgerschaftliches Engagement gegen Rechtsextremismus in der Landeshauptstadt Dresden.* Bielefeld, S. 6-66.

Bortz, Jürgen & Döring, Nicola (2002). *Forschungsmethoden und Evaluation für Human- und Sozialwissenschaftler.* Heidelberg: Springer.

Bourdieu, Pierre (1993). Soziologie auf dem Prüfstand. Bourdieu, P. (Hrsg.) *Soziologische Fragen.* Frankfurt: Suhrkamp, S. 36-59.

Bourdieu, Pierre (1996). Die Praxis der reflexiven Anthropologie. Bourdieu, P., Wacquant, L.J.D. (Hrsg.) *Reflexive Anthropologie*, Frankfurt: Suhrkamp. S. 251-294.

Bourdieu, Pierre; Chamboredon, Jean-Claude & Passeron, Jean-Claude (1991). *Soziologie als Beruf. Wissenschaftstheoretische Voraussetzung soziologischer Erkenntnis*. Berlin: de Gruyter.

Breidenstein, Georg, Hirschauer, Stefan, Kalthoff, Herbert & Nieswand, Boris (2013). *Ethnografie. Die Praxis der Feldforschung*. Konstanz: UVK.

Büschges, Günter & Lütke-Bornefeld, Peter (1977). *Praktische Organisationsforschung*. Reinbek: Rowohlt.

Dechmann, Manfred D. (1978). *Teilnahme und Beobachtung als soziologisches Basisverhalten*. Bern & Stuttgart: Paul Haupt.

Diaz-Bone, Rainer & Weischer, Christoph (Hrsg.) (2014). *Methoden-Lexikon für die Sozialwissenschaften*. Wiesbaden: VS-Verlag.

Diekmann, Andreas (1995). *Empirische Sozialforschung. Grundlagen, Methoden, Anwendungen*, Reinbek: Rowohlt.

Eckardt, Frank (2014). *Stadtforschung. Gegenstand und Methoden*. Wiesbaden: Springer VS.

Equit, Claudia & Hohage, Christoph (2016). Ausgewählte Entwicklungen und Konfliktlinien der Grounded-Theory-Methodologie. Equit, C. & Hohage C. (Hrsg.) *Handbuch Grounded Theory. Von der Methodologie zur Forschungspraxis*. Weinheim & Basel: Beltz Juventa, S. 9-46.

Ernst, Stefanie (2010). *Prozessorientierte Methoden in der Arbeits- und Organisationsforschung. Eine Einführung*. Wiesbaden: VS Verlag.

Fernandez, Karina (2016). Grounded Theory und soziologische Ethnografie. Equit, C. & Hohage C. (Hrsg.) *Handbuch Grounded Theory. Von der Methodologie zur Forschungspraxis*. Weinheim & Basel: Beltz Juventa, S. 307-324.

Flick, Uwe (1995). *Qualitative Forschung. Theorie, Methoden, Anwendung in Psychologie und Sozialwissenschaften*. Reinbek: Rowohlt.

Fricke, Werner (2010). Fallstudienforschung als Aktionsforschung. Pongratz, H. J. & Trinczek R. (Hrsg.) *Industriesoziologische Fallstudien. Entwicklungspotenziale einer Forschungsstrategie*. Berlin: Ed. Sigma, S. 257-279.

Friedrichs, Jürgen (1973). *Methoden der empirischen Sozialforschung*. Reinbek: Rowohlt.

Friedrichs, Jürgen & Lüdtke, Hartmut (1973). *Teilnehmende Beobachtung. Einführung in die Feldforschung*. Weinheim: Beltz.

Fuchs-Heinritz, Werner & König, Alexandra (2005). *Pierre Bourdieu. Eine Einführung*. Konstanz: UVK.

Girtler, Roland (2001). *Methoden der Feldforschung*. Stuttgart: UTB.

Grümer, Karl-Wilhelm (1974). *Beobachtung*, Stuttgart: Teubner.

Häder, Michael (2006). *Empirische Sozialforschung Eine Einführung*. Wiesbaden: Springer VS.

Heinze, Thomas (1987). *Qualitative Sozialforschung. Erfahrungen, Probleme und Perspektiven*. Opladen: Westdeutscher Verlag.

Held, Josef, Bibouche, Seddik, Dinger, Gerhard, Schork, Caroline, Merkel, Gudrun & Wilms, Laura (2008). *Rechtsextremismus und sein Umfeld. Eine Regionalstudie und die Folgen für die Praxis*. Hamburg: VSA.

Hochschild, Arlie (1990). *Das gekaufte Herz. Zur Kommerzialisierung der Gefühle*. Frankfurt a.M.: Campus.

Hochschild, Arlie (2002). *Keine Zeit. Wenn die Firma zum Zuhause wird und zu Hause nur Arbeit wartet*. Opladen: Leske und Budrich.

Hochschild, Arlie (2016). *Strangers in their own land. Anger and mourning on the American right*, New York, London: New Press.

Hörning, Karl H. (2008). Schwieriges Verhältnis. Schwellen zwischen Ethnologie und Soziologie. *Mitteilungen zur Kulturkunde*, Bd. 54, S. 41-58.

Kalthoff, Herbert (1997a). *Wohlerzogenheit. Eine Ethnographie deutscher Internatsschulen*. Frankfurt a.M.: Campus.

Kalthoff, Herbert (1997b). Fremdenrepräsentation. Über ethnographische Arbeiten in exklusiven Internatsschulen. Hirschauer, S. & Amann, K. (Hrsg.) *Die Befremdung der eigenen Kultur*. Frankfurt a.M.: Suhrkamp, S. 240-266.

Kern, Horst & Schumann, Michael (1985). *Industriearbeit und Arbeiterbewußtsein. Eine empirische Untersuchung über den Einfluß der aktuellen technischen Entwicklung auf die industrielle Arbeit und das Arbeiterbewußtsein*. Frankfurt a.M.: Suhrkamp.

König, René (Hrsg.) (1956). *Beobachtung und Experiment in der Sozialforschung*. Köln: Verlag für Politik und Wirtschaft.

König, René (1956). Einleitung: Beobachtung und Experiment. König, R. (Hrsg.) *Beobachtung und Experiment in der Sozialforschung*. Köln: Verlag für Politik und Wirtschaft, S. 17-47.

König, René (1967). Die Beobachtung. König, R. (Hrsg.) *Handbuch der empirischen Sozialforschung* (2 Bde.), Stuttgart: Enke, Bd. 1, S. 107-135.

Kruse, Jan (2014). *Qualitative Interviewforschung. Ein integrativer Ansatz*. Weinheim: Juventa.

Kühl, Jürgen, Strodtholz, Petra (Hrsg.) (2002). *Methoden der Organisationsforschung*, Reinbek: Rowohlt.

Kuhlmann, Martin (2002). Das Beobachtungsinterview als Methode der Organisationsforschung. *SOFI-Mitteilungen*, Nr. 30, S. 143-160.

Kuhn, Thomas S. (1976). *Die Struktur wissenschaftlicher Revolutionen*. Frankfurt a.M.: Suhrkamp.

Lamnek, Siegfried (1988). *Qualitative Sozialforschung*, 2 Bde., München & Weinheim: PVU.

Lamnek, Siegfried (2010). *Qualitative Sozialforschung*, Weinheim & Basel: Beltz.

Lindner, Rolf (1990). *Die Entdeckung der Stadtkultur. Soziologie aus der Erfahrung der Reportage*. Frankfurt a.M.: Suhrkamp.

Lindner, Rolf (2004). *Walks on the wild side. Eine Geschichte der Stadtforschung*. Frankfurt a.M.: Campus.

Löw, Martina, Steets, Silke & Stoetzer, Sergej (2007). *Einführung in die Stadt- und Raumsoziologie*. Opladen: Barbara Budrich.

Lueger, Manfred (2000). *Grundlagen qualitativer Feldforschung*. Wien: WUV.

Matuschek, Ingo, Arnold, Katrin & Voß, G. Günter (2007). *Subjektivierte Taylorisierung. Organisation und Praxis medienvermittelter Dienstleistungsarbeit*. München: Hampp.

Mewes, Alexander (2013). *Stadtgesellschaft und Zuwanderung. Zur Logik sozialräumlichen Integrationshandelns in der Einwanderungsgesellschaft*. Konstanz: UVK.

Nerdinger, Friedemann W., Blickle, Gerhard & Schaper, Niclas (2014). *Arbeits- und Organisationspsychologie*. Berlin, Heidelberg: Springer.

Nienhüser, Werner (2016). Die Leistungsfähigkeit unterschiedlicher Methoden der Organisationsforschung. Am Beispiel der Erforschung von Entscheidungsprozessen. Liebig, S. & Wenzel, M. (Hrsg.) *Methodische Probleme in der empirischen Organisationsforschung*. Wiesbaden: Springer Gabler, S. 61-84.

Park, Robert E. (1925). The City. Suggestions for the Investigation of Human Behavior in the Urban Environment. Park, R. Burgess, E. W. & McKenzie, R. D. (Hrsg.), *The City*. Chicago: University of Chicago Press, S. 1-46.

Pflüger, Jessica, Pongratz, Hans J. & Trinczek, Rainer (2010). Fallstudien in der deutschen Arbeits- und Industriesoziologie. Pongratz, H.J. & Trinczek, R. (Hrsg.) *Industriesoziologische Fallstudien. Entwicklungspotenziale einer Forschungsstrategie*. Berlin: edition sigma, S. 23-67.

Platt, Jennifer (1996). *A history of sociological research methods in America. 1920-1960*. Cambridge: Cambridge University Press.

Pohlmann, Markus & Hiller, Petra (2015). Organisationssoziologie in Deutschland. Ihre Entwicklung im Spannungsfeld zwischen nordamerikanischer Hegemonie und deutsch-europäischem Sonderweg. Apelt, M. & Wilkesmann, U. (Hrsg.) *Zur Zukunft der Organisationssoziologie*. Wiesbaden: Springer VS, S. 47-72.

Pongratz, Hans J. (2005). Industriesoziologie als Institution. Eine organisationstheoretische Deutung ihrer organisationstheoretischen Defizite. Faust, M.; Funder, M. & Moldaschl, M. (Hrsg.) *Die "Organisation" der Arbeit.* München: Hampp, S. 21-41.

Pongratz, Hans J. & Trinczek, Rainer (Hrsg.) (2010). *Industriesoziologische Fallstudien. Entwicklungspotenziale einer Forschungsstrategie.* Berlin: edition sigma.

Pongratz, Hans J. & Trinczek, Rainer (2010). Industriesoziologische Fallstudien. Impulse zur Methodenreflexion. Pongratz, H. J. & Trinczek, R. (Hrsg.) *Industriesoziologische Fallstudien. Entwicklungspotenziale einer Forschungsstrategie.* Berlin: edition sigma, S. 7-20.

Przyborski, Aglaja & Wohlrab-Sahr, Monika (2008). *Qualitative Sozialforschung. Ein Arbeitsbuch.* München: Oldenbourg Verlag.

Reckwitz, Andreas (2006). *Die Transformation der Kulturtheorien. Zur Entwicklung eines Theorieprogramms.* Weilerswist: Velbrück Wissenschaft.

Roethlisberger, Fritz J. & Dickson, William J. (1939). *Management and the Worker.* Cambridge: Harvard University Press.

Rothfuß, Eberhard & Dörfler, Thomas (2013), Prolog. Raumbezogene Qualitative Sozialforschung. Konzeptionelle Überlegungen zwischen Geographie und Soziologie. Rothfuß, E. & Dörfler, T. (Hrsg.) *Raumbezogene qualitative Sozialforschung.* Wiesbaden: Springer VS, S. 7-31.

Schedler, Jan (2016). Die extreme Rechte als soziale Bewegung. Theoretische Verortung, methodologische Anmerkungen und empirische Erkenntnisse. Schedler et al. (Hrsg.) *Handbuch Rechtsextremismus.* Wiesbaden: Springer VS, S. 285-324.

Scheffer, Thomas (1997). Der administrative Blick. Über den Gebrauch des Passes in der Ausländerbehörde. Amann, K. & Hirschauer S. (Hrsg.) *Die Befremdung der eigenen Kultur. Zur ethnographischen Herausforderung soziologischen Empirie*, Frankfurt a.M.: Suhrkamp, S. 95-113.

Scheffer, Thomas (2001). *Asylgewährung. Eine ethnographische Analyse des deutschen Asylverfahrens.* Stuttgart: Lucius u. Lucius.

Schulz, Peter & Quent, Matthias (2015). *Rechtsextremismus in lokalen Kontexten. Vier vergleichende Fallstudien.* Wiesbaden: VS Verlag.

Schuster, Helmuth (1987). *Industrie- und Sozialwissenschaft. Eine Praxisgeschichte der Arbeits- und Industrieforschung in Deutschland.* Opladen: Westdeutscher Verlag.

Scott, James C. (1990). *Domination and the Arts of Resistance. Hidden Transcripts.* New Haven, London: Yale University Press.

Seipel, Christian & Rieker, Peter (2003). *Integrative Sozialforschung. Konzepte und Methoden der qualitativen und quantitativen empirischen Forschung*. Weinheim, München: Juventa.

Selltiz, Claire, Jahoda, Marie, Deutsch, Morton & Cook, Stuart W. (1972). *Untersuchungsmethoden der Sozialforschung, Teil I und II*. Neuwied: Luchterhand.

Sowa, Frank, Staples, Ronald, Theuer, Stefan & Althaus, Rajiv (2013). Beratungsgespräche in der Arbeitsverwaltung teilnehmend beobachten. Reflexion über eine Methode der qualitativen Sozialforschung. *Forum Qualitative Sozialforschung*, 14 (2), Art. 21.

Spöhring, Walter (1989). *Qualitative Sozialforschung*, Stuttgart: Teubner.

Virchow, Fabian (2016). "Rechtsextremismus". Begriffe, Forschungsfelder, Kontroversen. Virchow, Fabian et al. (Hrsg.) *Handbuch Rechtsextremismus*. Wiesbaden: Springer VS, S. 5-41.

Weber, Max (1972). *Wirtschaft und Gesellschaft. Grundriß der verstehenden Soziologie*. Tübingen: Mohr.

Weischer, Christoph (1996). *Engagement und Distanz. Forschung in einer politischen Organisation*. Münster: Westfälisches Dampfboot.

Weischer, Christoph (2004). *Das Unternehmen ‚Empirische Sozialforschung'. Strukturen, Praktiken und Leitbilder der Sozialforschung in der Bundesrepublik Deutschland*. München: Oldenbourg.

Weischer, Christoph (2006). The never ending story. ‚Qualitative' und ‚quantitative' Ansätze in der empirischen Sozialforschung. Bührmann A. et al. (Hrsg.) *Gesellschaftstheorie und die Heterogenität empirischer Sozialforschung*. Münster: Westfälisches Dampfboot, S. 44-56.

Weischer, Christoph (2007). *Sozialforschung*, Konstanz: UVK.

Wellgraf, Stefan (2012). *Hauptschüler. Zur gesellschaftlichen Produktion von Verachtung*. Bielefeld: Transcript.

Weltz, Friedrich (1988). Die doppelte Wirklichkeit der Unternehmen und ihre Konsequenzen für die Industriesoziologie. *Soziale Welt* 39 (1), S. 97-103.

Weltz, Friedrich (1997). Beobachtende Teilnahme. Ein Weg aus der Marginalisierung der Industriesoziologie. Lange, Hellmuth & Senghaas-Knobloch. Eva (Hrsg.), *Konstruktive Sozialwissenschaft*, Münster & London: Lit, S. 35-48.

Weltz, Friedrich (2010). Arbeit mit Fallstudien. Pongratz, Hans J. & Trinczek, Rainer (Hrsg.), *Industriesoziologische Fallstudien. Entwicklungspotenziale einer Forschungsstrategie*, Berlin: Ed. Sigma, S. 233-256.

Whyte, William Foote (1943). *Street corner society. The social structure of an Italian slum*, Chicago: The University of Chicago Press, deutsch:

1996: *Die Street Corner Society. Die Sozialstruktur eines Italienerviertels*, Berlin, New York: de Gruyter.

Willis, Paul (1977). *Spaß am Widerstand. Gegenkultur in der Arbeiterschule*, Frankfurt a.M.: Syndikat.

Willis, Paul (2011). *Spaß am Widerstand. Learning to Labour*, Hamburg: Argument.

Zentralarchiv (ZA) (1979). *Empirische Sozialforschung. Eine Dokumentation*, Köln.

Zentralarchiv (ZA) (1988). *Empirische Sozialforschung 1987. Eine Dokumentation*, Köln.

UVK:Weiterlesen

Nicole Burzan
Quantitative Methoden kompakt
2015, 174 Seiten, Broschur
ISBN 978-3-8252-3765-3

Quantitative Methoden sind ein zentrales Werkzeug der empirischen Sozialforschung. Dieses Buch informiert in kompakter Form über die Merkmale und Forschungsschritte dieser Methoden von der Operationalisierung des Themas über die Fallauswahl und Datenerhebung bis zur Datenauswertung. Die Erhebungsinstrumente Befragung, Beobachtung und Inhaltsanalyse werden an praktischen Beispielen vorgestellt, sodass Leser/innen einen anwendungsbezogenen Überblick gewinnen und Forschungsergebnisse empirischer Studien kritisch hinterfragen können.

Dr. Nicole Burzan ist Professorin für Soziologie an der Technischen Universität Dortmund.

Klicken + Blättern

Leseprobe und Inhaltsverzeichnis unter

www.uvk.de

Erhältlich auch in Ihrer Buchhandlung.

UVK

UVK: Weiterlesen

Helmut Kromrey, Jochen Roose, Jörg Strübing
Empirische Sozialforschung
Modelle und Methoden der standardisierten Datenerhebung und Datenauswertung mit Annotationen aus qualitativ-interpretativer Perspektive
13., völlig überarbeitete Auflage
2016, 560 Seiten, Broschur
ISBN 978-3-8252-8681-1

Ausgehend von wissenschaftstheoretischen Fragen werden die Schritte des realen Forschungsprozesses detailliert und anwendungsnah behandelt. Sozialwissenschaftliche Beispiele veranschaulichen die Darstellung. Annotationen zu jedem Abschnitt erläutern Ähnlichkeiten und Unterschiede zur qualitativ-interpretativen Perspektive.
Das Buch setzte keine Vorkenntnisse voraus und eignet sich für den Neueinstieg. Zur Vertiefung und für praktische Detailfragen gibt es zahlreiche Verweise auf weiterführende Literatur.

Klicken + Blättern

Leseprobe und Inhaltsverzeichnis unter

www.uvk.de

Erhältlich auch in Ihrer Buchhandlung.

UVK